LES GRANDS
PHILOSOPHES

ŒUVRES DE KARL JASPERS

DANS PRESSES POCKET :

LES GRANDS PHILOSOPHES

1. Socrate - Bouddha - Confucius - Jésus.
2. Platon - Saint-Augustin.
3. Kant.

AGORA

KARL JASPERS

LES GRANDS PHILOSOPHES

★★★

Ceux qui fondent la philosophie
et ne cessent de l'engendrer :
KANT

Traduit de l'allemand par
Jeanne Hersch

PLON

Cet ouvrage a paru en langue allemande sous le titre :

DIE GROSSEN PHILOSOPHEN

ISBN : 2 - 266 - 02777 - 8

DEUXIÈME PARTIE
(suite)

Ceux qui fondent la philosophie et ne cessent de l'engendrer

KANT

KANT

SOURCES : *Œuvres*, édition Vorländer (Philosophische Bibliothek). — Édition de l'Académie de Berlin (pour les œuvres posthumes). — *Lettres :* édition de l'Académie, t. 10-13, Vorländer. — *Vie :* témoignages de Borowski, Jachmann, Wasianski.

BIBLIOGRAPHIE : *Interprétations et documentation :* F. A. Lange. Liebmann. Cohen, Cassirer. — Riehl, Windelband, t. 2. Stadler, Laas. — Baumann, Benno Erdmann, Gradenwitz, von Glasenapp. — Bohatec, Trœltsch. — Scheler, Reich, Jaspers, Martin. — *Commentaire :* Vaihinger. — *Lexiques :* Eisler, Ratke (dans l'édition de la *Critique de la Raison pure* par Vorländer). — *Vie :* Vorländer, Stavenhagen. — *Influence :* Rosenkranz, I. E. Erdmann.

I

VIE ET ŒUVRE

Biographie. — Emmanuel Kant (1724-1804) était le quatrième fils d'un sellier de Kœnigsberg. Ses aïeux étaient venus jadis d'Écosse. Il fut élevé dans le christianisme piétiste. Plus tard, alors qu'il était précepteur dans la famille du comte de Keyserling, Kant pensa souvent « avec émotion au privilège de l'éducation merveilleuse reçue dans la maison paternelle, où il n'avait jamais vu ni entendu rien d'injuste, rien qui fût contraire à la morale ». Il apprit les langues anciennes au Collegium Fridericianum (1732-1740) et y reçut son instruction religieuse. Depuis 1740, il fit à Kœnigsberg des études de philosophie, de mathématiques et de théologie. En 1747, la mort de son père l'obligea à subvenir lui-même à ses besoins et il occupa divers postes de précepteur jusqu'en 1755. Cette année-là, il fut « habilité » à l'Université et vécut des honoraires de ses cours. A deux reprises il tenta d'obtenir une chaire à Kœnigsberg, en vain. En 1764, il refusa une chaire d'art poétique qu'on lui offrait dans la même université, ainsi que deux appels d'Erlangen et de Iéna. Enfin, en 1770, il fut nommé professeur de logique et de métaphysique dans sa ville natale. On lui offrait encore une chaire à Halle (1778) qui, comme celles qu'on lui avait précédemment proposées, présentait pour lui de gros avantages matériels; il refusa une fois de plus. En 1796, il renonça à son enseignement pour raisons d'âge. A partir de 1798, ses infirmités s'accentuèrent. En 1804, il mourut en état de démence sénile.

Kant était de très petite taille, maigre, la poitrine creuse, l'épaule droite plus haute que la gauche. Il était de constitution délicate, mais bien portant cependant. Hamann l'appelait « le petit magister ». C'est au cours des dix années où son travail fut le plus créateur qu'il parle aussi le plus fréquemment dans ses lettres de son état de santé. Il n'en est plus guère question, en revanche, après 1781, alors qu'il donne aux grandes œuvres qui suivent leur forme définitive.

Le milieu. — Du temps de Kant, Kœnigsberg, grâce au commerce et aux échanges intellectuels, était une ville ouverte au monde entier. Nobles, commerçants, universitaires et écrivains se rencontraient dans des cercles variés. L'occupation russe de 1758 à 1762 relâcha les mœurs. Kant, ce timide fils d'artisan, devint un homme du monde accompli. Hamann écrivait en ce temps-là que Kant se laissait emporter par un tourbillon de distractions mondaines. Des femmes de qualité lui témoignaient de la considération. Il s'était lié avec deux Anglais fixés à Kœnigsberg à cause de leur profession, avec des aristocrates, avec des hommes plongés dans la vie pratique. Il savait que « la sympathie ne doit jamais abolir les distances », et cette conviction donnait à ses relations leur forme et leur solidité.

Parmi ses amitiés, celle qui le lia à Hamann mérite une attention particulière. Leur manière de penser et leur attitude religieuse n'avaient rien de commun, et pourtant ils ne rompirent jamais. Hamann était capable d'écrire à Herder : « Ma pauvre tête, contre celle de Kant, n'est qu'un pot cassé, de l'argile contre du fer », mais il poursuivait aussitôt : « Tout le bavardage sur la raison n'est que du vent; la langue est l'instrument et le critère de celle-ci. » (Hamann, VI, 365). Kant de son côté, lorsque Hamann tente de lui faire comprendre *Le plus ancien document...* de Herder, le prie de le faire « si possible dans le langage des hommes. Car moi, pauvre fils de la terre, je ne suis nullement organisé pour comprendre le langage divin de la raison intuitive » (Lettre 78).

Deux fois on put croire qu'il était sur le point d'aimer. Il hésita si longtemps que ses partenaires nouèrent d'autres liens. Il devait dire plus tard : « Au temps où j'aurais eu l'usage d'une femme, je ne pouvais pas la nourrir. »

Kant vécut sans ménage organisé, avec un seul serviteur. Lorsqu'il n'était pas invité, il prenait ses repas à l'auberge, toujours au milieu d'un groupe d'amis. Il avait soixante-trois ans lorsqu'il s'installa enfin dans sa propre maison, avec un valet et une cuisinière. Il avait habituellement des hôtes à déjeuner. Son horaire quotidien, de cinq heures du matin à dix heures du soir, fut dès lors d'une scrupuleuse régularité. C'est alors que se fixèrent le style de vie et le type devenu célèbre du vieux Kant, exactement réglé d'après sa montre.

Kant se sentait lié à son entourage par la sympathie et l'habitude. Jamais il ne se laissa tenter par une des situations brillantes auxquelles on l'appelait. Dans ses refus, il invoque pour excuse « son caractère peu porté aux changements, fussent-ils minimes aux yeux d'autrui », « chose dont on est aussi peu maître que de son bonheur » (Lettre 44).

Kant n'a même pas fait de voyage un peu lointain. Il n'a guère dépassé qu'une fois la frontière de la Prusse orientale. Sa grande expérience du monde provient de ses constantes lectures et de la force de son imagination. Un Anglais de passage l'entendit un jour parler de Saint-Pierre de Rome avec une telle précision visuelle qu'il crut que Kant l'avait vue. Mais ce que Kœnigsberg lui a donné, il l'a dit lui-même : « Une grande ville, le centre d'un royaume, où résident les organes du gouvernement, qui possède une université (pour le développement des sciences), bien située en outre pour le commerce maritime et se prêtant, par voie fluviale, au trafic avec l'intérieur, de même qu'avec les vastes pays limitrophes, de langues et de mœurs diverses, — une ville telle que Kœnigsberg, par exemple, sur les bords du Pregel, est bien propre à élargir la connaissance des hommes autant que celle de l'univers, même chez qui ne voyage pas. »

Biographie spirituelle.— Malgré sa pauvreté et des difficultés extraordinaires, sa volonté de connaître, d'emblée, commande tout. Inscrit à la faculté de théologie, Kant répond à un professeur qui lui demande pourquoi il veut devenir théologien : « Pour savoir. » Plus tard, devenu professeur, il dirigeait ses étudiants selon sa propre ligne; il fallait connaître toutes les sciences, même si on ne les choisissait pas professionnellement.

A vingt-deux ans, ramené vers Leibniz par le professeur Knutzen, un libre adepte de Wolff, et familiarisé avec la physique mathématique de Newton, Kant composa son premier essai : *Réflexion sur l'estimation vraie des forces vivantes* (*Gedanken von der wahren Schätzung der lebendigen Kräfte*), problème appartenant au monde de Descartes, Newton et Leibniz. Cet écrit montre comment il pressent la signification de sa vie.

« Il y a, écrit-il, beaucoup de témérité dans ces paroles : la vérité que les plus grands maîtres ont en vain cherché à conquérir, s'est présentée la première à mon intelligence. Je n'ose pas justifier cette pensée, mais je ne l'abandonnerais pas non plus volontiers... Je m'imagine qu'il n'est pas toujours inutile de mettre une sorte de noble confiance dans ses propres forces... Quand on est en mesure de se convaincre soi-même qu'il est possible de prendre un Leibniz en flagrant délit d'erreur, on met tout en œuvre pour rendre vraie cette supposition... C'est là-dessus que je me fonde. Je me suis déjà tracé la voie que je veux suivre. Je vais prendre ma course, et rien ne doit m'arrêter. »

Jamais plus, par la suite, Kant ne parlera sur ce ton. Lessing ayant reçu l'essai de ce jeune homme inconnu (1751) écrivit l'épigramme suivante : « Kant se lance dans une entreprise difficile pour instruire l'univers. Il évalue les forces vivantes, mais les siennes, il ne les évalue pas. »

Kant est loin d'être toujours d'une humeur aussi optimiste. Certes on perçoit la concentration énergique d'une pensée qui se surpasse sans trêve, pénétrant à des profondeurs insoupçonnées, une démarche de l'esprit presque sans égale dans l'histoire de la philosophie : dépourvue de cette vitalité créatrice pour qui alternent illuminations et production, étrangère à la soudaineté des crises et des conversions. Mais sa vie n'était pas exempte de renoncements. A l'époque où il participait avec le plus d'ardeur à la vie de société (1759), où il enseignait avec le plus éclatant succès, il écrivait à un ami :

« Quant à moi, je m'installe chaque jour devant l'enclume de mon pupitre, et je manie sur un rythme monotone le lourd marteau des cours qui se ressemblent. Parfois un goût d'un genre plus noble m'entraîne à déborder cette sphère étroite, mais le manque d'argent (Kant n'avait pour vivre que le produit de ses cours), toujours véridique dans ses menaces, me ramène sans retard à mon pénible labeur... Malgré tout, je finis par me satisfaire des applaudissements que l'on m'accorde et des avantages que j'en retire, et ma vie est vaine comme un rêve. »

Kant a renoncé aux aventures, aux incertitudes, aux distractions, à toute tentative de renouveler sa vie, fût-ce par un quelconque changement de lieu. Sa vie est donc, dans son inspiration essentielle, une vie de connaissance, — mais elle n'est en aucune manière cela seulement. Son existence s'enracine dans un sens absolument sûr de l'humain. Voici en quels termes saisissants il raconte lui-même comment il en a pris conscience :

« Je suis moi-même par nature un chercheur, je ressens toute la soif du savoir et l'inquiétude avide d'avancer dans cette vie, comme aussi la satisfaction que donne chaque pas en avant. Il y eut un temps où je croyais que tout cela pouvait constituer l'honneur de l'humanité, et je méprisais la plèbe, qui ignore tout. Rousseau m'a corrigé. » « Cet avantage fallacieux s'évanouit. J'apprends à respecter les hommes et je me jugerais plus inutile que les simples ouvriers si je ne croyais pas que ces considérations (Kant pense à la philosophie) peuvent donner une valeur à toutes les autres afin d'établir les droits de l'humanité. »

Bien des textes confirment cette tentative, ébauches de ses œuvres et remarques personnelles. En 1797, il écrivait à propos d'une discussion littéraire : « Car que peuvent valoir toutes les élaborations intellectuelles et les discussions spéculatives, si la bonté du cœur s'en trouve réduite? » Ce sens se maintient jusque dans le geste du vieillard accablé par l'âge, qui, voyant entrer le médecin, et malgré la défense de celui-ci, se soulève péniblement de sa chaise et dit : « Je n'ai pas encore perdu tout respect de l'humain. »

Les cours de Kant. — Kant était professeur. Il avait de quarze à vingt-deux heures d'enseignement par semaine. Le cycle des sujets allait des mathématiques et de la physique à la logique et à la métaphysique; ils concernaient aussi la géographie physique, l'anthropologie, la pédagogie, la théologie naturelle. Certains de ces cours reviennent régulièrement, en particulier ceux qui traitent, pour un auditoire plus large, de géographie et d'anthropologie.

Jamais Kant n'exposa dans ses cours sa propre philosophie. Au contraire, suivant l'usage de l'époque, il s'en tenait à certains auteurs, Baumgarten par exemple, et il lui arrivait parfois d'ajouter : « Ce que dit l'auteur est faux. » Une partie de ses cours ont été publiés, d'après des notes; Kant s'y montre bien plus traditionaliste et dogmatique que dans ses œuvres. Il voulait transmettre des connaissances, susciter la réflexion personnelle, renforcer le sens moral.

Un auditeur s'exprime ainsi : « Les cours de Kant enseignaient la simplicité dans la pensée et le naturel dans la vie. » Herder, qui les suivit alors qu'il avait environ soixante ans, dit qu'il avait « l'entrain joyeux d'un jeune homme. Son front découvert, construit pour la pensée, était le siège d'une sérénité indestructible. Il recourait à son gré à la plaisanterie, à l'esprit, à la fantaisie imprévisible. Son cours ex cathedra était comme la plus passionnante des conversations. Rien de digne d'être connu ne lui était indifférent. Il en revenait toujours à la connaissance sans entraves de la nature et à la valeur morale de l'homme. Il obligeait autrui à penser par lui-même. Tout despotisme lui était étranger. »

Événements particuliers. — On ne trouve pas, dans la vie de Kant, de coups décisifs du destin. Mais beaucoup de petits événements, des tâches pratiques alors qu'il était doyen ou recteur, des actes de sollicitude envers des étudiants ou des amis montrent l'homme consciencieux et soigneux qu'il était. Les expériences qu'il fit ainsi restent parfois reconnaissables dans l'influence qu'elles eurent sur son œuvre (on en trouve un exemple chez Gradenwitz). Le conflit qui l'opposa au ministère Wöllner à propos de ses cours sur la philosophie de la religion (1794) est célèbre.

Dans un malheureux décret, il fut accusé d'avoir dénigré et défiguré les enseignements essentiels de l'Écriture sainte et du christianisme. Kant se défendit, mais obéit à l'ordre donné de ne plus faire désormais de cours sur la philosophie de la religion : « J'estime donc que le plus sûr, c'est de déclarer ici solennellement, en tant que sujet très fidèle de Votre Royale Majesté, que je m'abstiendrai désormais totalement de faire aucun exposé public concernant la religion, aussi bien dans mes cours que dans mes écrits. » Et à ce propos, il note pour lui-même : « Se rétracter est vil. Se taire est dans ce cas le devoir d'un sujet; et si tout ce qu'on dit doit être vrai, cela n'implique pas le devoir de dire toute vérité publiquement. » L'expression « en tant que sujet très fidèle de Votre Majesté », il dit l'avoir choisie avec soin, afin que « si le monarque mourait avant lui — ce qui ferait de lui le sujet du successeur — il pût retrouver sa liberté de penser. » Effectivement, après la mort du roi, Kant recommença à s'exprimer ouvertement en public. Il avait donc consenti à une limitation de sa liberté d'enseignement. Il ne devint pas un martyr, mais se comporta avec prudence, comme Spinoza. En 1766 déjà, il écrivait à Moïse Mendelssohn : « Parmi les pensées qui emportent ma conviction la plus claire et me donnent la plus grande satisfaction, il en est que je n'aurai jamais le courage d'exprimer; mais je ne dirai jamais rien que je ne pense pas. » Sa vie se fondait sur une volonté de calme et de sécurité. Il ne se mit jamais en contradiction avec lui-même. Qui donc oserait exiger de lui davantage?

Les œuvres. — La chronologie des œuvres de Kant est la suivante :

Son premier essai, composé à vingt-deux ans (1746), est suivi d'une interruption de huit ans; puis, dès 1754, commence la série de ses publications. On remarque ensuite une coupure surprenante. Entre 1770 et 1781, il ne paraît à peu près rien. Bien que Kant ait été jusque-là un auteur fécond et déjà illustre, il reste presque silencieux. Car c'est seulement pendant cette dizaine d'années que grandit la philosophie proprement kantienne, dont la première œuvre, à jamais décisive, la *Critique de la raison pure*, paraît en 1781. C'est pourquoi on établit une distinction entre les œuvres précritiques et les œuvres critiques. A partir de 1781 — Kant a cinquante-sept ans — celles-ci se suivent rapidement : *Prolégomènes* (1783), *Idées pour une histoire générale en vue d'une citoyenneté mondiale* (1784), *Fondement de la métaphysique des mœurs* (1785), *Critique de la raison pratique*

(1788), *Critique du jugement* (1790), *La religion dans les limites de la seule raison* (1793). Et dans les intervalles, paraissent encore de nombreuses études plus courtes, mais importantes. Kant lui-même a estimé que la différence entre ses écrits précritiques et critiques était si grande que les premiers perdirent toute valeur à ses yeux. « Ce travail (*Critique de la raison pure*) a réduit à néant la valeur de mes écrits métaphysiques antérieurs. » Esquissant le plan d'une réédition de ses œuvres complètes, il voulait que l'on commençât avec le texte intitulé *Des formes et des principes du monde sensible et intelligible* (1770). Celui-ci constitue un pas important vers la philosophie critique sans la présenter encore véritablement.

Ce tableau d'ensemble est grandiose. Kant était déjà un philosophe célèbre, un brillant auteur, lorsque, à un âge avancé, il parvint aux idées maîtresses qui allaient lui donner une importance historique universelle. S'il était mort à cinquante ans, il n'y aurait pas pour nous de philosophie kantienne. Il serait simplement l'un des glorieux auteurs du siècle des Lumières, comme Garve ou Mendelssohn. Il consacra plus de dix ans à l'élaboration tenace de sa pensée, dont aucune vanité ne put le distraire. Puis il est dominé par le souci de tirer parti au mieux de la courte vie qui lui reste : ce quelque chose d'irremplaçable qui vient de croître en lui sur le tard, il faut qu'il l'apporte aux autres. Malgré sa modestie, il sait bien qu'un monde de pensées est né dans sa tête, qu'il est seul à pouvoir communiquer. La hâte le rend indifférent à la forme. Cette inquiétude dans le calme caractérise bien le vieux Kant qui, pénétré de l'importance de sa tâche, dévoré par son dessein, se met à vivre, après dix ans de silence, dix ans d'une productivité qui, vue du dehors, est manifestement inouïe. C'est alors seulement que sa vie s'ordonne jusqu'à la minutie. Sans une stricte économie de ses forces, un tel exploit, à cet âge, n'aurait pas été possible.

On a retrouvé après sa mort nombre de manuscrits, qui furent publiés. Kant n'avait pas fini. Il poursuivit son travail jusqu'au moment où son cerveau cessa de fonctionner, et même encore après. Son entreprise l'amenait sans cesse vers des aperçus nouveaux. Jusque dans ses dernières notes, on retrouve présent, ici ou là, l'esprit de Kant, même quand ce qu'il écrit devient difforme : la réflexion s'interrompt, la mémoire fait défaut, le langage n'est plus disponible, des idées sont obstinément maintenues tandis que prend fin la réceptivité pour une pensée étrangère. Le processus morbide aboutit à une perversion qui est le contraire de l'esprit kantien. Il est certes compréhensible et nécessaire que Kant croie avoir définitivement trouvé le chemin de la vérité. Il n'est pas nécessaire que, contrairement à ses propres déclarations de naguère, il en vienne à affirmer comme vraie la lettre de ses écrits et à ne supporter que difficilement la contradiction dans un entretien.

Les œuvres *précritiques* reflètent l'intérêt de Kant pour les sciences, sa préoccupation de l'homme, son sens de l'univers, ses mises en question d'ordre logique et métaphysique, et tout cela constitue encore, en substance, le fond de sa réflexion critique ultérieure.

Un premier groupe de textes précritiques relève des sciences de la nature, ainsi que l'écrit célèbre intitulé *Histoire de la nature et théorie du ciel.* Kant a, le premier, supposé que la voie lactée, cet énorme rassemblement de soleils, correspondait aux lointaines nébuleuses elliptiques dont l'une est visible à l'œil nu dans Andromède. D'autres travaux concernent la rotation de la terre, les séismes, le feu, les vents. La science de la nature reste un fondement de la philosophie critique ultérieure.

Une seconde zone d'intérêt embrasse la connaissance du monde et celle de l'homme. Depuis 1757, Kant faisait des cours de géographie physique. A partir de 1772, son cours sur l'anthropologie s'en détache. Il estime qu'« une importante lacune dans la formation des étudiants, provient essentiellement de ce qu'ils apprennent trop tôt à raisonner de tout, sans posséder assez de connaissances historiques capables de tenir lieu d'expérience ». Dans ces leçons, Kant voulait communiquer une connaissance « de l'homme en tant que citoyen du monde ». A ce point de vue, il rassemblait une foule de faits géographiques, historiques et quotidiens, sur la base d'une connaissance des hommes acquise par « les rapports avec ses concitoyens et ses compatriotes », par une abondante lecture de récits de voyages, et en recourant à l'histoire universelle, à des biographies, voire à des « pièces de théâtre et des romans ». Quelques-uns des écrits précritiques s'alimentent à cette large réserve d'expérience, ainsi que les *Considérations sur le sentiment du beau et du sublime*. La philosophie critique jeta sur cet amas d'informations une lumière nouvelle, mais c'est là que ses œuvres de philosophie de l'histoire et de politique ont leurs racines. De là proviennent quantité d'observations, d'exemples, de remarques dans ses ouvrages éthiques et religieux. Il a encore publié un reste de ces cours dans sa vieillesse, sous le titre d'*Anthropologie pragmatique*. Cet intérêt pour l'homme, Kant l'a infiniment approfondi encore par sa philosophie critique. Mais jusqu'à la fin, il écrivit des phrases comme celle-ci : « La philosophie n'est vraiment rien d'autre qu'une connaissance pratique de l'homme. » La question philosophique fondamentale qui résume toutes les autres resta pour lui « qu'est-ce que l'homme? »

Un troisième domaine, logico-métaphysique, existe, lui aussi, dès le début. Dès 1755, Kant traitait des premiers principes de la connaissance métaphysique. Dès 1762, il publia d'importants développements logiques. A partir de là, le chemin conduisait directement à la philosophie critique. C'est de ce chemin et du lieu où il mène, que nous allons maintenant parler.

Les champs d'intérêt et les résultats des œuvres précritiques n'appartiennent pas encore à la philosophie kantienne proprement dite. Mais ils font déjà de Kant l'un des brillants philosophes des « Lumières ». Il était l'un des leurs par son style cultivé, auquel il devait renoncer par la suite en faveur d'une langue plus pénétrante, plus dense, plus sobre, asservie à son objet. Il appartenait aussi à l'époque des Lumières par sa belle sérénité et son ironie, sa disponibilité sans fanatisme aux idées et aux faits, la mobilité et l'acuité d'une pensée qui met en question, instantanément, ses propres produits, par son goût pour l'expérience puisée partout à travers le monde, et par son scepticisme, doublé d'un amour jamais éteint pour la métaphysique.

II

ACHEMINEMENT VERS LA PHILOSOPHIE CRITIQUE

a) Examinons les *écrits précritiques* de Kant pour percevoir les impulsions intellectuelles qui contribuèrent à créer en lui l'état d'esprit favorable à la naissance de la philosophie critique.

Kant s'était familiarisé depuis ses années d'école avec la tradition ontologique et métaphysique, à travers les catégories théologiques et la philosophie de Wolff et de Leibniz. Il partage dans l'ensemble leur certitude fondamentale et, dans le détail, il pose à nouveau leurs questions et leurs problèmes. Pourtant lorsqu'il en débat avec prédécesseurs et contemporains, une chose avant tout lui importe : il veut une certitude indubitable.

La première question qu'il pose, dans sa thèse d'habilitation intitulée *Un nouvel éclairage des premiers principes de la connaissance métaphysique* (1755) et se référant à Crusius, concerne *la portée de la logique.*

Kant raisonne ainsi : rien n'existe sans fondement déterminant. On pose l'existence de Dieu, parce que le contraire de l'Existant absolument nécessaire, à savoir que rien n'existe, est impensable. Pourtant cette impossibilité du contraire ne fonde que notre connaissance de son existence, non son existence même. « Il existe; cela suffit pour qu'on ait de lui tout dit et tout compris. »

Ici, la pensée atteint le fondement infondé, ou fondement dernier. Elle ne peut pas remonter au delà de la réalité absolue. La nécessité de l'existence de cette réalité ne peut être dérivée d'aucun fondement. Aucune nécessité de la pensée ne me permet de jeter un regard par-delà cette réalité.

La réflexion distingue ici le fondement de l'être (ou du devenir) et celui de la connaissance. Le premier est prédéterminant, créateur, le second est postdéterminant, seulement explicatif. Quand nous pensons que Dieu, ou l'être absolu et inconditionné, existe nécessairement parce que le contraire est impensable, il nous manque, malgré cette évidence, le fondement prédéterminant de l'être, de cet être absolument nécessaire.

Aussi n'y a-t-il aucune preuve créatrice de l'existence de Dieu. Le possible et l'impossible restent impuissants à saisir le fondement de sa réalité. Le possible implique que deux concepts liés l'un à l'autre ne sont pas contradictoires. Le concept naît de la comparaison. Mais si rien n'est donné, la comparaison n'a plus lieu. Aussi ne peut-on se représenter aucun possible, à moins d'admettre que ce qui est réel dans tout concept possible possède l'existence, et finalement l'existence absolue nécessaire. Autrement, plus rien ne serait possible, il n'y aurait que de l'impossible. Élimine-t-on Dieu, ce n'est pas seulement toute l'existence des choses, c'est leur possibilité intérieure même qui se trouve détruite. « Dieu est, de tous les êtres, le seul en qui l'existence est première ou identique à la possibilité. Et celle-ci n'a plus de sens dès qu'on cesse de le penser existant. »

Kant pénètre ainsi par la pensée jusqu'à ce qui est avant toute chose pensable. L'être et la pensée ne sont pas identiques. La pensée présuppose la réalité. La réalité ne se laisse pas saisir comme nécessité logique.

La nécessité logique qui contraint la pensée n'est pas la nécessité réelle de l'être. Il ne faut pas confondre les rapports logiques avec les rapports réels. Il n'est pas possible de dériver ni de construire l'être à partir d'une nécessité logique. On retrouve cette même exigence de ne pas confondre relations logiques et relations réelles dans la dissertation de 1763 : *Essai pour introduire la notion de grandeurs négatives dans la sagesse universelle :*

La contradiction dans la pensée (l'opposition logique) diffère radicalement de la réalité de forces contraires (répugnance réelle). Penser un corps qui à la fois se meut et ne se meut pas est contradictoire. Mais un corps mû par deux forces égales en sens contraires n'est pas en contradiction, il est en repos. La contradiction implique l'abolition logique de l'objet; ce qui est ainsi pensé perd toute réalité. Mais deux forces contraires peuvent s'abolir dans la réalité du repos. La négation logique ne pose aucune réalité. En revanche, des contraires réels peuvent s'allier entre eux, plaisir et déplaisir, amour et haine. En analysant des concepts, on n'éclaire que des contradictions logiques, on ne dit rien de l'opposition des forces.

On trouve un autre exemple de limitation de la portée de la pensée logique dans *la Fausse subtilité des quatre figures syllogistiques* (1762) :

Seule est pure la première figure de la déduction dérivée d'Aristote, telle qu'on l'apprend à grand-peine dans les écoles. Toutes les autres sont mixtes et se ramènent à la première. Celui qui le premier formula un syllogisme sur trois lignes le regarda comme un échiquier et essaya d'intervertir les pions. Il s'aperçut qu'il en résultait un sens raisonnable. Mais il oublia que cela n'ajoutait rien de neuf à la clarté de la chose et que, bien au contraire, la confusion s'en trouvait accrue. « Or le but de la logique, ce n'est pas d'embrouiller, mais de débrouiller; c'est de faire un exposé non pas voilé, mais évident. » La syllogistique des quatre figures « donne le droit de brouiller les évidences ». Kant s'étonne qu'on mette tant de perspicacité à une affaire aussi inutile. « Mais tel est le sort de l'entendement humain : ou bien il ratiocine sans fin et se met à grimacer, ou bien il s'élance témérairement à l'assaut d'objets trop vastes et construit des châteaux de sable. » Kant, d'ailleurs, n'a pas l'espoir, en quelques heures, « d'abattre le colosse qui cache sa tête dans les nuages de l'Antiquité et dont les pieds sont d'argile ».

S'interrogeant sur la portée de la logique, Kant en vient à sa seconde question, celle de l'origine de la certitude elle-même. Comme toute l'époque scientifique moderne, Kant tend avec passion à la certitude du savoir. L'idéal, c'étaient les mathématiques. Elles étaient le modèle de la philosophie. Depuis le XVIIe siècle, les philosophes avaient les yeux fixés sur elles. Beaucoup d'entre eux furent de grands mathématiciens. Avec Kant, quelque chose changea. Pour lui aussi (quoiqu'il n'eût rien inventé dans ce domaine et qu'il ne disposât sans doute pas des mathématiques supérieures), elles avaient un rang incontesté. A ses yeux, les sciences ne sont authentiques que dans la mesure où elles s'incorporent les mathématiques. Mais cela ne l'empêche pas de mettre en question la portée des mathématiques elles-mêmes et il en vient ainsi à s'interroger sur *la différence entre connaissance philosophique et connaissance mathématique.*

Déjà dans l'essai de sa vingt-deuxième année, il exclut des mathématiques « les forces vivantes ». Dans son texte sur la *Netteté des principes dans la théologie naturelle et la morale* (1763), la différence entre mathématiques et métaphysique apparaît clairement. Les définitions fondamentales des mathématiques sont synthétiques, c'est-à-dire que l'explication se donne à travers une opération d'une parfaite transparence. En métaphysique, les définitions fondamentales sont analytiques, c'est-à-dire qu'elles se ramènent à des tautologies qui laissent pourtant apparaître un sens. — Les mathématiques lient des concepts de grandeur donnée, qui sont clairs et certains, pour voir ce qu'il est possible d'en déduire. La métaphysique décompose des concepts qui lui sont donnés à l'état confus. — Les mathématiques ne comportent que peu de concepts inanalysables et d'énoncés indémontrables, la philosophie en a des quantités. — En mathématiques, le concept des objets naît de l'explication. En philosophie, on ne possède pas de concept précis correspondant à la chose; il faut d'abord le chercher. On comprend nettement le rapport du trillion à l'unité, alors qu'on n'a pas réussi jusqu'ici à rendre compréhensible le concept de liberté, par exemple, à partir de ses unités, c'est-à-dire à partir de concepts simples et connus qui le constitueraient. Ainsi : les qualités qui constituent l'objet véritable de la philosophie sont infiniment nombreuses. — Les mathématiques usent de signes, la métaphysique, de mots. C'est pourquoi la connaissance métaphysique exige qu'on ait constamment la chose elle-même devant les yeux. Il ne lui est pas permis de remplacer la représentation des choses par des signes plus clairs et plus maniables; elle ne peut que soupeser la généralité *in abstracto;* les signes mathématiques sont des moyens sensibles de connaissance dont on peut se servir avec la certitude de n'avoir rien omis chemin faisant. Les mots, en revanche, ne servent qu'à rappeler les concepts généraux dont il faut garder sans cesse la signification immédiatement présente.

Il est plus difficile de débrouiller par l'analyse des connaissances confuses (en philosophie) que de relier par la synthèse des données simples et d'arriver ainsi à des conclusions (en mathématiques). C'est pourquoi « la métaphysique est la plus difficile de toutes les connaissances humaines; mais on n'en a encore jamais écrit aucune ».

La méthode de la philosophie est analogue à celle des sciences expérimentales : « elle cherche, par une sûre expérience intérieure, c'est-à-dire par un acte de conscience immédiat et évident, à établir les caractères qui appartiennent à coup sûr au concept de toute structure générale donnée ».

Kant libère ainsi des mathématiques la philosophie tout en reconnaissant la valeur unique de celles-là. Il ne voit pas encore, à cette époque, entre philosophie et mathématiques, de différence dans la nature des certitudes; des deux côtés, des principes premiers indémontrables et des conséquences démontrables. Pourtant, soulignant la différence qui existe entre leur indémontrabilité respective, il fonde déjà son affirmation finale : cette différence signifie que mathématiques et philosophie ont des tâches et des méthodes différentes et que la nature de la certitude n'y est pas la même. La valeur exemplaire des mathématiques disparaît si on prétend en faire un modèle à imiter; elle persiste pour peu que, tenant compte des différences, on prenne conscience de la philosophie dans son autonomie.

Kant approuve Crusius d'avoir reconnu qu'outre le principe de contradiction, la connaissance doit avoir encore un autre fondement : des principes immédiatement certains et indémontrables, les premiers principes d'application de la raison humaine. Il s'oppose en revanche à Crusius quand celui-ci affirme : « Ce que je ne peux penser que comme étant vrai, cela est vrai », pour autant que cette phrase prétend énoncer un fondement de la vérité. Car ce qu'elle proclame, justement, c'est qu'il est impossible de donner un fondement à la vérité et que la connaissance, par conséquent, reste à la fin indémontrable. « Le sentiment de la conviction est un acte de foi, mais non pas le fondement d'une preuve. »

On voit aussitôt jusqu'où va maintenant le doute de Kant. Après avoir distingué entre logique et réel (et montré ainsi l'impuissance de la seule pensée), après avoir fait apparaître aussi la spécificité de la certitude propre que la philosophie doit rechercher et qui n'est pas celle des mathématiques, Kant ne se met nullement à construire tout de suite cette philosophie nouvelle. Au contraire, il en vient d'abord à *douter de la possibilité de toute métaphysique.* La belle clarté conquise fut d'abord celle de ne pas pouvoir savoir. En lui, la volonté de certitude unie à la loyauté ne fléchit pas. Dans ses *Rêves d'un voyant commentés par les rêves de la métaphysique* (1766), il fait ses comptes avec lui-même jusqu'à se moquer de tentatives auxquelles il avait pris part. Tout ce qui se laisse penser, Kant l'illustre en recourant au délire d'un Swedenborg. Lui-même esquisse d'audacieuses constructions intellectuelles, mais pour annoncer qu'elles ne sont que jeux de l'imagination. Les hypothèses métaphysiques, selon lui, sont si souples qu'on peut les adapter à n'importe quel conte. Parlant des « architectes aériens des divers univers conçus », il dit que chacun habite le sien, ce qui revient à dire qu'il rêve. Car telle est bien, d'après la parole grecque (Héraclite), la différence entre le rêve et la veille : dans le rêve, chacun a son univers propre, dans la veille, nous n'en avons qu'un seul en commun. Il met en parallèle le délire de Swedenborg et celui des métaphysiciens. Quant à l'intuition suprasensible, « la connaissance intuitive de l'autre monde ne s'acquiert ici-bas que si l'on commence par renoncer à une partie de cet entendement qui nous est bien nécessaire pour ce monde-ci ».

Mais toutes ces pensées n'entamaient en rien le sérieux de la foi fondamentale dont Kant a toujours vécu. Ce qui change seulement, c'est l'expression de ce sérieux. Kant pense à Socrate et s'identifie à lui. D'abord : que de choses il y a que je ne comprends pas! Mais ensuite : que de choses il y a dont je n'ai nul besoin! Ce qui compte, c'est la réalité de la conduite morale, et non la connaissance du suprasensible. C'est dans ce monde-ci que nous avons à faire nos preuves et à préparer notre inconnaissable destin. Mais tout cela, Kant le dit sur le ton le plus serein, le plus allègre. Il conclut avec le Candide de Voltaire : « Cultivons notre jardin. » La métaphysique n'est pas nécessaire pour assurer la morale et la foi. Il n'est pas nécessaire de démontrer l'existence de Dieu, mais il est nécessaire d'en être convaincu (1763). La coupure amorcée, dans la foi protestante, entre la reconnaissance des dogmes et la pratique de la charité chrétienne, prend une forme nouvelle dans la philosophie de Kant.

L'écrit sur les voyants était une sorte de liquidation; aucun désespoir là-dedans, mais seulement l'audace d'une pensée s'engageant sur un chemin nouveau. Mais ce chemin, il ne le voyait pas encore.

b) *Le tournant, à partir de 1766.* — L'année 1766 peut être considérée comme celle du tournant décisif. La période de 1766 à 1781 (publication de la *Critique de la raison pure*) voit naître la philosophie kantienne : les publications cessent presque entièrement. En 1770, paraît sa leçon inaugurale. On y trouve un premier pas (la doctrine de la subjectivité de l'espace et du temps), mais pas encore la nouvelle philosophie elle-même.

Pendant les dix années précédentes, Kant est un philosophe mondain. Il participe à la vie de la société; détaché et ironique, il ne tient pas en place; il critique impitoyablement son propre amour de la métaphysique, la mobilité de ses points de vue étonne. Il semble se jeter dans un tourbillon, y trouver sans cesse des amorces d'ordre et de construction, mais renoncer à l'un et à l'autre pour retrouver une foule de nouveaux aperçus, sans jamais atteindre la terre ferme.

Aux yeux des autres, Kant était au sommet de sa vie, en possession de la pleine souveraineté de son esprit, l'auteur philosophique le plus élégant et le plus marquant. Il dominait le monde de la pensée dogmatique sans s'y soumettre jamais, la désagrégeant au contraire par sa réflexion sceptique. Personne ne pressentait que tout cela n'était qu'un prélude.

Nous possédons quelques passages remarquables de Kant concernant son attitude au cours de ces années :

Il ne s'était encore, dit-il, installé nulle part dans les domaines de la philosophie de la raison pure; il n'avait pas écrit de gros livres à ce sujet, ce qui lui épargnait l'obligation d'avoir, pour les défendre, à rester du même avis. Dans les petits essais qu'il avait répandus dans le public pour ne pas sembler entièrement oisif, il avait poursuivi son jeu. Mais l'état d'esprit dans lequel il s'était plongé et constamment maintenu, et la longue période pendant laquelle il avait gardé l'esprit ouvert à toute impulsion nouvelle, lui faisaient espérer pour sa recherche philosophique une issue plus heureuse que celle de tous ses prédécesseurs.

Kant rapporte ensuite qu'il avait longtemps espéré élargir « les évidences dogmatiques », en apportant sa contribution personnelle. « Car le doute que l'on se contente ainsi d'affirmer à la légère me paraissait n'être que l'ignorance prenant le ton de la raison, et je refusai d'y prêter l'oreille. » « Je croyais toujours trouver la méthode permettant d'étendre la connaissance dogmatique grâce à la raison pure. » Mais « lorsqu'on s'efforce sérieusement de trouver la vérité, on cesse d'épargner ses propres trouvailles. Tout ce qu'on a appris, cru, pensé soi-même, on le soumet entièrement à la critique. Il a fallu beaucoup de temps pour que j'en vienne ainsi à juger que la théorie dogmatique tout entière était dialectique. Mais moi, je cherchais quelque chose de certain, sinon quant à l'objet, du moins quant à la nature et aux limites de la connaissance ». La possibilité spéculative d'une réflexion métaphysique ne lui est jamais devenue indifférente. En 1763, il avait encore élaboré « une seule preuve possible de l'existence de Dieu », qu'il laissa tacitement tomber par la suite.

Disponibilité, scepticisme, patience ne suffisaient pas à le conduire plus loin. Si l'évidence négative qu'il avait atteinte ne devait pas être un simple renoncement, il lui fallait trouver une autre certitude, en engageant sa réflexion métaphysique sur des chemins nouveaux.

Un pas décisif pour Kant fut d'introduire une méthode jusque dans l'attitude sceptique : « J'essayai très sérieusement de prouver des énoncés ainsi que leurs contraires, non pour construire une doctrine du doute, mais parce que, soupçonnant une illusion de l'entendement, je m'efforçais de la découvrir. L'année 69 m'apporta une grande lumière. »

Kant découvre les antinomies — le monde est fini, il est infini; il a un commencement dans le temps, il n'a pas de commencement; tout arrive par nécessité causale, la liberté existe comme point de départ d'une série causale, etc. — mais il remarque le point où elles surgissent : elles surgissent là où nous cherchons la totalité ou l'absolu dans le monde, autrement dit : quand nous voulons faire de l'infini un objet fini. Kant trouva là, pour sa méthode, un point solide. Il en eut conscience aussitôt : « Depuis une année environ, écrit-il en septembre 1770, j'ai atteint le concept que je ne crois pas modifier jamais, mais bien élargir, et grâce auquel les problèmes métaphysiques de tout genre peuvent être examinés selon des critères tout à fait sûrs et faciles, de sorte qu'il devient possible d'affirmer avec certitude dans quelle mesure ils sont susceptibles ou non de recevoir une solution. »

Un autre pas, ce fut la conception claire de l'espace et du temps, formulée en 1770 dans sa dissertation.

Pour Newton, l'espace était quelque chose d'absolu, de réel en soi, le *sensorium dei.* Pour Leibniz l'espace était l'apparence de la réalité inétendue des monades dans leurs relations. L'espace n'étant pas en soi, Leibniz nie la divisibilité à l'infini de l'espace, la réalité du vide, l'action à distance (tout cela en opposition avec Newton). Kant, lui, envisageait (avec Leibniz), le caractère phénoménal de l'espace, toutefois (contre Leibniz), non comme apparence confuse, mais comme étant la clarté du monde sensible. Et Kant enseignait la réalité objective de l'espace (de nouveau contre Leibniz) en tant que forme pure de la réalité sensible qui nous est propre, en tant que condition de la réalité des phénomènes. Dès 1758, Kant reconnaît avec Leibniz la relativité de l'espace, « nouveau concept doctrinal du mouvement et du repos ». En 1768, il en reconnaît la réalité objective en tant que forme de l'intuition à propos des phénomènes de symétrie entre gauche et droite, à propos de l'image et de son reflet. Il y a des différences dans le corps qui ne sont que de nature spatiale, et non de nature conceptuelle. Le monde spatial et temporel n'est pas la réalité en soi, mais il n'est nullement illusion; l'espace et le temps sont les conditions de la réalité de nos expériences sensibles au niveau de l'intuition.

Ainsi se trouvait reconstituée de façon neuve l'antique opposition du monde sensible et du monde suprasensible. Kant s'en tenait encore à la vieille ontologie : les formes de la pensée atteignent l'être même. Mais les mathématiques se trouvent désormais pour lui limitées au domaine qui leur est propre, et là leur règne est total : elles ont pour objet les formes nécessaires de toute intuition sensible. Les concepts, en revanche, en 1770, étaient encore pour Kant capables d'atteindre l'en-soi. De même que les formes de l'intuition sensible atteignent le monde, de même les concepts atteignent l'intelligible. La connaissance continue à avoir accès au monde sensible comme aussi au monde suprasensible. D'où la différence entre *mundus sensibilis* et *mundus intelligibilis.*

Que la pensée soit la source suffisante de la connaissance, cette certitude indéterminée, qui a fondé de tout temps l'assurance de la réflexion philosophique, va de soi, pour Kant, dès le commencement. Mais qu'est-ce que cette pensée? D'où lui viennent ses concepts? Voilà les questions qui le poussent en avant.

Dans son écrit de 1764, qui reçut un prix, Kant considère les « concepts indécomposables » comme les fondements de la connaissance. Mais que sont-ils donc? Si le fondement qui nous fait connaître l'être de Dieu n'est pas celui qui le fait être, — plus généralement : si le fondement de la connaissance n'est pas fondement de la réalité, cela entraîne des conséquences pour l'ontologie : par exemple, la logique ne me fait pas connaître la nature de la relation causale. Il subsiste en elle quelque chose d'opaque, comme dans tous les « concepts indécomposables ». A cette époque, Kant semble tantôt les confondre avec les concepts empiriques, que la pensée logique est contrainte de recevoir du dehors sans pouvoir les engendrer; tantôt au contraire ils servent de complément à ceux-ci, permettant ainsi une réflexion originelle qui dépasse toute expérience sensible et atteint le suprasensible.

Au moment où cet écrit paraissait, Lambert publia son *Novum organon.* Les deux penseurs se trouvaient sur le même chemin, ils confrontèrent leurs idées. Cherchant la certitude, ils s'interrogeaient sur l'origine des concepts.

Ils étaient d'accord pour admettre que les concepts sont des formes, qu'ils expriment des relations, que leur seule fonction consiste à élaborer des contenus puisés dans l'expérience. Tous deux s'opposaient à Leibniz. En fait, ils s'opposaient d'avance aux idéalistes constructivistes de plus tard, dans la mesure où ceux-ci considérèrent les concepts indécomposables comme constituant la conscience même de la fonction spirituelle et prétendirent, en construisant les actes de l'esprit, acquérir déjà la connaissance de l'être, sans avoir à subir l'épreuve de l'expérience, — en s'en tenant au contraire à l'expérience toute différente de la conscience personnelle elle-même.

Kant se sent déjà sur la voie qui sera définitivement la sienne (lettre à Lambert, 31 décembre 1765); il considère « avec une certaine confiance » les vérités déjà acquises. « Avant que naisse au monde une nouvelle sagesse, il est nécessaire que l'ancienne se détruise elle-même. » Cette crise lui fait « espérer que la grande révolution des sciences, si longtemps appelée de ses vœux, n'est plus très éloignée ». Parlant de lui-même, il dit : « Après tant de hauts et de bas, alors que je ne cessais de chercher les sources de l'erreur ou celles de la vérité dans la façon de procéder, j'ai enfin réussi à assurer ma méthode. »

L'échange de lettres entre Kant et Lambert prit fin. Kant se sentait sur le seuil de nouvelles découvertes et hésitait à en parler avant d'y voir clair. Alors il écrirait à Lambert pour les soumettre à sa critique. Examinant les concepts indécomposables et cherchant d'où il pourrait les dériver, il en vint à suivre une voie toute nouvelle, alors que Lambert se contentait de rattacher leurs formes fondamentales au langage.

Kant et Lambert considéraient que, dans la connaissance du réel, la pensée ne prend son sens qu'en élaborant une matière venue de l'expérience. Mais cela, pour Kant, ne faisait que poser le problème. Il demandait *d'abord :* comment se peut-il que les concepts propres de la pensée s'appliquent à quelque chose de totalement différent, au monde sensible? Et *ensuite :* Comment se peut-il que des concepts produits par nous-mêmes se rapportent à l'être et réussissent à l'atteindre?

Ces questions, il les posait encore dans la perspective de sa dissertation de 1770. L'espace et le temps ne sont pas en soi, mais des formes de l'intuition. Les représentations sensibles n'évoquent les choses que telles qu'elles apparaissent, mais les concepts intellectuels, telles qu'elles sont en soi. La conséquence que Kant en tirait (et qui n'était pas nouvelle) était d'une grande importance pour quiconque voulait purifier l'ontologie traditionnelle restée encore debout : lorsqu'il s'agit de l'être et que nous essayons de penser ce qu'il est en soi, nous ne devons lui attribuer aucun caractère sensible-intuitif, rien qui appartienne à l'espace et au temps. « Lorsque quelque chose n'est en rien un objet possible des sens et ne peut être pensé qu'à l'aide d'un concept de raison général et pur, comme chose ou substance en général, on en vient à des affirmations très fausses si l'on tente malgré cela de le soumettre aux concepts fondamentaux impliqués dans la pensée du monde sensible. » « Les lois les plus générales de la sensibilité jouent à tort un certain rôle dans la métaphysique, où seuls ont droit de cité les concepts et principes de la raison pure » (à Lambert, 2 septembre 1770).

Voilà qui était clair. Tout semblait en ordre. Nous pouvons légitimement connaître la réalité à l'aide des concepts empiriques de l'intuition spatio-temporelle, le monde suprasensible à l'aide de purs concepts. Mais à partir de là, une nouvelle question se posa à Kant l'infatigable, et qui devait finalement renverser toutes les prémisses de ce qu'il avait pensé jusque-là.

c) *Cette nouvelle question* se formulait alors en termes extrêmement simples : « Sur quoi se fonde la relation de ce que nous appelons notre représentation, avec l'objet? » (21 février 1772). Les réponses que Kant essaie de donner lui font découvrir un chemin entièrement neuf. Ce ne sont plus seulement les limites de la sensibilité qui vont apparaître, mais celles de la pensée elle-même. La vieille ontologie, cette pensée dont les concepts sont censés posséder une signification réelle immédiate, va s'effondrer. Non seulement les concepts de la sensibilité intuitive, mais toute espèce de concepts deviennent caducs dès qu'il s'agit de l'être même. Cependant intuition et concept ont une signification objective. La question est : qu'est-ce donc ici que l'objet? Et celle-ci encore : notre intuition s'accomplit dans l'espace et le temps et nous pensons avec des concepts; d'où vient l'accord des représentations données par l'intuition ou le concept avec l'objet?

On peut imaginer diverses réponses : la représentation de l'objet, c'est la manière dont le sujet (passif) est affecté par lui, — ou : la représentation, c'est la manière dont le sujet (actif) produit l'objet par sa pensée. « Mais notre entendement n'est pas la cause de l'objet par ses représentations (excepté en morale quand le bien est pris pour fin); et l'objet n'est pas davantage cause des représentations de notre entendement (*in sensu reali*). Les concepts purs de l'entendement doivent certes avoir leur source dans la nature de l'âme, mais non en tant qu'ils seraient produits par l'objet, ni en tant qu'ils produiraient eux-mêmes celui-ci. »

Ainsi se pose à Kant une énigme extraordinaire : le rapport entre le sujet et l'objet, cette énigme auprès de laquelle s'écoule notre vie, passant outre comme ont passé outre les millénaires. La chose que je connais n'est pas moi; qu'est-elle donc? Je ne suis pas si je n'ai pas devant moi des objets, si je suis dépourvu de la perception sensible d'un donné; que suis-je donc sans elle? Il n'existe pas pour moi de troisième point de vue, extérieur à cette relation, à partir duquel je puisse comparer le sujet et l'objet de la pensée. Je ne compare jamais que des objets et une subjectivité transformée en objet.

La question nouvelle avait pris chez Kant une forme qui ne lui laissait plus l'esprit en repos : comment l'accord est-il possible entre la représentation et la réalité? Ou plus précisément : comment peut-il y avoir accord de nos représentations intellectuelles, qui reposent sur une activité intérieure, avec des objets que cette activité n'a pourtant pas produits?

Kant pense qu'en mathématiques, cela se conçoit. Car ici, les objets que nous avons devant nous ne sont des grandeurs que parce que nous pouvons en produire la représentation en reprenant un certain nombre de fois l'unité. Mais il en va tout autrement du rapport de qualités. Nous pensons causalité, substance, et autres catégories; nous pensons des principes comme : rien ne se passe sans cause; la masse de la substance ne croît ni ne diminue. Comment est-il possible que nous ayons à former des concepts avec lesquels les choses s'accordent nécessairement, que nous concevions des principes avec lesquels l'expérience s'accorde, sans les avoir tirés de l'expérience? « Cette question laisse toujours subsister une obscurité en ce qui concerne le pouvoir de notre entendement : on se demande d'où lui vient cet accord avec les choses elles-mêmes. »

Kant interroge les autres philosophes. Platon rattache la connaissance à une contemplation antérieure du monde des Idées. Malebranche conçoit la connaissance comme une contemplation sans cesse renouvelée de l'être originel, une vision des choses en Dieu. Crusius — à la suite de Leibniz — pense que Dieu a gravé, en notre pouvoir de former jugements et concepts, des règles telles que ceux-ci soient en harmonie avec les choses. Ce *deus ex machina* semble à Kant être ce qu'il y a de moins approprié à la question posée. Toutes les réponses citées ne le satisfont pas.

La question elle-même doit être posée plus radicalement. C'est là l'élément neuf dans la pensée de Kant. Il creuse le problème en profondeur parce qu'il met en question ce qui jusqu'alors passait pour aller de soi : la réalité du rapport même entre sujet et objet. Tous les penseurs, jusqu'alors, avaient maintenu le point de vue de notre conscience naturelle, pour laquelle — que ce soit dans l'ici-bas ou l'au-delà, dans la connaissance du monde ou dans celle de Dieu — la limite ultime, jamais transgressée, est que nous avons devant nous des objets, que ceux-ci sont réels, que nous les voyons, les entendons, les pensons et les connaissons, que, les concevant (dans l'intentionalité), nous sommes orientés vers eux et que nous-mêmes sommes réels comme eux. Certes on s'était interrogé sur l'accord de la pensée et de l'objet, mais non pas sur la possibilité en général d'un rapport entre le sujet pensant et l'objet, non pas sur ce que sont en eux-mêmes ces deux termes, entre lesquels en somme un accord est censé s'établir.

On appelle le point de vue naturel « réalisme naïf ». Les penseurs antérieurs, empiristes, pour qui l'expérience est l'unique source de notre savoir, ou rationalistes, pour qui seule la pensée nous fait saisir à travers les choses la vérité fondamentale, avaient tous une commune certitude : le sujet connaissant trouve devant lui un monde de choses qu'il cherche à connaître.

Si l'on s'interrogeait alors sur le fondement de l'accord, la réponse empiriste était : les choses elles-mêmes pénètrent en nous à travers les organes de nos sens, s'y reflètent, s'impriment en nous. Toutes nos sensations, d'ailleurs, ne sont pas réelles, mais seulement celles qui font éprouver la force, l'étendue, la résistance de la matière. Depuis Démocrite, on distinguait entre qualités sensibles premières et secondes. Mais une fois qu'on avait commencé, toutes les qualités devenaient douteuses. Ce genre de réponse amena finalement à mettre en question la réalité du monde extérieur et entraîna un scepticisme total quant à la possibilité de connaître n'importe quelle réalité.

La réponse rationaliste était : il y a forcément accord parce que c'est l'esprit lui-même qui engendre la connaissance et qu'une pensée nécessaire est aussi réelle. Demandait-on alors comment ce produit de l'esprit, dont la nécessité logique ne suffisait pas encore à prouver que son contenu était réel, s'accordait pourtant avec cette réalité, c'était l'harmonie préétablie qui venait à la rescousse : Dieu a disposé les choses de façon que ce que nous pensons nécessairement s'accorde toujours avec ce qui est en soi.

Toutes ces questions et ces réponses, Kant les dépasse en soumettant à son enquête la relation sujet-objet elle-même. Ce qui avait été jusqu'alors impliqué dans toute pensée, cette relation solide, permanente, indépassable, du sujet et de l'objet, qui n'avait comme telle jamais posé de problème parce qu'elle n'était jamais devenue consciente, voilà que Kant la met en question. La relation sujet-objet n'est pas l'être absolu, antérieur à tout, elle n'est pas première, mais seconde. Par là, il ouvrait des perspectives aux possibilités inépuisables. Il avait été d'emblée conscient de faire quelque chose d'absolument neuf. « Je constate qu'il me manque encore quelque chose d'essentiel (notamment dans ma dissertation) qui serait en fait la clef de tout le mystère de la métaphysique. »

Le problème du sujet et de l'objet a été résolu *pratiquement* par les mystiques, et de tout temps. Ils dépassaient ce rapport par des expériences qui l'abolissaient. Leur langage est plein d'expressions profondes sur ce qui n'est ni sujet ni objet, mais par-delà. De telles expériences, toutefois, n'ont été possibles qu'à travers un changement d'état de la conscience, tendue vers le lieu où le moi et l'objet s'évanouissent à la fois. Penser à cette expérience, c'était forcément penser à partir de cette union mystique et en s'efforçant d'y revenir.

Que l'existence, dans le rapport sujet-objet, n'est pas absolue, mais qu'elle est seconde, Plotin l'enseignait : l'Un est indivis, il est plus que la pensée, au-delà de la pensée. Le second degré, c'est le domaine suprasensible, intelligible de la pensée, et il y a là scission entre la pensée et ce qui est pensé, scission aussi entre les diverses choses pensées. Mais ce n'est là, chez Plotin, que construction du suprasensible. La solution du problème, pour lui, c'est l'extase. Aux Indes aussi, l'énigme est méditée, mais résolue seulement par un dépassement de la méditation vers des états de conscience différents.

Il en est tout autrement de Kant. Il reste dans la condition qui est naturellement la nôtre, où la scission sujet-objet commande la conscience. Tandis qu'il essaie de pousser sa pensée par-delà cette scission pour tenter de la comprendre, chacune de ses phrases, comme nous allons le voir, doit le jeter dans des difficultés apparemment, mais non réellement, insurmontables. Se tenant lui-même dans la scission sujet-objet, il ne peut user que du langage de l'objectivité pour parler de ce qui est condition de l'objectivité en général. Contraint d'emprunter des formes objectives pour parler de la condition de toute objectivité, il fait forcément entrer dans la scission ce qui devrait rester par-delà. C'est ce qui semble donner à l'ensemble de sa démarche philosophique un air de contresens, alors qu'il s'agit en fait d'une tension qui lui est essentielle et qu'il nous faudra examiner. Kant n'en a été que rarement conscient. Il ne s'en est pas soucié. La méthode qu'il a appliquée en fait, il ne l'a pas méthodiquement étudiée.

Mais si l'on réussissait à éclairer assez notre rapport fondamental en tant que sujets avec les objets pour qu'apparaisse réellement la particularité de l'englobant dans lequel nous nous trouvons, alors, en même temps que les limites de notre conscience, c'est-à-dire de notre pensée, nous découvririons avec certitude, dans la conscience même, autre chose. On pourra se demander comment cet « autre chose » se manifeste indirectement dans ma conscience, pourtant identique avec la scission sujet-objet. Kant a donné à cette question d'admirables réponses. Il nous oblige, certes, à voir clairement que nous vivons comme emprisonnés dans la scission sujet-objet, dans l'espace et le temps et dans les formes de notre pensée, mais il montre comment cette prise de conscience nous libère en même temps de la prison ainsi reconnue.

Voici donc la solution donnée par Kant au problème touchant le fondement de notre connaissance : nous pouvons connaître toutes les choses du monde parce que nous les avons produites, non sans doute quant à leur existence (car il faut au contraire qu'elles nous soient données), mais quant à leur forme. C'est pourquoi nos concepts ne sont valables que dans le domaine de l'expérience possible. Au delà ils restent vides parce que dépourvus de signification objective. Celle-ci ne peut leur être donnée que dans l'expérience, quand la réalité de l'intuition sensible vient les remplir.

Mais cette réponse n'est qu'un élément d'une grande philosophie, vaste et neuve. C'est elle qui l'a rendue possible, mais elle est si loin d'en épuiser la richesse qu'elle apparaît, finalement, comme un simple chaînon méthodiquement indispensable.

Examinons maintenant cette œuvre. Après avoir retracé le chemin suivi par Kant, de la pensée précritique à la pensée critique — chemin dont les étapes sont les symptômes et non le nerf de cette philosophie en pleine croissance —, il nous faut nous tourner maintenant vers l'édifice achevé. Kant a estimé indispensable de prendre d'abord une vue claire de notre faculté de connaître dans son ensemble; c'est de cette nécessité que nous devons maintenant nous pénétrer.

III

STRUCTURES SELON LESQUELLES KANT ÉCLAIRE LA CONNAISSANCE

On a pu esquisser de diverses manières, en en reproduisant le mouvement, les idées maîtresses de Kant. Chaque fois, on s'est efforcé, en simplifiant, de rendre la chose plus claire. D'autres esquisses, imprévisibles, restent possibles. La pensée de Kant est comme un lieu privilégié où des possibilités de ce genre semblent naître sans fin. A mon tour je tente une esquisse, que je voudrais voir atteindre la pensée de Kant directement, telle qu'elle s'est en fait exprimée. Notre premier thème, c'est ce qu'on appelle sa théorie de la connaissance.

Raisonnements et preuves s'y trouvent objectivement exposés. Gardons cependant sans cesse présent à l'esprit le sens fondamental de cette pensée, tel que nous venons de l'évoquer, sans avoir à le rappeler péniblement, en multipliant les restrictions et les repentirs. Il faut y prendre garde : il s'agit ici d'une pensée dont le sens s'altère au moment où l'on croit le saisir, si l'insaisissable qui échappe à sa détermination ne prend pas en même temps une actualité accrue dans la conscience.

A) La scission.

La conscience s'éclaire dans la scission du sujet pensant et de l'objet pensé. J'ai conscience de juger à l'aide d'un pouvoir spontané qui m'est propre, mais non pas dans le vide. Car mes opérations intellectuelles ont une portée objective du fait que l'intuition vient la remplir de quelque chose qui m'est donné, à l'égard de quoi je suis réceptif. Il y a donc deux composantes de la connaissance à examiner : spontanéité et réceptivité, ou entendement et sensibilité.

B) Sensibilité, espace et temps.

Chaque fois que j'ai un savoir intuitif, c'est que quelque chose m'est donné. Kant appelle cela sensibilité. « Il n'est pas d'autre intuition que l'intuition sensible. » Ce que je rencontre, en tant que sujet corporel, dans l'espace extérieur affecte les organes de mes sens. Cette réalité physiologique n'est pour Kant qu'une image (en même temps qu'un cas particulier) de l'être en tant qu'être donné. La sensibilité, c'est absolument tout ce qui donne à l'opération intellectuelle un contenu intuitif, c'est la perception sensible au sens étroit, la perception de soi dans le « sens intérieur », l'étant obscur de ce que la pensée pense sans le pénétrer jusqu'au fond.

Sans sensibilité, pas de réalité. Qu'il s'agisse de recherches physiques où ce sont les mesures qui servent de critères de réalité, de recherches psychologiques où ce sont les données physiognomoniques, il y a chaque fois quelque chose qui s'ajoute, qui s'actualise dans l'événement même de l'intuition. La fonction méthodologique de la sensibilité dans le processus de la connaissance peut être extrêmement diverse. Mais il reste ceci de constant qu'en elle la réalité est prise à témoin.

La sensibilité, ce n'est pas le système des sensations. Un tel système n'est qu'une abstraction physiologico-psychologique au service d'une étude de la perception sensible. La sensibilité au sens kantien, c'est la présence concrète en général, qui ne va jamais, certes, sans les sensations. On en vient facilement à concevoir, à tort, la sensibilité intuitive dans un sens trop étroit, du fait que Kant, dans ses développements fondamentaux, n'explicite ce qu'est la connaissance qu'au fil de la science mathématique de la nature. Il n'examine pas explicitement la recherche expérimentale dans toute sa diversité.

Prenons un objet : cette table que voici. Elle est immédiatement donnée à l'intuition. J'en perçois la couleur, les lumières et les ombres. Si j'en retire tout ce qui appartient à la sensation, il me reste son étendue et sa figure, soit sa spatialité. Cet espace est intuitif, et pourtant il n'est pas sensible comme le sont les diverses sensations (celles-ci appartiennent chacune à l'un des organes des sens, mais non pas l'espace). Mais cette table que j'ai ici sous les yeux en tant que table est encore autre chose et plus que sensations et espace. C'est d'abord l'objectivité en général, en vertu de laquelle la table n'existe que dans l'acte qui la met en face de moi, ce qui fait que sensations et espace deviennent pour moi des éléments constitutifs de l'objet. Cet objet, en outre, possède par exemple le caractère d'une substance (dans la force de résistance). Nous avons donc trois sortes d'éléments : la matière fournie par la sensation, la forme d'intuition qu'est l'espace, la catégorie de la substance, et tous trois non pas coordonnés, mais emmêlés, de sorte que chacun implique les précédents. De telles réflexions ne nous livrent pas une analyse de la table. Elle n'est qu'un exemple à propos duquel nous nous demandons ce que la connaissance peut découvrir dans un objet réel en général. Une analyse de la table ferait apparaître ses parties réelles, l'analyse de l'objectivité réelle fait apparaître trois éléments d'un tout : sensation, intuition spatio-temporelle, catégorie. Si nous essayons d'en retrancher par la pensée tout ce que l'entendement y introduit par ses concepts, puis tout ce qui appartient à la sensation, il ne reste qu'une pure intuition en tant que simple forme de cette apparence : l'espace. On peut de même isoler le temps. Espace et temps se manifestent comme étant ces formes pures, uniques en leur genre, et ils ne sont pourtant pas des concepts mais des intuitions.

Sensation, espace et temps, catégorie (par exemple la substance) sont objectifs, ils résident dans l'objet. Sont-ils aussi subjectifs, c'est-à-dire conditionnés par le sujet de la perception? Ne seraient-ils pas même privés de réalité objective, purement subjectifs? Les sensations passaient depuis longtemps pour subjectives dans les théories philosophiques d'une certaine orientation. Elles sont, affirmait-on, liées à la structure particulière des organes des sens. La réponse kantienne ne se développera que lentement devant nous. Pour l'instant une première question se pose : l'espace et le temps sont-ils des réalités en soi, existant même sans qu'interviennent des sujets qui les connaissent, donc des réalités absolues? Ou sont-ils des formes de l'intuition, jaillies du sujet, à travers lesquelles celui-ci forme des objets et sans lesquelles il ne saurait y avoir d'objets pour lui? Sont-ils donc des réalités relatives au sujet?

Kant fonde cette dernière réponse de deux manières. *D'abord*, le « commentaire » de l'espace fait apparaître clairement son caractère unique : *a*) L'espace ne peut pas être dérivé des expériences parce qu'il est déjà impliqué dans chacune d'elles. Tout ce que je perçois comme réel, je le perçois dans l'espace. Il est la condition de la réalité pour moi de n'importe quel objet. *b*) L'espace est une condition nécessaire a priori. Il est impossible de se faire une représentation abolissant l'espace ; mais il est parfaitement possible d'en éliminer en pensée tous les objets. *c*) Les parties d'espace ne sont pas antérieures à l'espace comme des éléments constitutifs dont la juxtaposition finirait par le constituer, mais elles sont en lui. Les parties d'espace ne sont pas des exemplaires particuliers du concept général espace, mais des parties que l'unique espace contient en lui.

Ensuite : après ce commentaire, vient la « preuve ». En géométrie, nous connaissons a priori — non à partir de simples concepts, mais à l'aide de constructions intuitives — des relations qui se trouvent ensuite correspondre à la réalité. Les connaissances, en géométrie, ne sont pas tirées de l'expérience, mais soumises à l'épreuve de l'expérience, elles se montrent justes. Comment le comprendre? La seule explication du fait que le sujet découvre dans la forme de son intuition cela même qu'il retrouve dans la réalité, c'est que cette réalité, il l'a déjà constituée préalablement et de tout temps, à l'aide de cette forme de son intuition même.

Il en résulte que l'espace ne peut pas être une propriété des choses en soi, mais seulement des choses en tant qu'elles existent pour le sujet, c'est-à-dire en tant qu'elles sont des apparences. Si l'on fait abstraction de toutes les conditions subjectives de l'intuition, il ne reste pas non plus d'espace. Puisque nous ne pouvons pas non plus considérer les conditions particulières de la sensibilité comme des conditions de la possibilité des choses en soi, mais seulement de leurs apparences, il nous faut conclure ainsi : nous ne pouvons rencontrer des choses réelles que dans l'espace.

S'il est vrai que les choses ne nous apparaissent que dans l'espace cela n'est pas vrai nécessairement pour tous les sujets possibles. « Car nous ne pouvons en aucune façon savoir si les intuitions d'autres êtres pensants dépendent des mêmes conditions qui limitent nos propres intuitions. » Nous ne pouvons parler de l'espace que « du point de vue d'un être humain ».

A propos du temps, Kant développe ses analyses et ses preuves de la même manière. Il n'y a qu'*une* différence. L'espace est la forme de l'intuition pour les choses extérieures seulement, le temps est la forme du sens interne aussi, et par là de toutes les apparences en général. Ainsi le temps embrasse toute l'expérience, mais c'est pourquoi aussi nous n'en avons pas d'intuition extérieure. De l'extérieur, nous regardons le temps sous une forme spatiale, celle par exemple d'une ligne que nous traçons.

Cette manière de considérer espace et temps comme des formes de notre intuition des choses, et non comme des réalités en soi, se nomme idéalisme. Elle avait existé avant Kant. On avait pensé alors le monde comme irréel, ou du moins, on avait mis en question la réalité du monde extérieur; Kant déclare qu'une telle mise en question est « un scandale de la philosophie ». Il dit : le monde est apparence et non pas illusion. Cela signifie : l'espace et le temps sont des réalités, ils possèdent une valeur objective pour tout ce qui peut s'offrir à nous, soit hors de nous en tant qu'objet, soit en nous en tant qu'expérience de notre subjectivité ; l'espace et le temps sont des idéalités parce que, de tout ce qui s'offre à nous, rien n'est jamais chose en soi. Aussi Kant résume-t-il brièvement sa pensée comme suit : espace et temps ont une réalité empirique, mais une idéalité transcendantale. Nous ne rencontrons jamais de choses en soi.

On peut éclairer encore ce qu'est l'être de l'apparence par ce qui la distingue de la subjectivité des qualités sensibles. La matière des sensations est subjective en ce sens qu'il est impossible de vérifier si elle est identique chez tous les sujets ; elle peut au contraire présenter de légères différences d'un sujet à l'autre. La subjectivité de l'espace et du temps, en revanche, est identique pour tous et on peut le vérifier. Dans le premier cas, il s'agit de la découverte, sur le plan psychologique, de la subjectivité et de l'illusion ; dans le second, de la découverte de l'apparence par la réflexion critique ; là-bas, découverte méthodologique tendant à éliminer l'élément subjectif de la connaissance de la nature ; ici, découverte philosophique tendant à connaître le sens de l'objectivité connaissable.

On voit clairement que Kant laisse subsister le monde sensible, spatial et temporel, dans sa réalité indépendante lorsque l'on compare sa conception à celle de Leibniz et de Wolff. Ces derniers considéraient la connaissance sensible comme une connaissance rationnelle altérée et confuse. Kant, lui, voit que la différence entre sensibilité et pensée n'a rien à faire avec celle du clair et du confus. Certaines intuitions sensibles sont claires et certaines pensées sont confuses, et vice-versa. Le monde des sens et celui de l'entendement diffèrent non pas par leur degré de clarté, mais essentiellement parce qu'ils ont une origine différente.

Les conceptions kantiennes sont aujourd'hui vulnérables à la critique. Nous caractérisons autrement que Kant, d'abord l'intuition de l'espace comme objet de la psychologie, secondement l'espace objectif de la physique, troisièmement l'espace mathématique. Kant n'avait aucune idée des espaces de la géométrie non-euclidienne qui échappent à l'intuition. Il n'établissait pas de distinction entre l'espace psychologique de l'intuition immédiate, qui n'est nullement euclidien, et l'espace euclidien à trois dimensions, dont l'intuition est médiate. Que la géométrie euclidienne, malgré sa constitution a priori, corresponde à la réalité, cela n'est vrai que pour les petits espaces, à l'échelle astronomique, de notre monde terrestre, non pour l'univers.

Si l'on s'imaginait cependant que tout cela constitue une réfutation de Kant, il faudrait comprendre que cette réfutation atteint, non pas sa pensée philosophique fondamentale, qui fait de l'existence sensible dans l'espace et le temps une apparence, une réalité phénoménale, mais seulement les énoncés particuliers à travers lesquels celle-ci s'exprime. Car toute connaissance du réel se trouve nécessairement soumise à des formes mathématiques connaissables a priori. La richesse de ces formes, certes, et les modalités du réel pour nous se sont développées aujourd'hui dans une mesure que Kant et son époque ne pouvaient pressentir.

C) Pensée.

Matière sensible, espace et temps constituaient l'un des éléments de notre connaissance. L'autre, c'était la pensée. Contre le point de vue de tous les philosophes antérieurs, et qui était encore le sien en 1770, Kant arrive à une certitude nouvelle : il n'y a pas seulement l'espace et le temps, ce sont encore toutes les formes de notre pensée qui ne nous laissent connaître les choses que telles qu'elles nous apparaissent et non telles qu'elles sont en soi. Pourquoi? De même que ce n'est qu'à travers les formes subjectives de l'intuition, espace et temps, que nous atteignons une réalité sensible ordonnée, de même c'est à travers les formes originelles de la pensée, ou catégories, que nous produisons, grâce à leur forme, les objets possibles de l'expérience. De même que nous capturons, pour ainsi dire, tout ce qui existe pour nous dans les filets de l'espace et du temps, de même aussi dans ceux des formes intellectuelles.

Ce que nous capturons ainsi est réel comme apparence, mais n'est pas réalité en soi. De même qu'il n'y a pas de monde en soi spatial et temporel, de même nul être en soi ne saurait être pensé et pensable. Tout ce qui est pensé est, en tant que pensé, produit aussi par nous, quant à sa forme. La distinction du *mundus sensibilis* et du *mundus intelligibilis* ne peut pas être maintenue au sens où celui-là nous manifesterait l'apparence dans l'espace et le temps, et celui-ci l'être en soi dans la pensée.

Mais ce qui n'est pas en soi, ayant été produit par les formes intuitives et intellectuelles du sujet, non quant à son existence, certes, mais quant à sa forme, peut être aussi objet réel de connaissance par l'expérience.

Pour fonder cette affirmation, Kant recourt à la distinction des jugements analytiques et synthétiques :

Cette distinction lui sert de clef pour pénétrer jusqu'à l'essence de la connaissance. Les jugements analytiques ne font qu'expliciter ce qu'à la vérité nous connaissons déjà par le contenu d'un concept.

Par exemple, dans le jugement « tous les corps sont étendus », le concept « corps » contient déjà l'étendue, de même que la figure, l'impénétrabilité. Ce jugement est analytique. Car il explicite et décompose, mais n'augmente pas notre connaissance. On appelle en revanche synthétiques les jugements dans lesquels le prédicat apporte quelque chose de neuf, qui ne peut pas être dû au seul concept en tant que tel. Par exemple : « certains corps sont pesants » est selon Kant un jugement synthétique fondé sur l'expérience, puisque le concept « corps » n'implique pas, comme tel, la pesanteur. Cette distinction entre jugements analytiques et jugements synthétiques, ou jugements qui explicitent et jugements qui augmentent le savoir, ne concerne manifestement pas la forme des jugements telle que l'étudie la logique formelle (comme par exemple celle des jugements affirmatifs et négatifs), mais leur portée significative pour la connaissance.

L'évidence des jugements analytiques repose sur les principes d'identité et de contradiction. D'où peut bien venir l'évidence des jugements synthétiques? Sur quelle base peut-on affirmer qu'un prédicat appartient à un sujet, alors qu'il n'est pas donné d'emblée en même temps que le sujet lui-même?

Nous avons affaire à des jugements analytiques chaque fois que nous ne faisons que raisonner, sans connaître rien de neuf, pour rendre distinct un savoir confus. Nous avons affaire à des jugements synthétiques, au contraire, partout dans la connaissance empirique. Perception et observation nous apprennent quels sont les phénomènes qui vont ensemble, comment ils se succèdent. Ce sont des jugements portés d'après l'expérience (a posteriori), ils ne la précèdent pas (ils ne sont pas a priori). Ces jugements synthétiques a posteriori sont des jugements empiriques.

Mais peut-être existe-t-il aussi des jugements synthétiques a priori? Kant répond : oui, en mathématiques et dans les sciences de la nature. Selon lui, tous les jugements mathématiques sont synthétiques (par exemple : $7 + 5 = 12$; la ligne droite est le plus court chemin d'un point à un autre), car leur résultat ne découle pas analytiquement des seuls concepts, mais synthétiquement au fil de l'intuition ou du calcul, c'est-à-dire grâce à la construction du concept mathématique a priori dans l'espace et le temps. Il y a encore, dit-il, dans les sciences de la nature, des jugements synthétiques en guise de principes, comme par exemple : tout changement a une cause.

Ces principes des sciences de la nature sont des jugements nécessaires et universels. Sans eux, on ne pourrait atteindre aucune connaissance certaine. Tout savoir ne serait vrai que dans les limites de l'expérience antérieure, il ne serait que relativement universel. Une science de la nature conçue comme connaissance apodictique n'est possible que parce que des principes comme la loi de la causalité et celle de la conservation de la substance valent sans exception. Sinon, il pourrait y avoir des apparitions et des disparitions au gré du hasard des êtres et des faits sans cause, des miracles. La connaissance prendrait fin, on ne pourrait plus que raconter des histoires. Mais il n'en est pas ainsi. Plus la recherche scientifique progresse, et plus universelle apparaît la domination des lois de la nature sur le cours des événements connaissables. Ce qui était prémisse de cette recherche se trouve confirmé par son succès. Il existe donc, selon Kant, des jugements synthétiques a priori qui servent de principes aux sciences de la nature. (Que ces jugements synthétiques a priori soient susceptibles de recevoir une formulation définitive, que le principe de causalité et celui de la substance, par exemple, suffisent à les expliciter, que leur énoncé lui-même varie avec le développement de la connaissance, ces questions ne sont pas décisives pour la conception philosophique fondamentale dont il s'agit ici.)

Or, s'il s'agit des jugements synthétiques a priori qui ne sont obtenus ni au fil de l'intuition spatiale, a priori, comme les jugements mathématiques, ni a posteriori, au fil de l'intuition sensible comme les jugements empiriques, d'où viennent-ils donc? Sur quoi se fonde leur vérité? Sur la pensée elle-même en tant qu'elle ne se contente pas d'accomplir des opérations de logique formelle (analytiquement) à l'aide de concepts, mais qu'elle produit des objets, du moins quant à la forme qui permet de les penser. Dans les mathématiques, la pensée pouvait, pour ses constructions, utiliser l'intuition de l'espace qui lui est donnée a priori. Elle peut se comprendre elle-même comme fonction productrice et saisir à travers celle-ci, a priori, les formes de toute objectivité possible, notamment dans les catégories qui conditionnent de façon tout à fait générale toute pensée possible.

Voilà ouvert le vaste horizon de la pensée. Dans cet horizon, il y a tout ce qui a de l'être pour nous, aussi la perception. L'exemple de la table devant nous montrait qu'il y avait en elle : la matière des sensations, la forme intuitive de l'espace, la catégorie de la substance. Dans toute perception, l'entendement est donc déjà impliqué. La pensée n'est pas seulement quelque chose qui s'ajoute après coup, elle est présente déjà dans toute intention objective en tant que catégorie formelle.

L'entendement contribue activement et efficacement à la construction de toute réalité objective qui pourrait se présenter à nous. Du fait que nous pensons, nous percevons la substance, la cause. Cette perception même est déjà pensée. Un chaos de sensations, d'excitations et de réactions inconscientes appartenant à un organisme conçu comme un simple objet de la biologie, existerait avant la pensée, sans penser lui-même. Si nous ne sommes pas submergés par le chaos des sensations, ou l'inconscience des excitations et des réactions, si nous discernons au contraire des figures, des formes, de l'ordre, des relations, c'est que le chaos a été mis en forme par les catégories. Et comme c'est donc l'entendement lui-même qui a commencé par construire le monde empirique à l'aide des catégories, il lui est possible ensuite de le connaître en se mettant à l'étudier consciemment.

Jusqu'ici, nous avons parlé de la pensée qui engendre, quant à sa forme, tout ce que nous pouvons connaître. Tout ce qui existe pour nous est pensé. L'intuition sensible elle-même ne devient perception et savoir qu'en tant qu'objet pensé. Ce que je ne peux atteindre d'aucune manière, si lointaine soit-elle, par la pensée objective, ce que je ne puis en aucune manière « savoir » est pour moi comme si cela n'existait pas. Le problème de l'être devient celui de l'être-pensé. Ce n'est qu'en transcendant l'être-pensé que la conscience pourrait atteindre ce qui *est* sans être pensé, ou sans être du moins adéquatement pensé.

L'esprit profond et exigeant de Kant ne se contente pas d'une telle découverte. Elle ne serait une évidence satisfaisante que si nous avions une réponse à la question : qu'est-ce que la pensée? — que si nous avions éclairé l'origine même d'où provient ce que nous avons décrit comme étant l'apparence du monde pour nous.

Le mystère de la pensée avait préoccupé Kant de bonne heure. En 1762, il remarque : penser, c'est juger. Quelle est donc « la force secrète qui rend possible l'acte de juger »? « Pour le moment, j'incline à croire que cette force ou cette capacité n'est rien d'autre que le pouvoir du sens intérieur, qui lui permet de faire de ses propres représentations l'objet de ses pensées. Il n'est pas possible de dériver ce pouvoir d'autre chose, c'est un pouvoir premier. » Mais ce n'est alors qu'une amorce. « Penser, c'est juger », Kant ne cesse de revenir à cette idée pour lui donner des développements nouveaux, cohérents certes, mais se modifiant de façon presque imperceptible. Rappelons ce qu'est, selon lui, la pensée.

1. « La pensée est l'acte par lequel on rapporte une intuition donnée à un objet. » Il n'est pas d'objectivité, sinon pensée ; pas de pensée sans objectivité. L'intuition à elle seule ne serait qu'un chaos inconsistant de sensations. C'est seulement quand l'acte de pensée intervient que l'objet est là.

2. L'objet n'existe que dans la scission qui le sépare d'un autre. L'objet n'est cet objet (identité) qu'en tant qu'il n'en est pas un autre. Tout objet est en outre en lui-même « un et autre chose », pensé en termes de sujet et prédicat. Penser, c'est donc toujours séparer et relier.

3. Dans la pensée, ce n'est que l'*unité* de l'acte de penser qui pose l'objet comme unité pensée. Penser, c'est « unifier des représentations dans l'unité d'une conscience ». « Les jugements sont des fonctions de l'unité parmi nos représentations. »

4. Toute pensée implique le « je pense », qui « doit pouvoir accompagner toutes les représentations ». Ce *je* identique à lui-même correspond à l'unité de l'acte pensant et à l'unité de ce qui est pensé. Toute pensée se meut dans le cercle de cette unité. Tomber hors de ce cercle, c'est s'abandonner au trouble, à la dispersion, au chaos.

C'est l'unité objective, qui confère à la pensée sa validité. Le fondement de cette unité objective, ce qui y correspond du côté du sujet, Kant l'appelle « aperception transcendantale », désignant ainsi l'unité la plus haute, celle qu'il est impossible de dépasser. « Un jugement, c'est le moyen d'amener des connaissances données à l'unité objective de l'aperception. »

Kant appelle aussi « synthèse » cette fonction qui pose le fondement. La synthèse engendre quant à sa forme l'objet pensé. Le concept est le résultat de cette synthèse. C'est pourquoi Kant rejette comme inessentielle l'élaboration des concepts par l'abstraction d'un élément général à partir d'une pluralité de cas. Le contenu universellement valable d'une pensée ne peut être produit que par la synthèse concrète.

5. Seule l'intuition sensible va à l'objet immédiatement. Elle est

toujours singulière. Quand l'intuition devient objet, quelque chose de général s'introduit en elle, la catégorie. C'est pourquoi aucun objet pensé n'est immédiat, il est toujours déjà médiatisé. Si je pense explicitement un objet, c'est en le distinguant et le déterminant d'un seul coup, donc en faisant intervenir le concept. Être objet, c'est là le terme le plus général de toutes les généralités particulières, c'est « le pensé » en général. Kant condense ainsi cette conception fondamentale : « Comme en dehors de l'intuition aucune représentation ne va immédiatement à l'objet, un concept ne se rapporte jamais à un objet immédiatement, mais toujours à quelque représentation de cet objet (que celle-ci soit une intuition ou déjà elle-même un concept) ».

Tout cela se résume sous la forme suivante : l'entendement est discursif et non pas intuitif. Il court de-ci de-là entre les termes séparés qu'il doit réunir ; — il fait un détour par un moyen terme, vers l'objet dont l'accès immédiat lui est fermé ; — il connaît à l'aide de concepts qui ne sont jamais l'objet lui-même.

D) Dérivation des catégories a partir des jugements.

Kant nomme « catégories » les formes fondamentales de la pensée, telles que substance et causalité; et il les nomme « catégories constitutives » parce qu'elles produisent les formes des objets réels dans le monde (par opposition aux concepts de réflexion comme identité et diversité, accord et désaccord, matière et forme, qui concernent les rapports des concepts entre eux).

Lorsque Kant entreprend de recenser les catégories, le champ qui s'offre à son étude, c'est celui des connaissances énoncées grâce au langage, ce sont les phrases et les mots qui les composent. Réfléchir à la langue, découvrir à travers sa richesse inépuisable les déterminations de la pensée, ce chemin a été emprunté maintes fois par ceux qui voulaient réexaminer la portée véritable de notre conscience théorique. Non par Kant. Pour découvrir les catégories fondamentales et leurs ramifications, il ne va pas, lui, au dictionnaire, mais aux diverses formes de jugements.

Si l'objet n'est pas quelque chose d'étranger à la pensée, si même il en est, quant à sa forme, le produit, alors la forme du jugement et la catégorie doivent en quelque sorte s'indiquer l'une l'autre. Elles ont toutes deux leur commune origine dans le « je pense » de l' « aperception transcendantale ». Du moment que la pensée constitue des objets, les formes fondamentales des jugements doivent pouvoir servir de fil conducteur dans la recherche des formes fondamentales des catégories. Ce qui fait l'unité du jugement doit se trouver aussi dans l'unité de l'objet. C'est ainsi que Kant établit qu'il a le droit de tirer la table des catégories de la table des jugements. L'idée est qu'à partir du principe unique de la pensée en général, il est possible de découvrir, à travers la liste systématique des formes de jugement, toutes les possibilités du pensable, et à partir de là, les catégories constitutives de toute réalité, les formes de tout ce qui peut en général s'offrir à nous dans le monde.

Les formes de jugement (selon la quantité : générale, particulière, singulière ; selon la qualité : affirmative, négative, infinie ; selon la relation : catégorique, hypothétique, disjonctive ; selon la modalité : problématique, assertorique, apodictique) sont, dans la *Critique de la raison pure* considérées comme données. Mais d'où vient ce tableau des douzes formes de jugement? Kant ne l'a nullement trouvé tel qu'il nous le présente, comme allant de soi dans la logique de l'école, mais il l'a lui-même construit à l'aide de matériaux traditionnels. Du moment que la pensée fait de sa propre fonction le principe directeur de sa construction, on peut se demander si ce n'est pas l'unité du « je pense » qui doit produire les diverses unités des formes de jugement. Les relations unificatrices posées par les jugements devraient, semble-t-il, être issues de l'unité vraiment une, celle de la pensée en général. Et effectivement, une tentative très poussée a été faite jusque dans le détail, en recourant aux œuvres et aux notes de Kant, pour démontrer que celui-ci a développé en fait les formes de jugement à partir de l'unité du « je pense » (Reich).

Or si les catégories se trouvent dérivées des formes de jugement, il est évident cependant qu'il y a discontinuité entre le rapport pensé à l'intérieur du jugement et celui qui est constitutif d'un objet. Ainsi : au jugement catégorique « A est B » correspond, du côté des catégories, le rapport de la substance et de l'accident ; au jugement hypothétique (s'il y a A, il y a B), le rapport de la cause et de l'effet, etc. Les catégories kantiennes sont les suivantes : selon la quantité :

unité, pluralité, totalité ; selon la qualité : réalité, négation, limitation ; selon la relation : substance, causalité, réciprocité ; selon la modalité : possibilité-impossibilité, existence-inexistence, nécessité-contingence.

A la base de cet effort de dérivation, et plus essentielle que celle-ci, il y a une pensée qu'on retrouve chez Kant avec de nombreuses variantes : « La même fonction qui confère l'unité, dans un jugement, aux diverses représentations, confère aussi l'unité, dans une intuition, à la simple synthèse des diverses représentations ; cette unité, dans son sens général, s'appelle concept pur de l'entendement. Le même entendement, donc, et par les mêmes opérations qui lui ont permis de produire, avec des concepts, grâce à l'unité analytique, la forme logique d'un jugement, introduit aussi, grâce à l'unité synthétique du multiple dans l'intuition en général, un contenu transcendantal dans ses représentations, raison pour laquelle je les nomme concepts purs de l'entendement, s'appliquant a priori aux objets. »

Kant est certain que ses tables des jugements et des catégories sont complètes. C'est sur elles que se fonde, dans toutes ses grandes œuvres, l'exposé systématique. Elles se sont montrées chez lui d'une étonnante fécondité, malgré bien des artifices. Elles restent pour nous dignes de respect.

Mais il faut cependant distinguer entre l'idée directrice et la manière dont elle est développée. Ni la table des douze formes de jugement, ni la dérivation, à partir de là, de la table des douze catégories n'ont obtenu jusqu'aujourd'hui, à quelques exceptions près, l'approbation des penseurs.

Objectivement, ces tables sont à mettre en parallèle avec d'autres systèmes de catégories, systèmes qui ont connu après Kant un développement extraordinaire (et dont le plus riche de sens est celui de la logique de Hegel). Aucun n'a réussi à établir de façon apodictique le recensement et la structure interne de l'ensemble de nos catégories fondamentales.

Mais l'apport décisif de la pensée de Kant subsiste, même si ses tables ne sont pas définitives. Selon lui, en effet, nous prenons conscience des catégories, non pas certes par l'expérience, mais seulement à l'occasion de l'expérience. C'est pourquoi la possibilité doit rester ouverte pour leur systématisation même, de devenir, à l'occasion d'expériences ultérieures, différente, plus riche, plus consciente, jamais définitivement achevée. On pourrait même fonder en principe que la prise de conscience des catégories doit pouvoir se poursuivre historiquement à l'infini. Mais alors il faudrait renoncer à la prétention qui était celle de Kant, d'en avoir dressé la table complète et définitive.

E) Les deux troncs.

Il est une pensée qui revient sans cesse : notre connaissance a grandi sur deux troncs, la sensibilité et l'entendement. Celle-là nous livre des objets, celui-ci les pense. A la réceptivité s'ajoute la spontanéité du sujet. A l'a posteriori s'ajoute un a priori, à l'affection la fonction. C'est chaque fois la même chose. Kant parle de deux origines, de deux sources, du lieu de naissance et du germe de la connaissance.

Les deux origines ont besoin l'une de l'autre. Seule leur unité engendre la connaissance. Le phénomène fondamental, la scission sujet-objet, signifie que c'est seulement le sujet avec l'objet, l'objet avec le sujet, qui rendent la connaissance possible. La conscience est toujours affectée et réceptive, mais l'affection ne devient objective que par la saisie de l'acte intellectuel. La conscience est toujours pensante, mais l'acte intellectuel n'acquiert une portée objective réelle que par la sensibilité intuitive.

La sensibilité réduite à elle-même est inarticulée, indéfinie, dépourvue de sens. N'étant pas mise à distance, et donc pas pensée, elle reste un chaos sans objet. Elle n'est plus que l'existence qui ne se tient pas encore devant moi, l'indéterminé qui, malgré la surabondance de son immédiateté, est pourtant comme rien. Elle est une réalité qui, indéterminée, n'est pas encore réalité. Un entendement qui ne ferait que penser, sans rien recevoir d'ailleurs, serait impuissant à atteindre une connaissance. Nous sommes forcés de recourir à la sensibilité.

L'entendement a besoin de l'intuition pour ne pas être uniquement pensée, mais pour atteindre la connaissance. L'intuition a besoin de l'entendement pour ne pas être chaos purement subjectif, mais pour s'objectiver et acquérir ainsi une signification objective. Bref : « Les intuitions sans concepts sont aveugles, les concepts sans intuitions sont vides. »

Tous deux, intuition et entendement, impliquent un élément d'a priori qui leur appartient en propre. L'intuition n'est pas seulement sensibilité réceptive; elle contient aussi les formes a priori de l'espace et du temps, de même que l'entendement contient les formes a priori des catégories.

L'a priori considéré en lui-même, Kant l'appelle « pur »; ce qui le remplit et fait exister les objets, il l'appelle « empirique ». L'espace et le temps sont donc purs; empiriques sont les couleurs, les sons, les sensations tactiles. Les catégories telles que substance, causalité, sont pures; empiriques sont les choses réelles et les diverses relations causales, les corps et les mouvements.

Mais dans la pensée kantienne, la scission se trouve, par la nature des choses, redoublée et comme entrecroisée. Ce qui fait face comme sujet (spontanéité de la pensée) à l'objet (réceptivité de la sensibilité) se retrouve dans l'objet lui-même comme opposition de sa forme et de sa matière. La scission sujet-objet est, d'une part, inséparable de la condition d'objet, mais elle se retrouve d'autre part dans la structure de l'objet lui-même.

Celui-ci est construit avec la matière de l'intuition et déterminé par la forme des catégories. A la matière et à la forme, correspondent l'objet et le sujet, car la matière est donnée, la forme, pensée. On peut décomposer l'objet lui-même en matière et en forme, sans se référer au sujet, qui seul rend possible cette condition d'objet. Voici quel est le lien de ces deux oppositions entrecroisées : la forme vient de la spontanéité de la pensée du sujet, la matière, de la réceptivité de sa sensibilité. On peut donc faire coïncider, d'une part : sujet, forme, a priori, pur ; de l'autre : objet, matière, a posteriori, empirique.

C'est ce qu'on appelle couramment le dualisme de Kant. A tort. Parlant des « deux troncs », sensibilité et entendement,

Kant dit qu' « ils jaillissent peut-être d'une seule racine commune, mais qui nous est inconnue ». Il y a là quelque chose d'irréductible. Kant parle du « mystère de l'origine de notre sensibilité ».

Il caractérise ainsi la limite de toute dérivation : « Quant à cette particularité de notre entendement, qui ne lui permet de réaliser a priori l'unité de l'aperception que par les catégories, et précisément par cette sorte et ce nombre de catégories, il est aussi impossible d'en donner une raison que d'expliquer pourquoi nous ne disposons pour juger que de ces fonctions et d'aucune autre, ou pourquoi l'espace et le temps sont pour nous les seules formes de toute intuition possible. » Le mystère de l'origine revient sous une forme nouvelle lorsque Kant traite de l'imagination, qui, servant de moyen terme entre l'entendement et la sensibilité, permet à celui-ci de s'appliquer à celle-là ; l'imagination, dit alors Kant, est « un art caché dans les profondeurs de l'âme humaine, et nous n'arracherons sans doute qu'avec peine à la nature le secret de ses vrais mouvements. »

Que signifie cette insistance avec laquelle Kant affirme, à propos de la double origine de notre connaissance et des « deux troncs », que leur racine commune est un mystère?

Kant ne dérive pas d'une unité, conçue comme origine de toutes choses, la scission du sujet et de l'objet; mais il nous montre comment l'être nous devient présent dans cette scission et comment nous pouvons peut-être, grâce à cette lumière qui tombe sur notre situation de sujets pensants, dépasser la scission par l'acte de notre pensée, la transcender.

Éclairant notre situation, Kant est dualiste. Mais ce qu'il découvre ainsi comme double source de notre connaissance, il n'en fait pas deux principes de l'être total; c'est bien plutôt de l'être total qu'il s'agit lorsque Kant parle de cette racine qui nous reste inconnue. L'être n'est pensé de façon dualiste que sous la forme qu'il prend pour nous et à travers laquelle nous accédons à la conscience. Kant n'invente pas une métaphysique dualiste mettant en œuvre deux forces originelles, par exemple Dieu et la matière. Il n'a pas une « conception dualiste du monde ». Mais il pense inévitablement en termes dualistes lorsqu'il s'efforce d'éclairer les perspectives parmi lesquelles il s'agira ensuite de chercher et de trouver les voies et chemins de la certitude intérieure.

F) Le point de départ est la conscience et non pas l'être.

1. *Être et conscience.* Dans la métaphysique traditionnelle, la tentative d'atteindre directement l'être s'est soldée, malgré l'éclat et la profondeur des œuvres, par un échec, — s'il s'agissait de trouver une vérité valable pour tous. Kant espérait trouver un fondement solide en prenant pour point de départ ce qui se montre à tout être humain en quête de savoir. Pourtant c'est à l'être que va encore son intérêt véritable. Mais si l'on veut le saisir proprement, sans erreur, dans la clarté, il faut d'abord comprendre le lieu où il se manifeste. Ce lieu, c'est notre existence.

Notre existence est conscience. Éclairer la conscience, c'est éclairer notre pensée. Mon existence, c'est un être qui a conscience de quelque chose et de lui-même. Lorsque j'éclaire ma conscience en tant que pensée, je ne me vise pas moi-même comme individu particulier, je vise « la conscience en général », le « je » qu'est tout « je ». Au contraire, l'être des objets consiste en ceci qu'il est possible d'en avoir connaissance.

Ce que je ne puis par la pensée retrancher de mon existence sans abolir l'existence même telle qu'elle est pour moi, c'est la forme de ma pensée en tant que forme de l'objectivité de toutes choses. Rien n'existe pour nous sinon par cette forme. Tout objet s'abolit en même temps qu'elle. Nous n'avons plus de conscience, nous ne pouvons plus parler. L'origine de toute objectivité, cette source unique du « je pense », est nécessaire aussi à la clarté même de l'espace et du temps. Seule la structure des catégories englobe tout.

2. *Quel doit être notre point de départ dans cet espace défini par la pensée, dont la pensée ne peut nous faire sortir?* Nous y trouvons ce que la pensée a déjà produit : le langage, les énoncés et les jugements; les fonctions intellectuelles et les objets;

la subjectivité et l'objectivité. On entreprend un examen ou un commentaire à propos de l'un de ces phénomènes, et l'on finit par tourner en rond, dans le cercle où la pensée même nous enferme en tant que nous sommes pensants. Si nous voulons penser la pensée, nous sommes forcés de le faire en pensant; si nous voulons connaître le connaître, il nous faut bien le faire en connaissant.

Nous pouvons partir même d'une réalité tangible, mais pour en remarquer le sens, les rapports, l'arrière-fond. Partant de certaines données saisissables, nous voudrions embrasser la totalité du sens et du fondement de notre être de sujet pensant. D'où l'importance de la théorie des jugements, de la philosophie du langage, et d'une façon générale, de la philosophie de la signification.

Kant parle du savoir déjà existant. Nous formons des jugements en prétendant à la justesse de ce que nous affirmons. Les sciences présentent un ensemble systématique de jugements de ce genre. Kant s'interroge sur les jugements et sur leur légitimité. Au lieu de partir des objets de la connaissance, il part de l'accomplissement de celle-ci dans les jugements. Mais en fait, ce n'est là, chez lui, qu'un point de départ parmi d'autres, bien qu'il y insiste particulièrement.

3. *Le procès en justice.* Dans la mesure où ce point de départ est déterminant, Kant examine la valeur objective de notre connaissance. Il entreprend alors de légitimer celle-ci. Ses réflexions adoptent la forme d'un procès.

Les penseurs dogmatiques ont élaboré un grand nombre de thèses et de démonstrations, empiriques, mathématiques, métaphysiques. En face se tiennent les sceptiques dans le rôle d'accusateurs, qui disent : « Ce ne sont là que simples opinions, croyances nées de l'habitude, utilisables dans la vie pratique. » Dans ce procès, Kant assume le rôle du juge. Il constate ceci : les deux parties admettent d'avance qu'il existe des objets en soi et que le sujet vient s'y ajouter pour en obtenir une connaissance vraie ou fausse. La querelle ne peut pas être apaisée par un compromis, mais seulement par la claire vision du fait que les prémisses des deux parties sont fausses. Les théories de la connaissance élaborées jusqu'ici sont caduques : l'afflux des choses mêmes, par les images, dans le sujet; la reproduction des choses mêmes, par les images, dans le sujet; la reproduction des choses par des correspondances; l'harmonie préétablie par le Créateur entre le cours objectif des événements et la pensée subjective. La découverte de Kant : nous connaissons les choses parce que nous les produisons quant à leur forme par la conscience en général, fonde la valeur de la connaissance : nous connaissons ce que nous avons nous-mêmes créé comme « sujet en général ». La question de l'accord ne fait plus problème. Ni les métaphysiciens dogmatiques, ni les sceptiques n'avaient raison. Le procès ne s'achève en faveur d'aucune des deux parties. Il cesse dès que brille la lumière de la philosophie critique.

4. *Concepts désignant le sujet.* Si l'être comme existence réelle est conscience et si cette conscience est connaissance, il s'ensuit que tout ce que nous connaissons n'est connaissable que dans cette situation de l'existence réelle, dans la scission sujet-objet de la conscience. Regardons-y donc de plus près : qu'est-ce que ce sujet qui connaît et que Kant nomme tour à tour conscience en général, spontanéité de la pensée, unité de la synthèse dans l'acte intellectuel, aperception transcendantale?

Ce sujet n'est pas un être individuel, mais bien le « je pense » comme « conscience en général ». Ce sont les formes de pensée de ce sujet qui confèrent sa validité à ce qui est pensé, non les hasards de l'opinion. Elles constituent l'origine de l'objectivité et de la connaissance des objets, telle que celle-ci est forcément pour toute conscience pensante finie. Du flux du devenir, à travers la pluralité des divers sujets, elles dégagent ce qui est valable, c'est-à-dire ce qui appartient à l'unique conscience en général qui leur est commune à tous.

C'est pourquoi le sujet de la conscience en général n'est pas le sujet empirique, psychologique, que je peux observer et dont je peux faire l'objet de mon étude. L'introspection n'y donne pas accès, mais bien la certitude de soi. Il n'est pas là objectivement comme quelque chose d'autre, mais présent dans les opérations mêmes. En tant que je connais, je suis moi-même cette conscience en général, laquelle connaît, mais n'est pas elle-même connue en tant qu'objet. On touche ici le point qui la distingue de toute réalité simplement objective. Comme sujet connaissant, je suis tel qu'en moi savoir et être ne se séparent pas parce qu'ici ils sont identiques.

Ce que je puis observer sur le plan psychologique comme étant ma subjectivité, ce que je perçois à l'intérieur de moi, n'existe que par l'intention du « je pense », intention qui, à l'aide du sens interne, s'oriente vers ce domaine-là. Tout ce que je perçois, au dehors ou au dedans, appartient également au monde de l'objectivité, comme les processus de pensée eux-mêmes, pour autant qu'ils s'accompagnent de phénomènes psychologiquement observables.

Ce serait une erreur que de diviser totalement l'existence réelle en choses extérieures et en subjectivité intérieure (psychique). Une telle répartition est légitime pour tout ce que j'observe, mais non pour ce qui est à l'origine de cette observation, non pour le « je pense » de la conscience en général, qui englobe tout, qui fait son objet de tous les phénomènes externes et internes sans devenir elle-même objet. Pour nous qui tentons de la penser, elle se réduit à un point construit, qui échappe absolument à l'observation, mais dont la certitude s'affirme dans la conscience de soi.

C'est là, dans ce « je pense » unique et commun à tous, que naît le sens de l'universellement valable, tel que je le saisis dans le jugement; la subjectivité observable, elle, dans sa particularité, en fausse la portée universelle et ne fournit que des opinions, où ne subsiste, en fait de généralité, que la forme révélant encore la structure de l'erreur. La conscience en général nous montre en quoi nous sommes tous d'accord en notre qualité d'êtres pensants. Alors que dans la particularité du subjectif quelque chose d'incommunicable persiste toujours, nous nous comprenons les uns les autres à travers la conscience en général, l'objet de notre visée est identique, nous sommes identiques les uns aux autres et à nous-mêmes. Il serait faux de m'identifier aux apparences de mon être, psychologiquement observables par moi-même ou par autrui. Par-delà, je suis ce

« je pense » en général, d'où provient toute clarté et qui reste en son essence si mystérieux.

Encore une fois : le processus de la connaissance réflexive ne fait pas encore de moi un objet privilégié. Lorsque je tente de me connaître moi-même dans une perspective psychologique, je fais de mon existence un objet. Il me faut dépasser cette objectivation et retrouver le processus même du connaître dans la conscience que j'ai de moi-même et qui se dérobe d'autant plus résolument à l'observation psychologique qu'elle est plus authentiquement « penser ». Tandis que je pense, je sais que je suis ; mais cela seul, il est vrai : que je suis; je ne sais ni comment je m'apparais en tant que cet individu particulier, avec sa richesse psychologique offerte à mon observation, ni ce que je suis en moi-même comme substance sous-jacente.

Cette conscience de l'être dans le « je pense » est extraordinairement curieuse. La conscience que j'ai de mon existence empirique dans le temps doit être expressément distinguée de celle de mon « je pense » intemporel. Toutes les deux « sont », mais de façon radicalement différente :

« J'ai conscience de mon existence dans le temps par l'expérience intérieure, et cela ne fait qu'un avec la conscience empirique de mon existence. » Je suis « tout aussi sûr qu'il existe des choses hors de moi que je le suis d'exister moi-même dans le temps ».

En revanche, la conscience intellectuelle de mon existence dans la représentation « je suis », qui, sous la forme du « je pense », accompagne tous mes jugements, précède toute intuition,externe tant qu'interne. Elle ne fait pas l'objet de quelque « intuition intellectuelle », mais se maintient dans la seule certitude de soi ; dépourvue d'existence temporelle et par là refusée à toute intuition, elle ne se laisse pas saisir, fût-ce intemporellement. Toute intuition interne (comme toute intuition externe) est soumise à la condition temporelle. Si l'intuition intellectuelle existait, elle devrait saisir ce qu'il y a d'intemporel dans le « je pense, je suis ». Cela n'est pas possible.

Certes, le « je pense » est lié à la conscience d'exister du sujet pensant. Tout ce qui a de l'être pour nous s'actualise par son rattachement à cette existence et devient ainsi existence à son tour. C'est pourquoi, parlant du ciel étoilé au-dessus de lui et de la loi morale en lui, Kant dit : « Je les rattache immédiatement à la conscience de mon existence ». Mais ce rattachement à mon existence de sujet pensant ne dit rien de moi comme sujet individuel. La certitude de soi que possède l'existence dans le « je pense » ne permet pas d'affirmer quoi que ce soit de valable sur ce « je » comme substance, donc rien touchant son immortalité ou son unité et son unicité. Elle n'est que le point d'être du « je pense ».

Cependant, ce « je pense » a d'autre part la signification la plus vaste, il embrasse tout. Tout ce qui se manifeste comme être et devient communicable apparaît forcément dans la conscience en général. Éclairant les divers aspects de la conscience en général, je saisis par là même les modalités fondamentales selon lesquelles seul l'être m'est accessible et peut devenir pour moi l'objet d'une connaissance valable.

Le concept de sujet est un des thèmes principaux de la philosophie moderne. Descartes a fondé sa réflexion sur la pure certitude de soi du *cogito-sum*. Locke se représentait le sujet comme quelque chose qui n'a aucun contenu à l'origine et que l'expérience seulement vient remplir, une *tabula rasa* sur laquelle on vient écrire du dehors. Leibniz se l'imaginait comme une monade remplie dès l'origine de tout le contenu de l'univers, contenu qui passe en elle de l'inconscience à la conscience, de la confusion à la clarté. Hume le voyait comme un faisceau de représentations constitué par les hasards de l'expérience, se trompant lui-même à l'aide de notions auxquelles l'habitude confère une portée objective illusoire, telles que le « moi », la « substance », la « causalité ». Kant va plus loin qu'eux tous lorsqu'il distingue d'abord le sujet empirique, objet d'observation psychologique, puis la conscience en général du « je pense », origine de toute connaissance valable, enfin le caractère intelligible, origine de la liberté — dont il sera question plus loin.

5. *Regard en arrière et en avant.* Avons-nous bien compris tout cela ? Nous avons fait jusqu'ici un exposé reproduisant sous une forme plus ou moins dogmatique ce que l'on nomme « la théorie de la connaissance » de Kant. Après tout, la manière dont Kant établit les formes de toute connaissance empirique ne va nullement de soi. On ne voit pas vraiment

comment le sujet engendre l'objet quant à sa forme. En suivant sa pensée pour la comprendre, nous faisions preuve d'une bonne volonté qui dissimule peut-être notre incompréhension. Or cette incompréhension doit elle-même devenir claire. Nous voudrions arriver à comprendre à fond cette pensée philosophique essentielle en comprenant notre incompréhension.

Je rappelle l'insurmontable difficulté de base qui réside dans la nature même de l'entreprise kantienne. Kant examine la scission sujet-objet, mais chacune de ses questions et chacune de ses réponses se pensent forcément à l'intérieur de cette scission. Car c'est toujours le sujet pensant qui pense quelque chose. Lorsque Kant s'efforce de penser par-delà cette scission jusqu'à atteindre le fondement dont elle surgit, il ne le peut qu'à travers des formes de pensée constitutives de l'objectivité et qui appartiennent elles-mêmes à la scission. Telle est la fatalité qui pèse sur cette pensée et qui en fait la grandeur : elle refuse de s'abandonner, dans une extase mystique, à l'impensable et à l'incommunicable. Restant dans la clarté de la conscience naturelle, elle en vient à des développements qui, bien qu'ils cachent quelque chose d'impensable sous leur apparente intelligibilité, le manifestent cependant de façon indirecte et touchent ainsi, dans la conscience, son fondement.

Mais Kant lui-même n'a parlé de tout cela qu'incidemment, il ne l'a pas systématiquement mis au jour. Il a mis en œuvre, en fait, dans toute sa richesse inventive, la pensée qui éclaire en tous sens la scission sujet-objet, mais sans y réfléchir pour savoir comment il le faisait. C'est pourquoi son œuvre est un lacis de démarches intellectuelles qui se laissent bien débrouiller, mais qui doivent être prises comme un tout pour garder leur efficacité expressive. Chacune de ces démarches est de la plus parfaite clarté, alors qu'une certaine obscurité conceptuelle subsiste nécessairement dans l'ensemble. C'est pourquoi enfin cette œuvre, modèle de pensée abstraite, monument de discipline intellectuelle et d'infatigable élaboration, doit se fondre finalement dans l'origine et le but de l'effort qui lui a donné naissance. Car ce qui est décisif ici, ce ne sont pas les opérations conceptuelles isolées qu'il est possible de saisir avec précision, mais ce à quoi elles tendent toutes sans réussir à le capter en un concept. En fait, aucun résultat n'est acquis. S'il en est un, ce n'est pas un système objectif, mais l'attitude foncière du sujet connaissant, à travers la révolution du mode de penser; ce résultat, on peut bien l'atteindre par des opérations rationnelles, mais non le fixer dans une clarté définitive.

La révolution accomplie par Kant dans le mode de penser se manifeste dans ses diverses manières de poser les problèmes, dont aucune ne peut être retenue comme la dernière ou la seule. Kant expose son sujet sous le couvert de questions et de réponses déterminées; il se conforme à la manière traditionnelle d'énoncer les problèmes, parce que sans cela ni la compréhension de soi, ni la communicabilité ne pourraient progresser. Mais chez Kant — comme chez Platon et saint Augustin — les problèmes eux-mêmes se trouvent supprimés dans un espace englobant. La forme qu'il utilise pour les poser nous permet d'atteindre le lieu d'où viennent les questions et vers lequel elles s'orientent, se dépassant elles-mêmes ainsi que leurs réponses.

G) La déduction transcendantale.

Dans la « déduction transcendantale », véritable noyau de la *Critique*, la relation du sujet et de l'objet se développe à travers un lacis de pensées, tel qu'on ne cesse de percevoir, brillant à travers ce qui se laisse rationnellement saisir, l'insaisissable de l'ensemble, qui est ici l'essentiel. Plusieurs questions jouent en même temps : comment la pensée s'applique-t-elle à l'objet? Que se passe-t-il dans l'acte de connaître? Qu'est-ce que la réalité de l'objet? D'où vient la portée objective de jugements corrects? Cette dernière question, c'est le thème explicite traité : il s'agit de « déduire » la légitimité qui fonde la valeur des jugements empiriques. Mais qu'est-ce que l'expérience? Toutes ces questions se rattachent à une question unique qui, embrassant tout, ne se laisse formuler que d'une façon tout à fait indéterminée : qu'est-ce que l'être? — et que l'on complétera de façon tout aussi indéterminée : qu'est-ce que l'être tel qu'il se montre à nous dans le monde d'apparences où nous existons?

1. *Déduction* signifie dérivation, établissement d'un fondement, justification. Kant veut fonder la valeur objective des concepts a priori. Il commence par exclure de son sujet la « déduction psychologique » ou « empirique », qui fait des représentations les effets de l'affectivité réagissant à des choses extérieures. (Locke s'en est occupé, Kant non.) Ensuite il introduit une distinction entre la « déduction métaphysique » des catégories à partir des fonctions logiques générales (les jugements), exposée plus haut, et la « déduction transcendantale », dont la tâche est d'expliquer comment des concepts a priori peuvent s'appliquer à des objets. Il ne s'agit pas, pour cette dernière, de données empiriques (*quid facti*), mais de fonder une validité en droit (*quid juris*). Dans la déduction transcendantale, Kant distingue encore une déduction objective, qui veut expliquer la validité des concepts a priori — elle répond à la question : que peut connaître l'entendement sans recourir à aucune expérience? — et une déduction subjective qui s'interroge sur l'entendement lui-même et son pouvoir de connaître, — elle répond à la question : comment le pouvoir même de penser est-il possible?

2. *L'idée fondamentale sous la forme d'une argumentation alternative.* Voici la brève argumentation par laquelle Kant répond à la question : comment se fait-il que nos expériences concordent avec nos concepts de leurs objets? Il y a deux voies qui permettent de poser la nécessité de cette concordance : il faut admettre, soit que l'expérience rend possibles les concepts, soit que les concepts rendent possible l'expérience. Il y aurait encore une voie médiane : affirmer l'existence d'une harmonie préétablie entre la pensée subjective que le Créateur a mise en nous et les lois objectives de la nature. Cette voie médiane, Kant l'exclut : l'admettre, ce serait se placer dans l'impossibilité de rechercher les premiers principes a priori de la connaissance, — ce serait priver nos jugements de toute nécessité, — ce

serait poser que tout est incompréhensible avant même d'avoir tenté d'y voir clair.

Il ne reste donc qu'une alternative. Si nous optons pour la thèse selon laquelle c'est l'expérience qui rend possibles les concepts, nous ne comprenons plus comment nous pouvons disposer de jugements nécessaires et universels se rapportant aux objets de l'expérience. Car dans ce cas, tous les jugements n'auraient de validité que dans les limites de l'expérience déroulée jusqu'ici. Et il en va bien ainsi, en fait, du contenu matériel de tous les jugements empiriques. Mais ceux-ci ne sont eux-mêmes possibles qu'à partir de jugements nécessaires et universels énonçant la légalité de l'expérience en général. Avant de pouvoir rechercher des lois, il faut poser celle de la légalité en général. C'est d'elle que provient la nécessité universelle en vertu de laquelle tout ce que je rencontre empiriquement se trouve soumis à certaines formes de légalité qu'il m'est possible de découvrir au fil de l'expérience, mais non grâce à elle seulement. Car cette nécessité, c'est l'a priori dont proviennent toutes les formes des objets qui m'apparaissent. C'est elle qui fait qu'il y a dans tous les jugements empiriques ce sens que l'expérience ultérieure ne démentira pas, mais qu'elle complètera et qu'elle absorbera dans des ensembles de relations plus vastes. Ainsi donc, du moment qu'il existe des jugements empiriques universels et nécessaires, c'est la seconde thèse qui doit être vraie, celle que Kant a découverte et qui paraît d'abord absurde : des jugements empiriques, nécessaires et universels, ne sont possibles que si nos concepts, au lieu d'être empruntés à l'intuition sensible, ont d'abord eux-mêmes constitué, quant à leur forme, les objets.

Reprenons cette affirmation : du moment que les formes de l'intuition et de l'entendement produisent tous les objets quant à leur forme (mais non quant à leur existence) dès le premier acte de la conscience, elles peuvent ensuite être connues, au cours de la recherche, par le même entendement, dans l'expérience concrète. Kant s'exprime encore ainsi : « Les conditions a priori de toute expérience possible sont en même temps celles qui rendent possibles les objets de l'expérience. » Cette idée principale revient sans cesse : « La représentation formée à la vue d'un objet est déterminante a priori lorsque c'est elle seule qui nous permet de connaître quelque chose comme étant un objet. » Ou encore : les concepts a priori sont les conditions « qui permettent seules de penser quelque chose comme objet ; dès lors toute connaissance empirique des objets est nécessairement conforme à ces concepts, puisque sans eux rien ne peut être objet d'expérience ».

3. *La limitation explicite de la recherche et son ampleur réelle.* La « déduction transcendantale » est au centre de la critique kantienne de la raison. En elle se nouent, en un nœud presque impossible à défaire (et de plus, selon deux versions très différentes : la première et la seconde édition de la *Critique de la raison pure*) les idées sur lesquelles repose la pensée critique tout entière.

Elle a pour tâche déclarée de justifier la valeur de notre connaissance empirique. Mais elle va en fait beaucoup plus loin, jusqu'à éclairer l'essence de notre connaissance intellectuelle. Voyons maintenant de plus près ce que cela signifie et quelle est ici la méthode de Kant.

H) ANALYSE DES MÉTHODES KANTIENNES TENDANT A ÉCLAIRER L'ORIGINE DANS CE QUI N'EST PAS OBJET.

Si l'on interprétait la pensée de Kant en disant que le monde est engendré par la subjectivité de notre esprit ou de notre cerveau humain, ce serait un non-sens. On voudrait bien simplifier ainsi la question pour comprendre, et pouvoir ensuite rejeter ce que l'on a compris. Mais le bref exposé de la pensée fondamentale de Kant, qui vient d'être fait avec les mots mêmes dont il s'est servi, a chez lui des développements extraordinairement compliqués. Il le sait, et déclare que cette partie de son œuvre est celle qui « lui a coûté le plus de peine, mais comme il l'espère, « ce ne fut pas en vain ». Pour mieux comprendre, rappelons d'abord ce qui caractérise d'une façon générale ce genre de pensée.

Kant sait que sa pensée dépasse, « transcende » la pensée naturelle. Il appelle sa philosophie « transcendantale ». L'usage de ce mot au sens du « transcender » philosophique a une longue histoire et remonte à saint Augustin (Knittermeyer). Kant en modifie le sens : « J'appelle transcendantale toute connaissance qui s'occupe, non pas des objets, mais de notre connaissance des objets pour autant que celle-ci doit être possible a priori ». L'ancienne métaphysique dogmatique accomplissait par la pensée un mouvement transcendant à travers la réalité objective, jusqu'à un objet suprasensible qui était l'être en soi ou Dieu. Kant transcende la pensée objective, en arrière, pour ainsi dire, jusqu'à ce qui conditionne toute objectivité. La connaissance métaphysique d'un autre monde est remplacée par celle de l'origine de notre connaissance. D'un côté, le chemin conduit à l'origine de toutes choses, de l'autre, à l'origine de la scission sujet-objet, de l'apparence. Le résultat n'est pas la connaissance d'un objet (comme dans l'ancienne métaphysique), mais la conscience d'une limite dans notre condition de sujet-connaissant.

Dans les deux cas, il y a un acte transcendant; dans les deux cas, l'objectivité naturelle est dépassée. C'est pour cela que la pensée kantienne est d'une telle difficulté. Il ne fournit aucune évidence objective, donc aucun résultat désormais formulable; il permet seulement une prise de conscience plus sûre de ce qui s'éclaire par la marche même d'une pensée qui dépasse la pensée.

La difficulté essentielle est donc celle-ci : Kant veut montrer les conditions de toute objectivité, mais il ne le peut que par la pensée objective elle-même, donc à l'aide d'objets qui ne devraient pas être des objets. Il veut comprendre la relation sujet-objet, à l'intérieur de laquelle nous sommes dès que nous pensons, comme si nous pouvions nous tenir en dehors, alors que nous y restons toujours. Il va jusqu'aux limites de l'existence de tout être pour nous, afin d'apercevoir à la limite l'origine de la totalité elle-même, et il est forcé cependant de rester à l'intérieur de ces limites. Il veut, à l'aide de la méthode transcendantale, accomplir l'acte transcendant selon des formes qui sont celles de l'immanence. Il pense la pensée, mais il ne peut le faire en se situant hors d'elle : dès qu'il la pense, c'est qu'il pense déjà.

1. *Les quatre fils conducteurs de la pensée.* Il est impossible de reproduire ici brièvement les développements compliqués de Kant. Mais nous pouvons en montrer la structure. Nous voyons que Kant, pour préciser sa pensée, l'objective en empruntant quatre voies différentes : la voie « *psychologique* », lorsqu'il s'agit de conscience, d'acte du sujet, d'imagination; — la voie « *logique* », lorsqu'il s'agit d'unité, de forme et de matière, de jugement, de validité; — la voie « *méthodologique* », lorsqu'il s'agit de prémisses de la connaissance, de conditions permettant l'expérience, d'anticipation et de projet, de connaître ce que je puis faire; — la voie « *métaphysique* », lorsqu'il s'agit de la chose en soi affectant le sujet, de l'auto-affection du sens interne.

Ces quatre voies correspondent aux « branches » ou « disciplines » philosophiques dûment établies par la tradition. En les distinguant, nous ne tendons ni à établir un système complet des concepts kantiens, ni à porter un jugement d'équivalence sur ces quatre points de vue. Si nous les adoptions successivement en vue d'un examen méthodique des textes, nous obtiendrions bien une certaine clarté, mais nous en viendrions bientôt à mettre en question la valeur définitive de cette distinction elle-même.

Toutefois la question qu'elle doit nous aider à résoudre provisoirement reste la suivante : quelles démarches intellectuelles dois-je accomplir, quelles expériences revivre, pour m'approprier la pensée essentielle de Kant? Nous appelons « psychologique », l'actualisation en nous de l'expérience vécue, — « logique », celle d'une pensée en tant qu'elle prend la portée et la structure d'un jugement, — « méthodologique », celle d'un procédé de recherche tendant à la découverte de faits et de lois, — « métaphysique », l'objectivation par laquelle un être pensé en tant qu'objet devient un être en soi, l'Être absolu et indépassable.

Or, pour que la pensée philosophique de Kant devienne

lumineuse, elle doit s'accomplir en un acte unique. Les quatre voies ne font que l'illustrer; elles peuvent servir de fils conducteurs, mais on se tromperait en les prenant pour cela même qu'il s'agit de comprendre. Afin d'éviter cette erreur, il est possible d'énoncer les quatre malentendus typiques qu'elles risquent de susciter. Ils ont tous un fond kantien; mais isolés, ils ne sont plus kantiens.

Le *malentendu psychologique* interpréterait la pensée kantienne comme suit : notre constitution d'être humain est telle que lorsque des excitations pénètrent sous forme de sensations dans la conscience, l'entendement, fonction de synthèse, réagit en créant le monde extérieur, qui est ainsi une construction de notre conscience humaine. (On pourrait se placer à ce point de vue pour entreprendre une étude empirico-psychologique de la perception sensible, — mais cette étude présupposerait déjà l'objectivité en général et les catégories.)

Le *malentendu logique :* ce n'est pas la sensation qu'un entendement spontané trouve en face de lui, mais la matière d'une forme qui l'enferme. La structure des objets réside dans le rapport de leur forme et de leur matière. Les termes « forme » et « matière » — c'est ce que l'on croit dans l'hypothèse où nous nous sommes placés — caractérisent clairement la chose, alors que tous les autres termes entraînent une déviation psychologique ou métaphysique. Une forme valable embrasse la matière, c'est ce qui fait exister les objets. L'objectivité est née d'une forme, dont la valeur ne doit rien à la réalité sensible, et de la matière que celle-ci enferme. Ce qui est absolu, c'est la validité, l'exigence logique. (Ainsi se trouve perdue la relation sujet-objet, et la chose en soi devient un concept superflu.)

Le *malentendu méthodologique :* l'entendement anticipe par son projet sur ce qu'il connaît dans l'expérience. Mais comme, par l'anticipation de son projet, il a créé lui-même l'expérience quant à sa forme, il ne retrouve dans la connaissance que ce qu'il a lui-même produit. (Ainsi la démarche de toute connaissance expérimentale authentique, qui soumet ses hypothèses à l'expérience et, selon les résultats obtenus, les rejette ou les confirme, devient ici le fondement essentiel de la réalité objective et de tout ce qui peut être pensé.)

Le *malentendu métaphysique* : les choses en soi agissent sur l'aperception transcendantale ou sur la conscience en général. Leur rencontre donne naissance, dans notre conscience empirique, au monde des apparences et de l'expérience. Le fait que l'expérience existe nous révèle ces deux points transcendants en tant que réalités absolues : là-bas, la chose en soi; ici, l'aperception transcendantale.

Chacune des quatre voies peut m'amener à croire que je me trouve dans la totalité à laquelle doit appartenir tout ce qui a pour moi réalité et valeur. Et pourtant il s'agit chaque fois d'une manière particulière de concevoir ce qui est pensable pour moi, — chaque fois, paradoxalement, d'une particularité universelle.

On peut observer comment, dans les diverses interprétations de Kant qui ont été données, l'une ou l'autre des quatre voies est devenue prépondérante ou prétend même à l'universalité. Il est possible de grouper schématiquement ces interprétations unilatérales, de telle sorte qu'elles se caractérisent réciproquement, en recourant, dans un sens dépréciatif, aux mots mêmes qui nous ont servi ici à les classer. Ainsi le « *psychologisme* » (ou « *anthropologisme* ») chez Fries (l'expérience psychologique est le fondement de la philosophie), chez F.A. Lange (la constitution anthropologique est l'a priori), chez Herbart, — le « *logisme* » chez Lask (primauté du rapport matière-forme), — le « *méthodologisme* » chez Cassirer (limitation de la pensée de Kant à la théorie de la connaissance, qui justifie par ses prémisses la démarche des sciences de la nature), — le « *métaphysicisme* » chez Schopenhauer (le monde comme représentation est un rêve), chez Paulsen (objectivation de la chose en soi).

Chacune de ces conceptions paraît claire. Cependant, si l'on adopte l'une d'elles comme étant la vraie et qu'on s'efforce alors d'interpréter et de corriger sur cette base le texte de Kant, on fait une expérience pénible : impossible d'exécuter le programme que l'on s'est fixé. Sans cesse interviennent des représentations psychologiques, ou alors, c'est la signification logique ou méthodologique, ou métaphysique, qui s'impose. On trouvera chez Kant de quoi étayer par des citations n'importe lequel de ces points de vue, jusqu'à la formule extrême selon laquelle le monde est conditionné « par notre cerveau ». En apparence, Kant s'est lui-même laissé aller à toutes les déviations. C'est pourquoi les interprètes unilatéraux sont constamment occupés à le corriger par lui-même, en se référant, évidemment, à celui des fils conducteurs qu'ils ont décrété être le seul juste.

Les quatre modes d'expression ne sont ni coordonnés, ni étrangers les uns aux autres. Pour la pensée transcendantale, chacun d'eux implique en même temps les autres. Je ne puis penser la pensée qu'en passant de l'un à l'autre. Aucun ne possède la primauté. Aucun ne se laisse supprimer. Lorsqu'on en prend un et qu'on l'isole, on obtient, il est vrai, une plus grande intelligibilité apparente, mais au prix de la pensée transcendantale, qui se perd. Objectivement d'ailleurs, chacun de ces modes pris isolément n'est pas convaincant. On s'efforce d'établir une vérité scientifiquement démontrée qui n'en est pas une, et on perd ce faisant la démarche philosophique de la pensée.

Il importe de conserver à l'ensemble de la déduction transcendantale toute son ampleur, sans que les développements déterminés et chaque fois singuliers nous amènent à une impasse, quand leur objectivité apparente nous incite à nous cramponner à eux comme s'ils avaient déjà atteint le but. Toutes ces modalités particulières d'objectivation, nous devons au contraire les comprendre comme les instruments ou les étapes d'une pensée fondamentale unique et englobante en voie de réalisation.

L'objectivation psychologique, logique, méthodologique, métaphysique, conduit à une commune erreur : réduire à un objet fini ce qu'on ne peut voir que par l'acte transcendant accompli au fil du développement philosophique. Pris et maintenus pour eux-mêmes, les procédés d'objectivation tuent le sens philosophique, alors que réunis ils sont indispensables à son expression.

La déduction, lorsqu'on la considère dans l'ensemble des textes qui s'y rapportent, se présente comme une pénétration sur un large front, à l'aide de développements logiquement incomplets et dépourvus entre eux d'unité ; d'autre part, on voit qu'on tourne en rond dans des raisonnements qui, relativement achevés, n'ont pourtant, pris en eux-mêmes, pas encore de réelle signification et manquent de consistance.

En suivant chacune des quatre voies, il semble qu'on ait devant soi une connaissance déterminée, saisissable. Lorsqu'on s'en empare, on pense chaque fois avoir compris Kant. Mais ce qu'il poursuit réellement, c'est quelque chose qui traverse tous ces modes d'expression sans y rester pris; ou bien c'est un point virtuel, échappant à toute prise directe, autour duquel ces modes d'expression, sans l'atteindre, peuvent cependant tourner. C'est pourquoi toutes les formules ont ici besoin d'être traduites, non dans une autre formule prétendant exprimer directement ce dont il s'agit, mais dans la conscience de l'englobant où, toutes, elles reçoivent enfin leur sens.

Philosophiquement, chacune des expressions particulières des quatre voies doit être prise dans une acception « transcendantale ». Ainsi traduite, chacune des significations objectives rencontrera les trois autres dans l'unicité de la pensee transcendantale.

Cela, Kant l'exige partout, et *d'abord* en invitant expressément au saut dans le transcendantal. Il dit :

Psychologiquement, l'imagination empirique n'est possible que si l'imagination transcendantale la précède, — l'aperception empirique se fonde sur l'aperception transcendantale, — la conscience empirique est conditionnée par la conscience en général transcendantale, la validité subjective par la validité objective. Toute donnée psychologique renvoie à ce qui peut se fonder sur « la constitution du sujet ».

Sur le plan *logique*, Kant exige le saut, de la logique formelle à la logique transcendantale.

Méthodologiquement, le saut fait passer des hypothèses particulières utilisées dans les sciences mathématiques modernes de la nature, dont la justesse se vérifie à l'aide d'observations mesurables, à l'hypothèse totale embrassant tout le connaissable en général, qui est l'origine de la pensée. Kant garde les yeux fixés sur le rôle joué par l'élément hypothétique dans la recherche scientifique positive ; cet élément hypothétique a son fondement dans ce qui conditionne transcendantalement la possibilité de toute expérience en général.

L'expression *métaphysique* selon laquelle une chose en soi vient affecter un sujet transcendantal est la forme ontologique qui désigne « le transcendantal » : l'objet transcendantal est l'X ; ou bien, ce qui peut en général donner à nos concepts empiriques un rapport à un objet, c'est-à-dire une réalité objective ; ou bien ce qui empêche notre connaissance de rester livrée au hasard ou à l'arbitraire.

En outre, le saut dans le transcendantal est exigé du fait que, dans le texte même, la translation des divers modes d'expression entre eux se produit constamment. Le lecteur peut se troubler et avoir le vertige, jusqu'à ce que, de ce vertige même, naisse la clarté qui ne se laisse enfermer dans aucune des formules objectivement déterminées.

C'est l'enchevêtrement seul qui met en valeur ce qu'il n'est possible de comprendre que transcendantalement. Comme Kant garde fermement dans son esprit son intention initiale, il suit le chemin que nous avons décrit, et qu'il n'a pas fait connaître lui-même explicitement. Puisque toute expression objective est inadéquate à ce qu'il n'est plus possible de saisir objectivement, et puisque cependant il n'est possible à chaque instant, de penser qu'objectivement, Kant s'empare des possibilités de langage objectif offertes par la série des quatre modes d'expression, mais il ne cesse de les abolir ensuite l'un par l'autre. En les enchevêtrant, il empêche le lecteur attentif de s'accrocher à une pensée déterminée, et l'incite par là, bien plutôt, grâce au réseau serré de représentations toujours inadéquates, à atteindre indirectement ce qui seul importe pour lui.

2. *Signification de la tautologie, du cercle, de la contradiction.*

Un second trait caractéristique de la méthode, jamais posé

en principe, lui non plus, par Kant, mais que l'on retrouve partout, c'est, dans l'expression, une logique déficiente, dont il nous faut cependant saisir le sens et la nécessité.

Que dois-je faire quand je veux prendre conscience de l'englobant? Je dois me servir du saisissable pour dépasser le saisissable; je dois laisser le saisissable s'effondrer, comme une échelle dont je n'aurai plus besoin après m'être élevé vers les hauteurs.

L'effondrement se produit *d'abord* comme nous l'avons exposé jusqu'ici : chaque fil conducteur du langage s'emmêlant aux autres ne prend son sens que par cet emmêlement même; dans ce tissu, chaque fil est nécessaire, mais aucun n'est capable de transmettre le sens du tout.

En outre, l'effondrement se produit du fait que, sous sa forme logique, objectivement, une telle pensée ne résiste pas. Elle tend en effet à éclairer ce qui, n'étant pas objet, se trouve à l'origine même de toute réalité objective (de la scission sujet-objet). Or, ce quelque chose qui n'est pas objet ne peut être pensé qu'objectivement. Il faut donc, pour éviter que le contenu d'une telle pensée ne prenne la solidité trompeuse d'un objet, qu'il se manifeste à travers un échec formel : tautologies, cercles, contradictions.

La *tautologie* revient à énoncer quelque chose à l'aide de ce quelque chose. Ce n'est pas faux, mais cela ne procure aucune connaissance. On appelle *cercle* un raisonnement qui ne se fonde pas sur autre chose que sur lui-même. Il n'est faux que dans la mesure où il feint d'avoir un fondement. Il y a *contradiction* lorsque des jugements s'annulent réciproquement, signe qu'ils ne tiennent pas.

Il est vrai de façon générale pour la philosophie qui pratique la réflexion transcendante que les formes logiques sont incapables de saisir de manière adéquate ce qui est visé par la pensée. Plus l'effort logique est intense, et plus purement s'exprime la pensée qui fait éclater la forme logique. Exiger d'un exposé qui veut reconstruire l'être, ou seulement — comme chez Kant — la manière dont l'être se montre dans la connaissance, qu'il soit objectif et cohérent, c'est demander l'impossible.

A propos de toute démarche philosophique transcendante, il faut se demander quelle est la forme d'impossibilité logique qu'y prend la pensée essentielle. Chez Kant, cette question concerne l'exposé des structures transcendantales à l'aide desquelles il éclaire la connaissance. Prenons d'abord quelques exemples.

1° Kant tombe dans des *contradictions* manifestes.

Il cerne les noumènes (l'intelligible, la chose en soi) en recourant à des négations. Les noumènes ne comportent ni qualités sensibles, ni espace, ni temps, ni catégories. C'est pourquoi la pensée qui les vise ne constitue pas une connaissance. Objectivement, son contenu est : rien. Mais ce rien fait pourtant figure de quelque chose. Le vide a un contenu.

La « causalité » est une catégorie, elle ne s'applique donc qu'aux phénomènes. La « chose en soi », par conséquent, ne peut pas être cause. Kant, néanmoins, la dit cause des phénomènes et ainsi se contredit. Voyons cela de plus près. Kant parle de la chose en soi qui affecte le sujet, ou encore de la « cause non sensible » de nos représentations. Ce qui « affecte » ainsi notre sensibilité, Kant l'appelle « objet transcendantal ». De même, il parle plus loin de la liberté comme d'une « cause intelligible » qui, bien que n'étant pas elle-même déterminée par des apparences, fait « apparaître ses effets ». Or causalité, chose, réalité, ne sont des catégories valables que pour les phénomènes. Si l'on fait entrer la relation de la chose en soi à notre sensibilité et à notre connaissance dans la catégorie de la causalité, on cesse de parler de la chose en soi comme d'un « en soi » et on en fait un phénomène. C'est pourquoi Jacobi, après avoir lu l'ouvrage principal de Kant, formula sa critique sous cette forme : il était, disait-il, impossible d'entrer dans le système kantien sans poser la prémisse de la chose en soi, et avec cette prémisse, il était impossible d'y rester.

La chose en soi, complément du phénomène, est pour Kant indispensable, « car sinon on en viendrait à un jugement absurde : l'apparence existerait sans rien qui apparaisse ». Donc à propos du couple de notions « en-soi » et « apparence », valable à l'intérieur du monde phénoménal, Kant a de nouveau pensé le rapport de l'en-soi à l'apparence à l'aide des catégories. Ce qu'il est impossible de saisir conceptuellement, Kant est obligé, pour démontrer cette impossibilité, de le saisir conceptuellement malgré tout. La relation de l'en-soi et du phénomène est déjà vulnérable : on peut lui reprocher d'être contradictoire.

Libérée de toutes les déterminations propres aux objets, la chose en soi (noumène) est dans la pensée kantienne un « concept-limite ». Mais quand je pense la limite, je suis aussi par-delà. Au moment où Kant montre qu'il est impossible de transgresser la limite du concept, il accomplit cette chose impossible.

Le terme « chose en soi » est plus significatif que celui de noumène parce qu'il contient en lui-même, immédiatement, la contradiction. Comme « chose », on ne peut penser qu'une apparence ; « en soi » indique qu'il ne s'agit pas d'une apparence. *Noumenon* veut dire « ce qui est pensé », mais le contenu de cette pensée est impensable.

Apparence et chose en soi, ces termes sont, pour le savoir objectif, logiquement intenables ; mais l'échec qu'ils imposent constitue une pensée à laquelle on n'échappe pas. Maintenue comme si elle était cohérente, celle-ci se pervertit. Elle suggère deux mondes, l'un au premier plan, l'autre caché derrière, — un dédoublement du monde. Il peut sembler alors qu'ils existent tous deux, l'un se rapportant à l'autre. Dès lors, le deuxième monde, celui qui est derrière, devient un royaume de phantasmes dont tous les contenus proviennent de ce monde-ci, qui est le nôtre. Mais il n'y a pour Kant qu'un seul monde. Ce que, grâce au mouvement transcendant, la pensée réussit à toucher, n'est pas un autre monde, n'est pas monde du tout. Et, pour autant que cela existe, cela aura en ce monde une présence de non-monde. Une théorie d'un double monde n'est pas kantienne ; c'est seulement une manière de dire, inévitablement contradictoire.

Il est possible de mettre en lumière, chez Kant, le sens contradictoire que prennent les mots, du fait qu'ils objectivent ce qui n'est pas objet, à propos de presque tous les concepts fondamentaux dont il se sert. L'usage même du mot « objet », chez lui, n'est pas univoque. Au sens propre, ce mot désigne l'objet pensé à l'aide des catégories comme unité synthétique. Mais Kant emploie le même mot « objet » pour désigner quelque chose qui est moins que pensé, qui surgit sans pensée, comme apparence, dans le tourbillon des sensations. Et il se sert encore du même mot pour ce qui est plus que pensé, qui ne se laisse saisir par aucune catégorie, pour la chose en soi.

« C'est une absurdité, dit-il, que de se refuser à admettre les choses en soi. » « Elles fondent l'apparence. » Mais ailleurs, il dit : la chose en soi, c'est « quelque chose dont nous ne pouvons dire ni qu'elle est possible ni qu'elle est impossible ». Elle est problématique. Bien qu'elle ne soit ni possible, ni impossible, « il faut la penser » comme « un X dont on ne peut rien dire ».

2° Nous observons dans les pensées fondamentales de Kant des *cercles* :

On entreprend de montrer la validité des principes de la connaissance. Elle provient de la fonction de la pensée, fonction qui engendre l'unité de l'objet. Psychologiquement, l'aperception empirique crée, avec la multiplicité des sensations, grâce à des synthèses empiriques, des unités subjectives, non valables. Sur le plan transcendantal, l'aperception transcendantale crée, avec la multiplicité du matériel donné, à l'aide de synthèses pures, des objets mis en forme, objectivement valables. D'où vient la différence entre ces deux fonctions unificatrices? De la sorte de validité du lien. L'aperception empirique crée des unités qui n'ont de validité que subjective, comme par exemple l'alliance d'un concept avec un mot déterminé, le lien formé par l'habitude au fil d'une expérience subjective et fortuite. L'aperception transcendantale crée des unités objectivement valables « selon une règle ». Il n'y a pas d'autre différence entre synthèse transcendantale et synthèse empirique. Qu'est-ce à dire? Nous sommes prêts à suivre Kant dans sa démonstration de la validité de la connaissance empirique. Et nous entendons ceci : cette connaissance est valable parce qu'elle se constitue en unité suivant une règle, grâce à la synthèse transcendantale qui la conditionne. Mais le fait d'être une synthèse transcendantale était déjà signe de validité. Donc, en résumé : l'expérience est valable parce que les facteurs transcendantaux de son unité sont valables. Ou : elle est valable parce qu'elle est valable. Impossible de fonder la validité sans présupposer la validité.

Mais peut-être avons-nous isolé un seul aspect du raisonnement, qui n'est pas censé servir de preuve. Il s'agit, dit-on, de quelque chose de plus profond. Essayons d'aller jusque-là, notre pensée se heurtera seulement à une autre sorte d'échec.

On peut donner l'interprétation suivante : il ne s'agit pas ici essentiellement de fonder la validité ; la distinction entre connaissance subjectivement et objectivement valable n'est faite qu'en passant. Ce que Kant veut vraiment, c'est saisir la possibilité d'une connaissance valable en affirmant que ce n'est pas seulement la connaissance des objets, mais l'objectivité des objets eux-mêmes qui n'est rendue possible que par la synthèse transcendantale de l'entendement, c'est-à-dire par les catégories. Cette dernière possibilité une fois comprise ainsi, la validité de la synthèse accomplie par les catégories sur le plan de la connaissance trouve du même coup sa justification.

Mais que signifie ici « possible »? Nous connaissons des possibilités logiques, qui sont celles de raisonnements exempts de contradiction, et une possibilité réelle, qui réside dans l'ensemble des conditions causales aboutissant à tel ou tel événement. Nous sommes dans l'attente du possible quand quelque chose peut se produire ou se trouver sur notre chemin, sans que cela soit nécessaire. Mais dans la déduction transcendantale, il ne saurait s'agir de ces possibilités-là ; car ce sont là des possibilités particulières et saisissables, qui sont soumises aux catégories. Or, dans la réflexion philosophique, il s'agit de la possibilité transcendantale. Cette formule magique — une catégorie qui ne doit plus être catégorie — est censée nous arracher à la dépendance où nous sommes à l'égard des catégories et nous permettre d'apercevoir leur origine à toutes. Il est vrai qu'après Kant, il n'est plus permis à notre connaissance de se transcender jusqu'à un monde suprasensible, mais nous pouvons dès lors prendre conscience de l'objectivité en général dans sa totalité, et en atteindre l'origine. Mais la pensée rendue par là accessible à l'entendement doit forcément continuer à se servir des catégories — ici, par exemple, de celle de « possibilité » — sans pouvoir cependant donner à ce mot le sens déterminé de telle ou telle possibilité. C'est pourquoi la contradiction entre n'importe quelle possibilité déterminée et la possibilité transcendantale subsistera toujours.

Ainsi, au fil de notre interprétation, essayant d'éviter la forme du cercle, nous sommes retombés dans celle de la contradiction.

3° Les pensées fondamentales de Kant constituent des tautologies.

Nietzsche reproche à Kant d'avoir donné à la question « par quoi la connaissance est-elle rendue possible? » cette réponse tautologique : « par le pouvoir d'un pouvoir » (*vermöge eines Vermögens*), et il n'aurait fait que dissimuler cette réponse sous des complications savantes, des prétentions à la profondeur dans le meilleur style allemand. Mais Nietzsche aurait même pu citer une phrase qui, loin de dissimuler ce fait, le dénonce ouvertement : « La possibilité de la forme logique de toute connaissance repose nécessairement sur la relation à cette aperception comme à un pouvoir. » L'objection de

Nietzsche est extérieurement correcte, mais témoigne d'une incompréhension totale pour la méthode d'une quête philosophique qui s'éclaire elle-même par son acte transcendant.

Mais quiconque estime dès lors que les contradictions cercles et tautologies ainsi mis en lumière suffisent à détruire la vérité de la réflexion kantienne, sera surpris de constater que Kant note lui-même à l'occasion le contresens inévitable que ces formes logiques reflètent.

Tautologie : Kant traite du principe qui est « le principe suprême de de toute la connaissance humaine » : réduire la diversité des intuitions données à l'unité de l'aperception. Ce principe de l'unité nécessaire de l'aperception, dit-il, « est lui-même identique, et donc un jugement analytique ». Ce principe ne fait qu'éclairer par une tautologie le fait que l'unité de la synthèse de la multiplicité donnée dans l'intuition est nécessaire, afin que soit posée aussi bien l'identité de la conscience de soi que l'unité de l'objet pensé par cette conscience. Le jugement considéré n'explique rien, ne dérive rien ; il indique seulement, à l'aide d'un « jugement analytique », d'une tautologie, cette énigme qui réside dans la scission de la pensée en sujet et en objet.

Kant effleure la *contradiction,* sans la formuler expressément comme telle. Le concept de synthèse transcendantale, dit-il, implique celui de l'unité. L'unité de la synthèse, celle de l'aperception transcendantale, est « le point suprême, celui auquel il faut rattacher tout usage de l'entendement, toute la logique même, et, après elle, la philosophie transcendantale ». Or voici ce que Kant dit de cette unité : « La catégorie présuppose déjà le lien. Il nous faut donc chercher cette unité (comme unité qualitative) encore plus haut, à savoir là où se fonde l'unité même de concepts divers dans l'acte du jugement. » Puisque nous ne pouvons penser qu'à l'aide des catégories et que l'unité transcendantale est à l'origine de la catégorie « unité » elle-même, cela revient à dire : l'unité n'est pas l'unité ; mais en ajoutant à l'énoncé l'expression « unité qualitative », on se permet à nouveau d'utiliser une certaine catégorie, non quantitative, de l'unité.

Quant au *cercle,* Kant l'énonce directement. Il dit : « On ne saurait définir les fonctions logiques des jugements en général (unité et multiplicité, affirmation et négation, etc.) sans tomber dans un cercle. En effet, la définition elle-même sera forcément un jugement et contiendra déjà la fonction à définir. »

Le « je pense » n'est « rien d'autre qu'un sujet transcendantal... dont nous ne pouvons avoir isolément le moindre concept. Aussi tournons-nous constamment en cercle autour de lui, et nous ne pouvons porter sur lui le moindre jugement sans impliquer d'emblée une représentation de ce qu'il est. »

A propos du *principe*, selon lequel « tout ce qui arrive a une cause », Kant dit : « On l'appelle principe et non théorème, bien qu'on doive le prouver, parce que c'est lui qui rend possible le fondement de sa preuve, à savoir l'expérience, et que celle-ci le présuppose toujours. »

La contradiction, le cercle, la tautologie sont à nos yeux des formes inévitables et essentielles de toute réflexion transcendante. Mais cela ne veut pas dire que des tautologies, des cercles et des contradictions quelconques, qui ne seraient comme tels que la forme facile d'un bavardage prétendant à la profondeur, soient déjà chargés de sens. Ils n'ont pas, chez les philosophes où ils se rencontrent, le même rang ni la même valeur.

Chez Hume, par exemple, on repère le cercle suivant : la causalité est tirée de l'habitude grâce à la répétition de la même expérience. Mais l'effet de cette habitude est lui-même pensé causalement. On fait comprendre la causalité par la causalité. Dans le matérialisme, on explique le monde à partir des fonctions du cerveau, mais le cerveau, à son tour, comme un produit du monde. Que nous refusions ou admettions tel ou tel cercle, cela doit avoir une raison qui n'est pas donnée par la forme logique du cercle comme telle et qui doit venir d'ailleurs.

L'énorme littérature consacrée à Kant a mis en lumière dans son œuvre des contradictions, des cercles, des tautologies en grand nombre. Il convient de distinguer entre ceux qui résultent de rares déviations accidentelles sans importance et ceux qui tiennent au fond même, qui sont nécessaires. Cette littérature peut rendre les plus grands services quand on veut pousser l'interprétation de Kant assez loin. Les points qu'elle croit réfuter sont justement ceux qui permettent d'atteindre une compréhension authentique.

Les cercles et les tautologies de Kant ont ceci de grand que, saisis dans leur diversité, ils ouvrent tout l'espace de la conscience philosophique. La figure du cercle, par exemple, prend autant de formes qu'il y a chez Kant de langages différents : psychologique, logique, méthodologique, métaphysique — à la différence de la rigidité unilinéaire du cercle unique, propre à telle ou telle fausse tentative philosophique. D'ailleurs, il n'y a qu'un petit nombre de cercles qui sont nécessaires à l'éclairement de la connaissance. Ils s'élargissent par la suite en philosophie de la liberté, du beau, de l'histoire et de la politique.

Dans la quête philosophique, cercles, tautologies, contradictions ne peuvent être évités. Ils sont le signe distinctif de la connaissance philosophique, comparée à la connaissance scientifique. En philosophie, on vise la totalité qui ne laisse rien hors d'elle-même; en science, on vise des objets déterminés, en face d'autres objets. En philosophie,on s'efforce de lever toutes les présuppositions pour se trouver enfin comme en suspens dans la totalité; en science, il n'y a d'apodicticité que grâce aux présuppositions qui déterminent le champ possible de toute connaissance particulière. Mais lorsque la réflexion philosophique se donne pour objet ce qui est totalité englobante et non plus objet, lorsqu'elle présuppose l'immensité d'où toute présupposition a été exclue, elle se trouve condamnée aux cercles, aux tautologies et aux contradictions, puisqu'elle veut désormais saisir le tout à partir du tout lui-même et non à partir d'autre chose, puisqu'elle veut se saisir elle-même à partir d'elle-même sans recourir à rien d'autre pour établir une quelconque dérivation. Ces fautes formelles surgissent forcément quand ce que la pensée vise ne saurait être adéquatement capturé par les formes logiques. Une telle pensée impose de force un mouvement circulaire à l'intérieur de soi et la contradiction.

Ce n'est pas une connaissance objective, mais la seule certitude de soi dans la connaissance objective qui peut être visée par la réflexion de Kant. Dès qu'il tente de se saisir directement et d'énoncer cette saisie, il a besoin des concepts. Il ne peut s'en servir qu'en commettant chaque fois une faute logique, et c'est la destruction qu'elle impose qui éclaire sa conscience et lui permet de bondir par-dessus sa propre ombre. La prison de l'objectivité et de la phénoménalité ne peut être comprise que si l'on est par-delà; mais dans chacune de nos pensées, nous nous retrouvons à l'intérieur.

C'est pourquoi il est impossible de retenir les pensées philosophiques kantiennes comme on retient les résultats de telle ou telle science particulière. Comme résultat, cette réflexion ne tient jamais — les résultats en sont des cercles, des tautologies, des contradictions —, elle n'a de réalité que dans l'acte même où s'accomplit la prise de conscience de l'être. C'est pourquoi — comme toute philosophie — elle n'est pas acceptée par tous comme l'est la science apodictique, elle n'est même pas comprise de façon identique par beaucoup. Elle s'évanouit dans le monde lorsque l'accomplissement indispensable fait défaut, et qu'il ne subsiste plus d'elle comme un *caput mortuum*, que l'une de ces formules, en soi si étranges, et que l'on peut tout juste mémoriser. On a beau en saisir le sens littéral, répéter ce que Kant a dit, et se tourmenter sans fin au sujet de contradictions ou de confusions à éviter, on n'obtiendra ainsi ni une évidence apodictique (même si l'on finit par se persuader qu'il y en a une), ni un sens philosophique capable de transformer notre conscience de l'être. Pour arriver jusque-là, il faut autre chose : la compréhension philosophique que nous donne cette réflexion doit nous arracher aux objets et aux pensées particulières pour nous faire réaliser en un acte unique ce savoir : que *tout*, en tant qu'objectif, spatial, temporel, pensé, est phénoménal. Ce que l'expérience philosophique, ici, me révèle, c'est le mouvement de pensée qui, suscitant cercles, tautologies et contradictions pour les faire se consumer dans les flammes de la destruction logique, grâce à elles, s'éclaire lui-même et sa situation dans l'être.

Le point d'enracinement originel de la vérité, c'est l'élan avec lequel la conscience philosophique de l'être gagne l'immensité où s'actualise tout ce qui manifeste l'être à nos yeux ou bien c'est notre mise en présence de cette profondeur d'où l'être vient à tout ce qui a de l'être, et donc à notre être propre. Cette vérité impossible à saisir, c'est la force même qui, ayant engendré cercles, tautologies et contradictions, nous contraint à les rejeter. Elle s'arrache à la cohérence de tout contexte concernant tel ou tel objet particulier pour s'atteindre elle-même. C'est là le seul acte philosophique. Quand toute la réflexion reste, comme chez Hume, au niveau de l'argumentation scientifique, alors, le cercle logique est une faute qui rend vaine la signification. Mais lorsqu'au contraire un élan philosophique s'élucide lui-même par la réflexion sous la forme d'un savoir plus fondamental que tout autre, alors il est inévitable que l'argumentation particulière à laquelle on a recouru s'annule logiquement elle-même afin que puisse briller le sens de l'acte philosophique.

3. *La méthode phénoménologique, constructive, argumentative.* Nous avons analysé l'enchevêtrement des méthodes utilisées par Kant. Nous les avons d'abord distinguées les unes des autres, puis nous avons montré les formes logiques prises par leur échec. Il nous faut maintenant les envisager à un troisième point de vue. La qualité d'évidence repose soit sur une vision phénoménologique, soit sur une construction reproduisant en quelque sorte les structures et les processus cachés de notre raison, soit enfin sur des argumentations permettant de choisir entre plusieurs possibilités à l'aide d'enchaînements de concepts. Ces modalités de l'évidence se trouvent utilisées à tour de rôle et entremêlées, si bien qu'aucune ne saurait être, à elle seule, décisive.

La méthode phénoménologique conduit à la certitude intuitive d'une simple vision. Par exemple : il est impossible de se représenter qu'il n'y ait pas d'espace. Tout ce que nous nous représentons prend place dans l'espace. On peut supprimer par la pensée n'importe quel objet, on peut imaginer qu'il n'en reste aucun dans l'espace. Mais il reste toujours l'espace, et moi qui imagine. — Un autre exemple : Kant suggère ce que serait un univers de sensations en l'absence de toute pensée, un chaos, un brouillamini général, moins qu'un rêve. Et il suggère un univers où l'entendement serait seul à déterminer ses objets en l'absence de toute raison imposant, à l'aide de ses Idées, la tâche d'une unité systématique : il n'y aurait à l'infini que des objets épars que rien ne relierait à l'unité d'un ensemble systématique, et qui, dès lors, ne donneraient aucune prise à la science.

Autre exemple : à travers nos jugements esthétiques s'exprime un sentiment déterminé par la seule beauté, à l'exclusion de tout intérêt positif soit pour l'utilisation d'un objet, soit pour la qualité morale d'une action.

Recourant à la méthode *constructive*, Kant énumère les étapes du processus constitutif de l'objet, depuis la synthèse d'appréhension dans l'intuition jusqu'à la synthèse de recognition dans le concept. Il montre les opérations par lesquelles nous nous saisissons de tous les objets possibles pour nous, dans l'espace, le temps et les catégories.

Selon la méthode constructive, Kant introduit, entre l'entendement et l'intuition, la fonction de l'imagination. On le voit partout chercher le terme médiat, entre ceux qu'il a séparés.

Selon la même méthode, Kant conçoit le jugement esthétique comme « le libre jeu de la capacité de connaître ». Ce jeu consiste, d'après lui, dans « la concordance de toutes nos capacités en vue d'un connaître en général. »

Kant recourt à la méthode *argumentative* lorsque, par exemple, il développe les diverses manières dont la connaissance pourrait se rapporter à l'objet, et qu'il choisit entre elles en invoquant des raisons.

Autre exemple : Kant part du fait que la science existe et se demande ce qui la rend possible. Nos connaissances mathématiques, comme celles qui concernent le triangle, que nous découvrons par la pensée intuitive pure, sont valables dans l'expérience sans cependant lui avoir été empruntées ; Kant tire de ce fait une argumentation lui permettant de conclure que la forme de tous les objets que nous pouvons rencontrer dans la réalité empirique leur a été donnée à l'avance (a priori) par les fonctions de l'entendement mathématique.

Autre exemple : les « jugements esthétiques » prétendent être universellement valables ; de là, Kant conclut qu'ils se fondent sur « cette structure subjective que l'on peut présupposer en tout homme (en tant qu'elle est indispensable à toute connaissance en général). »

Dans ces derniers cas, le fait de la validité se trouve justifié par une argumentation se référant à la construction de l'origine.

Si nous avons ainsi dissocié les méthodes afin d'en saisir le caractère particulier, nous n'entendons nullement par là convaincre Kant de confusion. Au contraire, la profondeur de sa réflexion philosophique originelle réside justement dans l'entrelacement des méthodes, ou plutôt dans le fait que cette réflexion engendre ces aspects divers afin de se rendre plus distincte, tout en se dérobant elle-même à la sorte de distinction que comporte tel ou tel développement particulier. Les méthodes une fois dissociées, il ne nous reste dans les mains que des pièces détachées, philosophiquement inefficaces dans leur isolement. Quant à la réflexion fondamentale, elle ne se laisse pas déterminer par une méthode. Il faut se garder de voir l'essentiel dans l'un de ces développements qui ne sont que des aspects, ou encore de les rejeter en les considérant isolément. Car seul leur concert suggère ici l'intuition philosophique dans sa vérité.

I) Les antinomies.

Lorsque Kant nota : « L'année 69 m'a donné une grande lumière », il pensait à la méthode de découverte des antinomies. Il y avait là, pour la réflexion critique transcendantale, un point de départ indépendant. La doctrine des antinomies est restée dans son œuvre un morceau capital se suffisant à lui-même et dont l'efficacité formelle se fait sentir dans les œuvres critiques ultérieures. Kant aurait pu en faire l'introduction de son œuvre, et ce début aurait été plus dramatique que la question : « comment des jugements synthétiques a priori sont-ils possibles ? »

Que les métaphysiciens se contredisent dans leurs affirmations essentielles, c'était là un fait connu. La nouveauté, ce fut que Kant recherchât systématiquement ces contradictions, établît avec soin les preuves des énoncés contradictoires de façon à obtenir des deux côtés une égale évidence, et qu'il se demandât alors comment cette illusion universelle pouvait s'expliquer à partir de l'essence de notre pouvoir de connaître.

Thèses et antithèses sont les suivantes. Les premières : le monde a un commencement dans le temps et des limites dans l'espace. Au contraire : le monde n'a ni commencement, ni limites, il est infini dans l'espace et le temps. — Les secondes : toute substance composée, dans le monde, consiste en particules simples ; il n'existe partout que des particules simples ou ce qui en est composé. Au contraire : aucune chose composée, dans le monde, n'est composée de particules simples ; il n'existe rien de simple nulle part. — Les troisièmes : la causalité des lois naturelles n'est pas la seule qui permette d'établir, dans le monde, la dérivation des phénomènes dans leur ensemble. Il est encore nécessaire, pour les expliquer, d'admettre une causalité de la liberté. Au contraire : il n'y a pas de liberté, tout arrive, dans le monde, exclusivement par la causalité des lois naturelles.

Exemple d'une preuve : le monde a un commencement dans le temps. Admettons le contraire : il n'aurait pas de commencement. Il faudrait alors qu'avant tout instant temporel donné, une série infinie d'états successifs se fût écoulée. Or l'infinité d'une série consiste en ceci qu'elle ne peut jamais s'achever. Une série infinie écoulée est donc impossible. L'existence actuelle du monde a donc pour condition nécessaire qu'il ait eu un commencement. Ce qu'il fallait démontrer.

Toutes ces preuves ont un caractère propre, qui se voit déjà dans la première. Elles sont indirectes, c'est-à-dire qu'elles ne s'imposent que par l'impossibilité de leur contraire. Une fois admis que l'alternative constitue une disjonction parfaite, l'impossibilité de l'un des termes impose la nécessité de l'autre. Comme ce procédé réussit alternativement des deux côtés, c'est toujours celui qui parle le dernier qui a raison.

Les preuves de Kant — qui ne font en gros que récapituler des réflexions traditionnelles — ont été passées au crible de la critique. On a cru y découvrir des fautes. Mais puisque Kant estime qu'elles sont fausses, il faudrait, pour le prendre en défaut, y dénoncer une autre erreur que celle qu'il a lui-même reconnue. Le sens de l'ensemble ne s'en trouverait pas altéré.

Examinons de plus près la première preuve. On peut dire ceci : le terme « écoulé » y est appliqué à la succession temporelle des états du monde, conçue comme allant, avec le cours du temps, vers l'avenir (en progrès). En renversant cette direction, on fausse la preuve. Le terme « jamais achevé » signifie qu'en remontant dans le passé on n'atteint jamais un commencement ; or on en renverse le sens et l'on obtient : pour chaque instant présent la série antérieure se trouve achevée. L'énoncé « on n'atteint jamais un commencement » est réfuté par un énoncé tout différent : « on atteint l'instant présent ».

Mais telle est bien l'opinion de Kant. Il développe ces preuves non comme siennes, mais comme découlant de cette manière de penser qui, opérant à l'aide des seuls concepts, s'enferme dans d'insolubles antinomies. Pour l'abstraction conceptuelle, vide de toute intuition, il est naturel de poser l'identité de la succession temporelle régressive et progressive ; la distinction nécessaire, qui empêcherait un tel renversement trompeur, ne surgit que par la saisie intuitive de l'écoulement du temps.

Autrement dit, la preuve se ramène à ceci : tout ce qui a une fin doit avoir un commencement. Or la succession temporelle des états du monde trouve en chaque instant actuel un terme de la série antérieure Donc le monde doit avoir un commencement dans le temps. — Ou encore : si le passé du monde était infini, tout ce qui est possible devrait s'y être déjà produit. Ce passé ne pourrait plus être continué que sous forme de répétition, par le recommencement et l'achèvement de cycles nouveaux, ou bien par la mort, à un stade terminal qui aurait dû survenir depuis longtemps.

La méthode des preuves indirectes de la thèse et de l'antithèse, telle que Kant l'expose systématiquement, n'est cependant pas pour lui un simple jeu sophistique. Elle reflète la structure naturellement antithétique de notre raison. Aussi se donne-t-il pour tâche d'en développer complètement les conséquences afin de la comprendre dans sa totalité, à partir de l'erreur nécessaire qui en est l'origine, et de lui trouver ainsi une solution. Cette méthode sceptique, dont le déploiement brillant entraîne l'autodestruction d'une grande partie de la métaphysique traditionnelle, n'appartient en propre, selon Kant, qu'à la philosophie transcendantale. Elle n'existe ni en mathématiques, ni en physique expérimentale. Mais c'est précisément cette méthode sceptique qui finit par assurer le fondement d'une certitude.

Il nous faut donc examiner à la suite de Kant, l'*origine des antinomies*, la *solution des antinomies*, puis la signification de cette découverte pour notre *conscience de l'être dans son ensemble.*

1. Considérant les antinomies, c'est-à-dire les divergences jamais surmontées dans la philosophie traditionnelle au sujet du monde dans sa totalité, Kant se met à soupçonner qu'il y a là quelque chose qui ne va pas, non par suite de certaines erreurs, mais dans les conditions mêmes de possibilité de pen-

ser et de connaître le tout, dans la structure même de notre raison.

Les antinomies surgissent lorsque notre pensée, dépassant d'abord le donné sensible, s'en prend à ce qui n'est pas donné, à ce qui n'est qu'indirectement posé comme conditionnant le donné; lorsque, ensuite, nous posons la série de ces conditions non données comme constituant un tout achevé, comme si la série des conditions avait trouvé son terme dans l'inconditionné; et lorsque, enfin, nous faisons de ce tout (la totalité de la série, l'inconditionné) un objet de l'entendement doué de réalité objective.

C'est ce dépassement — comme le dit Kant — de l'entendement vers la raison qui se trouve à l'origine des antinomies. Kant distingue l'entendement, qui permet la connaissance empirique en donnant à des concepts déterminés un contenu puisé dans l'intuition sensible, de la raison, qui, dépassant tout contenu intuitif, va à des conclusions concernant la totalité des séries, le tout de l'univers. L'entendement ne fournit jamais que des contenus empiriques partiels, la raison tend à être exhaustive; l'entendement est le pouvoir qu'ont les catégories de s'appliquer à des objets déterminés, la raison est le pouvoir qu'ont les idées de poser une totalité non-objective, indéterminée.

La raison pose à bon droit l'idée de la série absolument complète des conditions de ce qui constitue actuellement notre expérience intuitive. Mais ce qu'elle nous présente ainsi n'est qu'Idée et non objet. Elle a tort lorsqu'elle fait du monde un objet. Le monde n'est pas un objet, tous les objets sont en lui. Mais le monde est une Idée vraie.

Il est impossible de faire l'expérience sensible de la complétude de la série, aussi bien en fait que par l'imagination. Cette complétude n'est atteinte que par le concept de la raison, auquel ne correspond aucun objet puisque tout contenu intuitif lui fait défaut. Mais l'exigence de la totalité absolue n'implique pas que celle-ci soit donnée en fait ni même qu'elle puisse être atteinte; elle ne signifie même pas qu'on puisse se la représenter.

Aussi lorsque, par suite d'une contrainte naturelle s'exerçant sur notre pensée, celle-ci tente l'impossible, s'efforçant de saisir objectivement, par un concept de l'entendement, le contenu d'une Idée de la raison, thèses et antithèses se trouvent inévitablement en désaccord : si l'on pense la totalité de façon adéquate à l'unité posée par la raison — par exemple le monde comme infini dans l'espace et dans le temps — alors elle est trop vaste pour l'entendement; si on la pense au niveau de l'entendement — le monde étant fini dans l'espace et le temps — elle est trop étroite pour la raison. La raison déborde l'entendement, l'entendement, pour la raison, tourne court. Ce n'est pas seulement le commencement du monde dans le temps, sa finitude dans l'espace, qui, pour la raison, tournent court, mais aussi la plus simple particule indivisible. Ce n'est pas seulement le monde sans commencement, infini et illimité dans l'espace, qui déborde l'entendement, mais aussi la divisibilité en parties innombrables à l'infini.

Toutes les preuves qui veulent dépasser l'expérience que permet l'intuition sensible cherchent à connaître de façon contraignante une réalité objective par les seuls concepts. Mais cela n'est pas possible.

Dans les preuves qui manifestent par les antinomies l'erreur de l'entendement lorsqu'il prend pour objet les Idées de la raison, on voit intervenir des intuitions : soit l'intuition positive du commencement et de la fin des choses et des événements dans le monde (des formes finies se trouvent appliquées à la totalité du monde), ou bien l'invitation à se représenter intuitivement ce qui n'est pas représentable (par exemple une limite au delà de laquelle il n'y aurait ni espace ni temps). Ensuite, on conclut du fait que la représentation est impossible à la réalité de l'infini. Alternativement, on a recours à l'intuition et on la rejette; on utilise alors des concepts, sans aucune intuition dans des opérations de logique formelle, et l'on produit ainsi l'illusion de l'évidence.

L'objet « totalité du monde », « le monde », n'existe jamais dans l'expérience. « Vous restez toujours, dit Kant s'adressant à nous, prisonniers de certaines conditions spatiales ou temporelles, et vous n'atteignez rien d'absolu. Le tout, dans son sens empirique, n'est jamais que comparatif. Le Tout absolu de la grandeur, des parties, de la dérivation, de la condition du réel en général, ne concerne en rien aucune expérience possible. »

Tout ce qui a réalité pour moi ne m'est accessible qu'au fil des relations qui constituent « le contexte de l'expérience » : régression à travers le temps et l'espace, repérage des causes et des effets, recherche des ancêtres, continuité de l'histoire. « Toutes les circonstances écoulées depuis la nuit des temps jusqu'à mon existence ne signifient pourtant rien d'autre que la possibilité d'allonger la chaîne de l'expérience. »

Quand je dis, des choses qui me deviennent accessibles, qu'elles existent avant mon expérience dans le champ incommensurable où l'expérience possible ne s'achève jamais, « cela signifie seulement que je peux les rencontrer dans le rayon de l'expérience où il me faut, à partir de la perception, m'engager d'emblée. La cause des conditions empiriques de cet engagement est transcendantale et me reste par conséquent nécessairement inconnue. »

2. Kant *résout* les antinomies avec décision. Il n'admet pas que la réponse soit au-dessus de nos forces, que nous ayons à reconnaître notre ignorance, que ce soit là une obscurité impénétrable. Au contraire, la question doit pouvoir, selon lui, recevoir « une réponse absolue, parce que cette réponse doit jaillir de la même source que la question ». Il ne s'agit pas ici d'une expérience particulière, mais de l'expérience du monde en général. Comme cette chose ne peut en aucune façon nous être donnée dans l'expérience, « il nous faut chercher dans notre Idée elle-même ce qu'elle est ».

Les antinomies se résolvent lorsque nous saisissons le caractère phénoménal de notre condition dans le monde. Tout ce que nous rencontrons est apparence et non chose en soi, phénomène et non noumène.

La tradition, spéculant sur la totalité du monde, se fondait sur le principe suivant : « Quand le conditionné est donné, la série complète de toutes ses conditions nous est *donnée* (*gegeben*) du même coup. » Mais Kant réplique : « Quand le conditionné est donné, un mouvement régressif à travers la série de toutes ses conditions nous est *proposé* (*aufgegeben*). » C'est là « un postulat de la raison ». Le principe précédent, sur lequel se fondait la spéculation dogmatique, serait correct si le monde était chose en soi et non phénomène. Mais alors les antinomies seraient insolubles.

Si le monde est phénomène, en revanche, les antinomies se résolvent. La solution intervient de deux manières : dans l'un des groupes, thèse et antithèse sont fausses l'une et l'autre, il y a une troisième possibilité; dans l'autre groupe, thèse et antithèse sont vraies toutes deux, la thèse pour le royaume de l'intelligible, l'antithèse pour le monde phénoménal.

Pour le premier groupe : si le monde est l'être en soi, la disjonction « il est fini ou infini » est valable. Mais si le monde est phénomène, il n'est en soi ni fini, ni infini, « il n'est que dans la régression empirique le long de la série des phénomènes » et « on ne le rencontre jamais en soi ». Il n'est jamais entièrement donné, il ne constitue pas un tout inconditionné, il reste toujours « proposé ».

Au lieu d'hypostasier le monde pour en faire l'être en soi, l'Idée du monde reste le principe régulateur qui guide notre marche sans fin à travers l'expérience. L'Idée n'est pas un principe constitutif de la raison, servant à étendre le concept du monde sensible au-delà de toute expérience possible, mais une règle qui impose de poursuivre et d'élargir au maximum l'expérience, un principe de la raison qui postule en tant que règle ce que nous devons accomplir dans le mouvement régressif, sans anticiper en aucune façon ce qui se trouve donné en soi dans la réalité objective, avant toute régression. C'est pourquoi je l'appelle un principe régulateur de la raison. »

La découverte kantienne n'autorise aucune jugement sur le monde dans sa totalité — ni : le monde est fini — ni : le monde est infini, et pas davantage : la régression se poursuit à l'infini — mais seulement : la règle du progrès à travers l'expérience, c'est que nulle part nous n'avons le droit d'admettre une limite absolue. « Le concept de la grandeur du monde ne nous est donné qu'à travers la régression, sans que nous y trouvions aucune intuition d'ensemble. »

Pour le deuxième groupe : les thèses opposées — la liberté existe en tant que début d'une série causale; tout est nécessairement déterminé par des lois causales — sont vraies toutes deux. Dans le monde des phénomènes, la nécessité causale règne sans limites, à l'infini. Pour la conscience de l'impératif moral, c'est la liberté qui règne (je pose le commencement d'une série causale), mais sans pouvoir devenir l'objet d'aucune connaissance empirique.

Que l'idéalisme transcendantal permette de résoudre les antinomies, c'est pour Kant comme la réussite d'une expérience. La preuve directe de la phénoménalité du monde dans la déduction transcendantale se trouve confirmée par la preuve indirecte tirée des antinomies.

La pensée se résume comme suit : si le monde est un tout existant en soi, il est fini ou infini. Or d'après les preuves données de la thèse et de l'antithèse, il résulte que l'une et l'autre sont fausses. Il est donc faux également que le monde (somme de tous les phénomènes) soit un tout existant en soi.

Les preuves dogmatiques, qui conduisent à des contradictions, ne sont pas purement illusoires; elles sont correctes si l'on admet au départ que les phénomènes sont des choses en soi.

Ou encore : l'inconditionné ne peut être pensé sans contradiction. Mais si les choses sont des phénomènes, jamais inconditionnés, et qu'elles se modèlent sur notre pouvoir représentatif, la contradiction s'évanouit.

3. Kant approfondit toutes les oppositions des antinomies sans se laisser fixer sur aucune position, et cela de telle manière que sa pénétration le rend maître de ces pensées et lui permet d'en percer à jour l'origine.

L'intuition éclaire la régression et la progression le long des séries de l'expérience, dans la mesure où la présence sensible vient les remplir pas à pas. L'intuition fait défaut, et une pensée vide, inévitablement formulée en énoncés contradictoires surgit dès qu'il est question de l'infini, de l'inconditionné, de la totalité conçue comme objet.

La forme choisie par Kant pour exposer les antinomies inévitables et les résoudre grâce à la dictinction de l'expérience possible et du suprasensible, lui servira par la suite à confirmer chaque fois son idée fondamentale lorsqu'il élucidera, par la réflexion critique, la loi morale, le beau, la connaissance du vivant. Chaque fois, des antithèses insolubles surgissent devant la raison, et elles se résolvent dès qu'on fait intervenir la pensée de l'inachèvement du monde.

J) L'INTELLECTUS ARCHETYPUS.

Notre connaissance n'est peut-être pas la connaissance en soi, elle n'en est qu'un certain mode. Toute autre nous étant cependant refusée, nous ne pouvons en saisir la particularité, liée à la conscience que nous prenons du caractère phénoménal de notre condition, qu'en construisant par contraste un mode de connaissance imaginaire différent. Ainsi, tout en restant enfermés dans le mode qui nous est propre, et sans pouvoir nous en représenter un autre, nous essayons pourtant de prendre conscience de sa spécificité. Kant, ici, emprunte deux chemins. Il construit quelque chose d'inférieur à notre connaissance, un flux chaotique d'intuitions, rendant ainsi manifeste la fonction propre de notre connaissance réelle, qui est d'engendrer la clarté. Il construit quelque chose de supérieur, un entendement intuitif divin, rendant ainsi manifeste la finitude essentielle de notre connaissance réelle.

Premier chemin : si chacune de nos représentations était tout à fait étrangère à l'autre et complètement isolée, il n'en résulterait jamais aucune connaissance. « En effet les phénomènes pourraient être constitués de telle sorte que l'entendement ne les trouvât en rien conformes aux conditions de son unité, et tout pourrait être plongé dans un désordre tel que, par exemple, dans la série des phénomènes, il n'y eût rien qui pût correspondre au concept de la relation cause-effet, si bien que ce concept serait tout à fait vide et dénué de signification. Les phénomènes n'en offriraient pas moins des objets à notre intuition. » Ceux-ci, cependant, ne rempliraient notre âme que d'un torrent d'apparences. « Sans objet, ce ne serait là qu'un jeu aveugle de perceptions donc moins qu'un rêve », ou bien « une rhapsodie de perceptions incapables de constituer un contexte conforme aux règles d'une conscience continue ».

Et plus loin : sans l'unité des choses rencontrées objectivement dans l'expérience, il n'y aurait pas non plus d'unité de la conscience de soi; « c'est seulement parce que je peux saisir la diversité des représentations en une seule conscience que j'appelle celles-ci mes représentations; s'il en était autrement, j'aurais un moi aussi multicolore et divers que les représentations dont je suis conscient ».

Le fondement qui permet à notre connaissance d'atteindre à la clarté, c'est « le fondement transcendantal de l'unité », qui doit résider aussi bien en moi qu'en ce par quoi je suis affecté.

Second chemin : notre connaissance ne peut se passer d'intuition. Pour qu'elle se produise, il faut que la spontanéité de notre entendement rencontre la réceptivité de la sensibilité. L'objet que nous avons devant nous et que nous connaissons, nous l'engendrons quant à sa forme, mais non quant à son existence.

Kant imagine alors un entendement intuitif qui n'aurait plus besoin de l'intuition. Cet entendement en effet engendre par la pensée l'intuition, l'existence même de l'objet qu'il connaît. Pensée et intuition, en lui, ne font qu'un. En tant qu'entendement créateur, il est un entendement exemplaire (*intellectus archetypus*), à la différence du nôtre, qui est reproductif et ne peut se passer d'un donné (*intellectus ectypus*). L'entendement exemplaire se donne du même coup la conscience de soi et la diversité. Notre entendement reproductif est encore, en tant que « je pense », complètement vide, puisqu'il dépend de l'existence des objets. Le principe suprême selon lequel toutes mes représentations se trouvent forcément soumises, comme à leur condition, à l'unité synthétique de la conscience de soi ne s'applique pas à l'entendement intuitif. « L'entendement qui, par sa conscience de soi, poserait du même coup la diversité de l'intuition et qui, par sa représentation, ferait exister en même temps les objets de cette représentation, n'aurait besoin d'aucun acte particulier de synthèse pour ramener la diversité à l'unité de la conscience. »

En nous efforçant de concevoir cet entendement exemplaire, nous ne mettons pas seulement en lumière notre dépendance à l'égard de l'intuition, ce trait caractéristique de notre connaissance limitée. Nous sommes contraints de renoncer également à admettre comme allant de soi, pour tous les êtres capables de connaissance, les formes de l'intuition (espace et temps) qui sont les nôtres. « Car il se peut que certains êtres dans le monde saisissent les mêmes objets sous une forme intuitive différente; il se peut également que la forme que nous connaissons soit identique chez tous les êtres, et cela nécessairement. » Mais dans ce dernier cas « il s'agirait d'une nécessité que nous ne comprenons pas encore, pas plus que la possibilité d'un entendement suprême qui connaîtrait parfaitement les objets grâce à la seule intuition (intellectuelle) ».

La nature reproductive, discursive, scindante et scindée de notre entendement nous oblige à opposer entendement et affection sensible, forme et matière de la pensée, général et particulier, possibilité et réalité, mécanisme et téléologie, etc. Nous ne réussissons à connaître que dans la mesure où nous propageons la scission, et ce que nous scindons ainsi ne peut plus être pour nous complètement réuni; son unité dernière ne persiste que dans l'Idée conçue comme réalité suprasensible, c'est-à-dire dans l'être en soi.

C'est pourquoi nous devons admettre, à propos de notre connaissance, que nous ne saisissons jamais la vérité dans sa totalité, puisque l'être en soi nous échappe. Mais cela ne signifie nullement que ce que nous atteignons soit faux; notre connaissance du réel, obtenue à l'aide des scissions devenues manifestes, est objectivement valable. Grâce à l'essence transcendantale de notre raison, nous connaissons les choses par l'intuition et la pensée, de la seule manière dont tout ce qui existe peut exister pour nous.

K) Résumé de ce qui précède.

Kant ne s'interroge pas, comme l'ont fait tous ses prédéces seurs, sur les objets, mais sur notre connaissance des objets. Il apporte, non une doctrine du monde métaphysique, mais une critique de la raison qui voudrait connaître ce monde. Il ne fournit pas une doctrine de l'être, où l'être serait objectivement connu, mais il éclaire notre condition en analysant la situation de notre conscience. Ou, pour user de ses propres termes, disons qu'il ne donne pas une « doctrine », mais une « propédeutique ».

Il examine, comme on l'a dit, l'instrument de la connaissance, pour voir de quoi il est capable, dans quelle limite ses jugements sont valables. Cet examen est lui-même connaissance, et même d'un genre incomparable. C'est pourquoi l'expression « instrument de la connaissance » est ambiguë : cet instrument ne peut pas être étudié avant d'être utilisé, mais seulement dans l'usage même qu'on en fait. Il ne se laisse pas séparer de la chose qu'il façonne; il est la forme même du réel conscient en général, telle qu'elle s'éclaire par la méthode transcendantale de Kant. Philosopher, disait alors Jacobi, c'est éclairer le réel. La conscience est une réalité connaissable. Dans toute perception, dans le seul fait d'être objet, règne déjà la forme de la connaissance.

La science, c'est le développement méthodique de cette connaissance partout présente en tant que réel. Et la philosophie transcendantale, c'est cette connaissance prenant conscience d'elle-même. Mais cela ne suffit pas.

Lorsqu'on lit pour la première fois la *Déduction* et les paragraphes de la *Critique* qui s'y rapportent (*Schématisme* et *Principes*), on ressent l'absence d'une démonstration continue, unique, enchaînant pas à pas des positions fermement acquises. On se trouve aux prises, au contraire, avec un enchevêtrement de pensées, compliqué de cercles et de répétitions, si bien qu'on commence par s'y perdre. Par notre analyse, nous nous sommes efforcé de montrer qu'il ne s'agit pas là d'une négligence de forme, mais de l'expression d'une pensée créatrice en profondeur. Cet enchevêtrement tire son sens de la nature même de ce qui est en question.

Chacun, sans doute, lisant ce noyau de la *Critique*, éprouve d'abord une résistance intérieure, puis le plus vif intérêt. C'est ici qu'il importe d'atteindre les pensées kantiennes et la lumière qu'elles ramènent de la profondeur. Seul un esprit plat peut croire qu'une lueur illusoire, ici, égare le chercheur.

Il est pourtant remarquable que Kant ne se soit pas interrogé systématiquement sur sa propre manière de faire. Il n'emploie même pas l'expression « méthode transcendantale »; il dit « méthode critique » et parle de « philosophie transcendantale ». On peut donc se demander s'il serait possible, en éclairant méthodiquement sa réflexion essentielle, de traduire l'enchevêtrement inconsciemment génial dont nous avons parlé par un enchevêtrement conscient dont les fils, les divers développements, seraient parfaitement distincts.

Jusqu'ici, personne n'a réussi à donner de la réflexion kantienne une traduction tout à fait claire, méthodiquement consciente. Cette grande tâche reste à remplir. Notre exposé n'a pu retenir que des fragments pris dans cette richesse. Il n'est donc qu'un auxiliaire, et c'est à la source qu'il faut aller chercher l'essentiel.

Le nœud de pensées extraordinairement compliqué qu'on trouve dans la déduction transcendantale et à ses abords indique qu'il y a là un des centres de cette philosophie. Kant s'y propose à la fois plusieurs buts, différents mais solidaires; il faut les atteindre tous d'un coup, mais l'exposé doit nécessairement les dissocier et les articuler.

Ces buts sont : éclairer l'état d'objet comme tel, ce que les objets sont pour nous et comment ils nous sont donnés, — comprendre que notre pouvoir de connaître est la condition même de l'existence d'objets en général, — justifier la prétention de certains jugements à une validité nécessaire et universelle, — expliquer pourquoi cette connaissance n'est valable que dans les limites de l'expérience possible et rendre manifeste l'impossibilité d'aller au delà, — déduire les principes fondamentaux de toute science expérimentale, — faire prendre conscience de la phénoménalité du réel, qui résume tout ce qui précède. Deux points sont ici philosophiquement d'un poids exceptionnel.

D'abord : tout ce que nous pensons à l'aide des catégories est objectivement valable, mais seulement dans les limites de l'expérience possible, non au-delà. La métaphysique, au sens d'une connaissance objective du suprasensible ou d'une ontologie présentant une doctrine de l'être total, est impossible. Alors qu'ontologies et visions universelles se fixent sur des positions définitives, Kant se trouve en suspens, libre pour la recherche dans le monde. Il offre le monde à l'expérience, comme un champ incommensurable s'ouvrant devant elle à l'infini. Le monde n'est pas fermé et il ne peut se fermer. Kant assure à l'expérience ces possibilités illimitées, mais il n'admet aucune connaissance ayant trait au réel sans que l'expérience soit venue la remplir.

Ensuite : Kant nous libère de la croyance naturelle à l'être-en-soi du monde comme étant l'unique et totale réalité; il nous libère de la prison où nous enfermerait un prétendu savoir définitif du réel. Il repousse l'empirisme dogmatique qui érige en absolu le contenu de l'expérience comme s'il s'agissait de l'être en soi. En même temps que se trouvent fondées la possibilité et la validité de la connaissance empirique, ses limites sont reconnues et l'on s'interroge sur ce qu'il y a au-delà. La prise de conscience philosophique de la phénoménalité du réel suscite une conscience de l'être qui n'abolit pas le réalisme ordinaire, mais l'englobe ou le dépasse.

IV

STRUCTURES DE LA RAISON SOUS TOUTES SES FORMES

Ce qui existe, ce n'est pas le monde, mais nos chemins dans le monde. De l'être qui reste absolument inaccessible à notre connaissance, notre condition reçoit une sorte de transparence où des choses apparaissent et où elle s'apparaît à elle-même. Notre entendement produit, quant à la forme, tout ce qui nous apparaît et devient objet pour nous. Mais c'est un entendement fini, toute réalité doit lui être donnée du dehors. Il est incapable de produire, quant à la réalité, la moindre poussière. Aussi ne peut-il rien connaître sans recourir à l'expérience.

Or l'entendement s'est efforcé de tout temps de pénétrer par la pensée pure jusqu'au fond des choses. Il y était encouragé par le fait qu'une pensée non contradictoire semble établir, par son évidence, la réalité de ce qui est ainsi pensé. Mais la non-contradiction, si elle est bien une condition de la connaissance objective, n'est pourtant pas suffisante. Des pensées non contradictoires peuvent se rapporter à des choses irréelles, fantastiques. La non-contradiction, en effet, concerne la forme, non le contenu de la connaissance. Aussi les jugements métaphysiques restent-ils en l'air, faute d'un contenu donné aux catégories par l'intuition. On y utilise le prestige logique de la non-contradiction afin de tirer à l'aide de concepts purs des conclusions invérifiables par l'expérience. Quand la logique ne sert plus seulement à présenter la forme de la non-contradiction, mais devient l'instrument d'une connaissance concrète, on se trouve en pleine mystification. Il y a une « logique de l'illusion », que Kant appelle « dialectique ». Elle est capable « d'affirmer ou de réfuter avec quelque apparence de raison ».

Il en a été ainsi des affirmations concernant l'âme en soi, son immortalité, la liberté, la totalité du monde, Dieu. Kant a fait sortir de ses gonds l'ontologie traditionnelle. Il n'y a pour notre connaissance pas d'être en soi, mais le monde des phénomènes est ouvert en tous sens à l'infini devant l'expérience, tout en restant lié aux conditions de toute expérience. C'est avec effroi que Mendelssohn appelait Kant le broyeur universel.

Mais ce n'est là que le début de la philosophie kantienne. Ayant parcouru en tous sens l'étendue où l'entendement peut obtenir une connaissance sûre, Kant n'est pas satisfait et ajoute aussitôt : « Il ne suffit pas de se faire exposer ce qui est vrai; reste tout ce qu'on voudrait savoir. »

Le sol que mesurent les mathématiques et les sciences expérimentales est un sol ferme, mais borné. « C'est une île, enfermée par la nature elle-même dans des limites immuables. C'est l'île de la vérité, entourée d'un océan vaste et orageux, domaine propre de l'illusion, où maint banc de brouillard, maint iceberg, avant de disparaître, figurent de nouvelles terres. Celles-ci ne cessent de leurrer de vaines espérances le navigateur qui rêve de découvertes; elles l'entraînent dans des aventures inextricables auxquelles il ne pourra jamais renoncer ni trouver une issue. »

Kant montre que l'illusion d'une connaissance métaphysique tient à la nature même de notre faculté de connaître. Même percée à jour, elle persiste comme illusion bien qu'elle cesse alors de nous leurrer. Kant avait vu les nuages trompeurs se dissiper, fondre les icebergs, mais au moment où il atteignait le fondement de l'illusion, il découvrait qu'elle ne faisait que pervertir une signification valable. Il devenait possible, en assurant celle-ci, d'ouvrir des perspectives neuves et vraies sur le fond suprasensible de toutes choses. La vérité de la raison qui, destinée à guider l'entendement, le dépasse, devient une fois libérée de sa perversion, le contenu essentiel de la philosophie kantienne. En mettant en lumière la structure, la signification et les limites de notre connaissance, Kant ne fait que poser la pierre angulaire de sa pensée. L'édifice entier reposera sur elle.

Kant se risque sur cette mer agitée. Il la sillonne pour voir s'il n'est pas possible, après tout, d'y rencontrer la vérité dans sa gloire. Rien ne lui est plus étranger que le mépris indifférent de la métaphysique qui caractérise un certain néo-kantisme d'inspiration positiviste.

Quel chemin va-t-il suivre?

En prenant conscience du fait que tout notre savoir adopte les formes de l'être pour nous, nous sommes contraints de distinguer entre tout l'ensemble de ce qui constitue notre condition de sujets capables de connaissance, et ce qui, n'étant pas objectivement connaissable, s'en trouve exclu. Dans la vie, notre conscience en général nous permet de distinguer un être d'un autre et, ce faisant, d'avoir présents à l'esprit des objets concrets. Mais s'il s'agit de la totalité de ce que peut contenir la conscience en général, nous ne pouvons la distinguer de quelque chose qui reste inaccessible à notre entendement. Nous pouvons penser ce quelque chose comme concept-limite, non comme objet. Lorsque Kant pense la limite de notre pouvoir de connaître pris dans sa totalité, ce qui se trouve au-delà de cette limite, et qu'il appelle « chose en soi », « monde intelligible », « monde nouménal », reste ce dont, par l'entendement, nous ne savons rien, même pas si cela est, ou même s'il est possible que cela soit. Nous ne pouvons que penser cette limite, non la transgresser. Quoi que nous fassions, nous restons toujours, comme êtres réels dans le donné empirique, comme sujets pensants dans la conscience en général. Nous nous y retrouvons aussitôt chaque fois que nous croyons les avoir dépassés. Impossible d'aller plus loin de cette manière : nous retombons toujours.

Mais ce que l'entendement ne nous permet pas d'atteindre comme savoir objectif est cependant présent à notre raison. Kant montre le pouvoir de la raison, d'abord dans l'efficacité des Idées (raison théorique), puis dans l'action morale (raison pratique), enfin dans la vision du beau (jugement esthétique).

Ainsi donc, après avoir esquissé la structure kantienne de la connaissance de l'entendement, il faut montrer la structure plus large de la raison dans son ensemble. A la fin, résumant le tout, nous pourrons assurer au suprasensible sa présence actuelle.

Ce faisant, il importe de fixer un principe de méthode. Nous l'avons dit : le concept-limite que nous pensons ne nous livre pas un objet à connaître. C'est ce que Kant énonce en termes très généraux : ce que je ne peux pas connaître, je peux cependant le penser. Cette formule a, en fait, ouvert à Kant le champ dont il semblait s'être complètement obstrué l'accès. Ce que nous pensons, mais ne pouvons pas connaître, possède un contenu substantiel d'une ampleur incommensurable. Il s'agit là d'une pensée qui, jouant d'abord aux limites de l'entendement, finit par éclairer tous les pouvoirs de notre raison en acte. Ce qui, en tant que prétendue connaissance de l'entendement, n'est que vaine aventure, devient accessible cependant à la raison humaine, d'une manière différente, mais jamais sans l'entendement. C'est lorsque les chemins trompeurs dont nous avons parlé sont dénoncés, que cet accès s'ouvre à nous avec le plus de clarté.

A. Les Idées.

Bien qu'elles ne correspondent à aucun objet, les Idées ont une portée positive pour la connaissance scientifique. Ce sont elles qui, lui donnant une signification, la rendent possible.

1. *Négation de l'objet des Idées.* Dans le monde, je remonte la série des causes jusqu'à la cause première ou au *monde* conçu comme un tout fermé sur lui-même. Voulant m'assurer du sujet de l'*âme*, je vais jusqu'à la substance qui est au fond de toutes ses apparences et se maintient dans l'identité personnelle à travers tous ses changements d'état. Qu'il s'agisse de chaque individu ou du monde entier, ma pensée embrasse la totalité de *toutes les possibilités de l'être*, dont elle attribue ou refuse telle ou telle particularité à tel être considéré isolément.

Quand je pense ainsi le monde, l'âme, la totalité de l'être, je crois avoir un objet devant moi. Mais cet objet, je me le fabrique chaque fois en appliquant des catégories valables seulement pour des expériences faites dans le réel qui est le mien, à des « choses infinies » qui, ne pouvant s'accomplir, échappent à toute expérience. Le monde n'est pas un objet, il ne le devient que par l'application trompeuse des catégories de substance, durée, unité à quelque chose qui n'existe dans aucune expérience que je puisse achever. L'Être total (appelé Dieu) n'est pas un objet, car, pensant la totalité des possibles, je ne pense rien que je puisse rencontrer quelque part. Les Idées se manifestent lorsque, au fil de la connaissance obtenue par l'entendement, je m'efforce d'aboutir à un tout; elles trompent lorsque je m'imagine avoir abouti à un objet connu. Les Idées nous sont proposées comme une tâche sans fin, jamais données.

Dans les trois Idées : monde, âme, Dieu, se développe une illusion dialectique, source des phantasmes trompeurs de la métaphysique qui éleva en vain ces édifices sans fondement : la cosmologie rationnelle, la psychologie rationnelle, la théologie rationnelle. Les Idées, auxquelles l'expérience ne saurait en aucun cas donner un objet adéquat, sont traitées comme des objets et l'on prétend les connaître. Mais ce qu'il faut comprendre, c'est que ce mouvement de la pensée correspond à une illusion nécessaire de notre raison, et non à une sophistique arbitraire. La critique a pour tâche d'empêcher que l'illusion ne nous trompe; elle ne peut pas la faire disparaître.

Ce résultat négatif de sa dialectique, Kant l'a établi et exposé avec un soin exceptionnel. Mais il poursuit : les Idées de la raison nous sont malgré tout proposées par la nature de notre raison elle-même. Il est impossible que la raison contienne d'elle-même, originellement, des artifices trompeurs. Les Idées doivent donc avoir leur destination et leur justification dans la raison. Elles ne peuvent pas être en elles-mêmes tromperie; elles ne le deviennent que par suite de la perversion dont nous avons parlé, par l'abus que nous en faisons naturellement.

2. *Signification positive des Idées.* La connaissance empirique se poursuit sans fin. L'unité synthétique de toute expérience

particulière, cette forme donnée par les catégories, constitue l'objet, mais elle ne fournit pas le lien systématique permettant de faire de lui, avec d'autres, les objets d'une science. Celle-ci ne devient possible que lorsque nous concevons une totalité, grâce à une Idée.

Exemples : Nous pensons la causalité d'une substance, que nous appelons force; nous trouvons des forces diverses, nous cherchons à les réduire à quelques-unes, et finalement à une seule.

Nous constatons la diversité morphologique des plantes et des animaux, nous les classons en espèces, en genres et en familles et nous nous efforçons de les ramener à un principe unique, une forme originelle, dont ils dériveraient tous.

Nous observons la diversité des phénomènes psychiques et nous les relions entre eux par la représentation d'une essence permanente qui constituerait l'identité personnelle.

Nous voyons le monde en recherchant à l'infini les conditions des événements. Mais nous introduisons dans le champ illimité de cette recherche une cohésion systématique grâce à la représentation d'un univers total.

Nous conférons une unité systématique à l'ensemble de toutes les expériences que nous pouvons réellement faire en recourant à la représentation d'un fondement suprême de la raison créatrice, d'où tous les objets seraient issus : Dieu, « comme mathématicien », comme créateur de la réalité.

Ainsi donc, l'âme, le monde, Dieu, ces erreurs de notre raison, dont nous venons de comprendre comment elles découlent de l'illusion dialectique, sont en même temps des Idées. Elles ne désignent pas des objets à connaître, mais elles sont devenues les principes qui structurent le système de la connaissance.

Les Idées nous permettent d'établir les règles selon lesquelles nous pouvons faire progresser notre connaissance, mais non pas d'atteindre l'objet qui y correspondrait. C'est pourquoi Kant les appelle des principes régulateurs du progrès de la science, et non des principes constitutifs de la construction d'un objet. L'usage transcendant des Idées est interdit, car il ne serait que tromperie; l'usage immanent des Idées est indispensable au caractère systématique de la connaissance scientifique.

Cela n'empêche pas, bien au contraire, cela exige même que nous pensions les Idées comme si elles étaient des objets, mais seulement de manière analogique. Nous nous les représentons par analogie avec les choses réelles, non cependant en tant qu'objets réels, mais en tant que « schème de l'Idée ». Ce schème, aucune intuition ne peut venir le remplir, mais seulement le progrès systématique de la connaissance elle-même. Les Idées ne s'appliquent pas à une intuition correspondante, mais à l'entendement qui, avec ses catégories, met en forme l'intuition. Les catégories interviennent, au cours de la mise en forme du contenu des Idées pour en faire des objets, de façon inadéquate ou analogique. L'usage qui en est ainsi fait, faux en soi, reste indispensable, en tant que conquête de schèmes, à notre pensée incapable de se passer d'objets. Il est véridique lorsqu'on en comprend le sens. Il trompe lorsque, resté opaque, il prétend mettre la connaissance en possession d'un objet.

Le progrès de l'expérience se trouve régi grâce aux Idées par des principes; par exemple : 1° la ressemblance du divers au sein des genres supérieurs; 2° la diversité du semblable dans les espèces inférieures; 3° la parenté de tous les concepts grâce à des termes médiats (les trois principes d'homogénéité, de spécification, de continuité des formes). Ces principes, qui commandent le progrès, n'expriment pas une connaissance de l'être des choses. C'est pourquoi la querelle de principe entre parties adverses, qui ne cesse de renaître sous tant de formes, est en fait sans objet, lorsqu'on cherche à caractériser les plantes, les animaux, les hommes; la question de savoir, par exemple, s'il y a vraiment des caractères propres aux divers peuples et aux diverses races, ou s'il n'y a que l'uniformité de l'humain. La nature réelle de l'objet se trouve pour les deux parties « bien trop profondément enfouie pour être connue. Leur querelle ne fait que refléter le double intérêt de la raison, ses deux maximes opposées de la diversité et de l'unité de la nature, qui se laissent d'ailleurs parfaitement concilier ». Certains savants recherchent à bon droit des distinctions toujours plus poussées et plus fines, mettant inlassablement en évidence la diversité, à l'infini. D'autres éprouvent le besoin de rechercher ce qui est commun, ce qui relie. Les uns et les autres se trompent lorsqu'ils transforment leur principe, qui est une maxime du progrès, en une connaissance de la chose dans sa totalité.

Pour éclairer le sens des Idées, Kant dépasse forcément toute possibilité d'une saisie intellectuelle objectivement adéquate. Ce qui s'accomplit ici, dans la connaissance transcendantale, on ne peut le comprendre de manière univoque. De fait, la signification des Idées, chez Kant, est triple, mais chaque aspect est lié aux autres. La première signification, *méthodologique*, paraît la plus évidente : les Idées sont les principes de toute cohésion systématique, les schèmes qui orientent le progrès de la recherche; elles ont une fonction heuristique (comme on l'a vu à propos des principes commentés plus haut). La seconde, on peut l'appeler signification *psychologique :* les Idées deviennent ici des forces agissantes dans la subjectivité de celui qui recherche la connaissance, des germes pressés de se développer. La troisième, c'est la signification *objective :* il y a dans les Idées une présence qui vient à nous de l'origine de toutes choses. Examinons de plus près ces trois significations.

1° Signification *méthodologique*. Pour établir les traits communs d'un genre animal, on fait une esquisse schématique, représentant par exemple « le » vertébré. Devant un tel schéma, il n'y a pas à se demander s'il est juste ou faux, s'il existe vraiment dans la réalité, mais seulement s'il est utilisable. Il doit permettre la mise en lumière des caractères communs à tous les vertébrés et le déploiement de questions toujours nouvelles tendant à faire progresser sans cesse, à l'infini, notre compréhension du vertébré. Les Idées sont des points de vue que nous introduisons dans l'expérience. En science, et ne fût-ce déjà que pour des motifs économiques, nous ne pouvons nous passer d'une systématisation, et donc d'Idées. Celles-ci ont une portée à la fois scientifique et technique. Nous considérons l'expérience « comme si » en elle quelque chose correspondait aux Idées.

Kant traite en de nombreux passages de cette signification méthodologique de l'Idée, qui se prête à l'examen le plus approfondi.

Entend-on parler d'Idées, il convient d'exiger que soit prouvée leur capacité de déterminer des structures sur le plan méthodologique.

2° Signification *psychologique*. Kant écrit : « Personne n'entreprend de créer une science sans avoir au départ une Idée. Cependant, au cours de son élaboration, le schème, ou même la définition que l'on donne d'emblée de cette science, correspondent très rarement à cette Idée. Celle-ci, en effet, se trouve dans la raison à l'état de germe, dont toutes les parties sont encore implicites et cachées. C'est pourquoi il ne faut pas expliquer et caractériser les sciences en se fondant sur la description qu'en a donnée l'initiateur... On découvrira que l'initiateur, et souvent même ses successeurs les plus tardifs, ont erré autour d'une Idée sans réussir à la rendre claire pour eux-mêmes. Il est bien fâcheux que ce soit seulement après avoir collectionné pendant longtemps de-ci de-là, comme des matériaux épars, sous la direction d'une Idée cachée au fond de nous, des connaissances nombreuses qui s'y rapportent, que nous devenons capables d'apercevoir cette Idée dans une lumière plus claire. Les systèmes semblent naître comme des vers, par une *generatio aequivoca*, d'une simple confluence de concepts accumulés ; ils prennent au début des formes tronquées, qui se complètent avec le temps, comme s'ils avaient tous ensemble un schéma commun, leur germe originel dans la raison qui n'aurait qu'à se déployer pour les faire apparaître. » C'est ici aussi qu'il convient de citer la phrase de Kant, disant qu'« il n'y a rien d'étonnant si, comparant les idées d'un auteur sur tel ou tel sujet, on le comprend mieux qu'il ne s'est compris lui-même, lui qui, pour n'avoir pas déterminé suffisamment son concept, en vient parfois à dire, ou même à penser, des choses contraires à son propre dessein. »

Nous ne nous demandons pas seulement si telle connaissance est vraie, nous nous interrogeons aussi sur son importance. Pour déterminer la valeur d'une vérité acquise, on peut par exemple prendre en considération ses applications matérielles pratiques, ou bien sa capacité de mener à des connaissances nouvelles, à propos desquelles, à leur tour, la question de valeur se posera à nouveau, et ainsi à l'infini. Pour toute science, la valeur de la vérité qu'on y atteint, finalement impossible à déterminer, reste décisive. On essaie bien d'en parler, on dit qu'elle est profonde ou superficielle, essentielle ou non, sans pouvoir justifier par des preuves de telles appréciations. Elles concernent le sens de la science et ne sont plus elles-mêmes scientifiques. Ce qui est à l'œuvre dans des jugements de ce genre, ce sont les Idées. Selon l'efficacité qu'elles ont eue, germes cachés dans la raison, tout au long de la recherche, selon la manière dont l'individu vit en elles sans les connaître, il porte tel ou tel jugement, sans pouvoir vraiment dire pourquoi. Selon qu'il les sent plus ou moins présentes dans ses travaux scientifiques, il juge ceux-ci profonds ou plats, chargés de sens ou indifférents.

Il est remarquable que nous réclamions de la science une transparence, une clarté parfaite, et que pourtant, lorsque celle-ci est réellement atteinte, notre intérêt retombe. Nous voulons la clarté, mais nous voulons que cette clarté soit l'expression d'une Idée. Cette Idée, c'est, dans la recherche scientifique, l'élément obscur qui, à la fois, donne prise aux attaques et conditionne son efficacité créatrice. La raison recherche, non pas l'obscur, mais l'Idée. Elle se refuse aussi bien au pathos qui recherche l'obscur pour l'obscur qu'au discours qui s'éprend de la seule justesse. A cause de l'Idée, la tâche persiste, et avec elle, un manque de clarté. Ce qui est absolument clair, et par là liquidé, éveille le soupçon que les idées sont absentes, qu'il ne s'agit que de résultats corrects, dépourvus, au-delà d'eux-mêmes, de toute signification. Des résultats corrects, on peut en accumuler à l'infini; il faut qu'une Idée les rattache à un tout.

3° Signification *objective.* Il est vrai, les Idées ne sauraient être rapportées à un tout correspondant, qui leur donnerait un contenu — c'est ce qu'enseigne, dans sa partie négative, la critique de la raison. Pourtant les structures qu'engendrent les Idées ne peuvent pas avoir un caractère purement méthodologique et technique, les forces que suscitent les Idées ne peuvent pas avoir un caractère purement subjectif — c'est ce qu'enseigne la critique de la raison dans sa partie positive (surtout développée par Kant dans l'*Appendice à la dialectique transcendantale*). Les Idées, en effet, alors qu'elles impliquent l'hypothèse d'un objet correspondant, réussissent à guider en fait la recherche expérimentale vers l'unité systématique. Sous leur conduite, le savoir empirique s'étend. Il y a dans la nature même des données de l'expérience quelque chose qui vient à leur rencontre, qui leur répond en se prêtant à la systématisation et à l'unification. C'est pourquoi il nous est permis de considérer les Idées comme « conformes à la nature ». « Elles se justifient directement, et non pas seulement comme procédé méthodologique. » De fait, pense Kant, s'il peut y avoir un principe logique de l'unité rationnelle des règles, il faut présupposer un principe transcendantal « qui fasse admettre a priori comme nécessaire une telle unité systématique en tant qu'appartenant aux objets eux-mêmes ».

La raison ne pourrait pas exiger dans l'usage logique « que la diversité des forces soit dérivée d'une seule force première s'il ne tenait qu'à elle d'admettre également comme possible que toutes les forces n'aient rien de commun et que l'unité systématique obtenue par leur dérivation ne corresponde pas à la nature ». Elle se proposerait dans ce cas pour but une Idée en pleine contradiction avec l'ordre de la nature. Nous sommes donc forcés d'admettre que l'unité systématique de la nature est objectivement valable et nécessaire. La distinction faite par Kant entre l'unité technique et l'unité architectonique confirme encore une fois la portée objective des Idées. L'unité technique est acquise empiriquement, selon des perspectives offertes par le hasard; l'unité architectonique, en revanche, est a priori, elle s'établit par les Idées. C'est cette dernière seulement qui rend possible la science. « Un procédé économique auquel la raison a recours pour s'épargner de la peine est très facile à distinguer de l'Idée selon laquelle chacun admet que cette unité de la raison est conforme à la nature même et que la raison, ici, ne mendie pas, mais commande. » Aussi Kant parle-t-il de la « validité objective », bien qu' « indéterminée » des Idées, de leur « réalité objective », « mais non pour déterminer quoi que ce soit ».

Rien ne montre mieux combien Kant était convaincu qu'il y a dans les Idées quelque chose d'objectif, dont sa doctrine avait pour tâche de garantir la nature propre, que la manière dont il se réclame de Platon : « Platon a très bien vu que notre capacité de connaître est animée par un besoin beaucoup plus élevé que celui d'épeler simplement des phénomènes en vue d'une unité synthétique permettant de les déchiffrer dans l'expérience, et que notre raison s'élance tout naturellement vers des connaissances qui vont bien trop loin pour qu'un quelconque objet fourni par l'expérience puisse jamais coïncider avec elles — qui n'en ont pas moins cependant leur réalité propre et ne se réduisent nullement à des chimères. »

Embrassant du regard la triple signification de l'Idée, psychologique, méthodologique et objective, on remarquera ceci : chaque fois qu'on essaie de saisir l'essence d'une Idée, elle apparaît d'abord dans l'une de ces trois significations. Lorsqu'on tente de saisir celle-ci de façon plus précise, on passe bientôt aux autres, et l'on s'aperçoit qu'il est impossible de les séparer l'une de l'autre. Veut-on comprendre l'une, il faut les comprendre toutes les trois. L'Idée est à la fois subjective et objective.

Résumons l'esquisse kantienne de la connaissance dans son ensemble, telle que nous l'avons montrée jusqu'ici. Il y a d'abord le fouillis des sensations de la sensibilité; puis on s'élève aux formes de l'intuition, l'espace et le temps, — de là aux catégories, qui donnent au connaissable sa forme objectivement déterminée, — et enfin aux Idées, qui assurent l'unité systématique de la connaissance tout au long de son progrès. La condition de la connaissance ainsi décrite, elle-même jamais achevée, toujours en suspens, est telle que le suprasensible s'y affirme par les actes qui s'y accomplissent, non par le contenu d'un savoir. Dans la phénoménalité du réel empirique, dans cet espace où l'entendement construit l'objectivité universelle, les Idées sont l'élément de rupture. La rupture devient présence du suprasensible dans la totalité du connaître.

Cette rupture, Kant la montre encore à propos de deux phénomènes particulièrement significatifs pour la théorie : la connaissance du vivant et l'étude plus détaillée de la fonction de l'Idée théorique sous le nom de « jugement réfléchissant ».

3. *La vie.* Les organismes vivants sont la réalité concrète de fins naturelles. Cet énoncé exige que nous élucidions le concept de finalité.

Quand j'aperçois quelque chose qui ne peut avoir été produit qu'en vue d'une fin — comme le dessin d'un triangle sur le sable —, j'y vois la trace d'un être humain. Nous distinguons de tels objets artificiels des produits de la nature et nous voyons en eux la preuve d'une présence des hommes. Car dans le monde nous ne trouvons que chez l'homme la capacité de se représenter une fin et de l'atteindre par la volonté .

Nous voyons d'autre part, parmi les réalités naturelles, des organismes vivants, plantes et animaux. Les êtres organiques sont des « choses en tant que fin de la nature ». Nous concevons leur conformité à une fin en transposant notre propre comportement finaliste dans ce qui a fondé la réalité de ces choses, comme si une pensée finaliste les avait engendrées.

En termes logiques, Kant formule le concept de finalité comme suit : le mot « fin » désigne l'objet d'un concept lorsque ce concept est le fondement de la réalité de cet objet. On appelle « finale » la causalité d'un concept par rapport à son objet. Celui-ci ne peut être pensé comme possible que grâce à son concept qui, en tant que cause, le précède.

Ce qui s'énonce ainsi en termes abstraits se manifeste concrètement dans la volonté. La volonté, c'est la faculté de se déterminer soi-même en se représentant des fins. Nous appelons final ce dont la réalité semble impliquer une idée préalable.

Dans la nature, nous pensons la convenance des moyens à leur fin de deux manières : un sol sablonneux convient aux pins, le limon à l'herbe et aux céréales. Nous apprécions ainsi l'utilité des choses, et cela arbitrairement, de sorte que ce qui jouait à l'instant le rôle d'une fin (la croissance de l'herbe) peut être ensuite considéré comme un moyen (le fourrage), et cela sans terme, parce qu'on n'atteindra jamais une fin dernière. Cette convenance-là en reste à l'extériorité du rapport unilatéral moyen-fin. Elle n'a de réalité que dans le contexte subjectif où nous la considérons, elle n'est pas une finalité objective. Il en va autrement si l'on considère un produit naturel, un organisme vivant, comme finalité naturelle objective. L'organisme, c'est un être objectif où tout est en même temps moyen et fin, de sorte que l'ensemble constitue une finalité achevée en elle-même et se refermant circulairement sur elle-même. Nous pensons une finalité non pas externe, mais interne.

Il faut préciser mieux encore ce que c'est que le vivant. « Une chose existe comme fin naturelle quand elle est en elle-même cause et effet. » Elle s'engendre elle-même : sur le plan de l'espèce par la génération, sur le plan de l'individu par la croissance, en cas de blessures par le régénération. La vie se construit en élaborant la matière nutritive à l'aide de substances qu'elle produit elle-même. Un produit organique de la nature, c'est celui où tout est réciproquement fin et moyen. Rien n'y est en vain, rien n'y est sans but.

Descartes a interprété l'organisme avec sa finalité comme une machine. Mais Leibniz déjà formulait la différence radicale qu'il y a entre un organisme et les machines produites par l'homme. « Chaque corps organisé d'un être vivant est une sorte de machine divine ou d'automate naturel qui surpasse de loin et infiniment tous les automates artificiels. En effet, une machine construite grâce à l'art des hommes n'est pas machine dans chacune de ses parties. Les machines de la nature, en revanche, c'est-à-dire les corps vivants, sont encore des machines jusque dans leurs plus petites parties, à l'infini. C'est là justement la différence entre l'art divin et le nôtre. » Kant maintient cette distinction : lorsque les parties sont des parties dernières, en nombre fini, et qu'elles sont en tant que parties, de la matière inerte, on a affaire à une machine qui, si compliquée qu'elle soit, peut être conçue, construite et achevée par un entendement fini à partir d'une matière inerte. Elle a besoin d'être surveillée et réparée par son constructeur. Une montre présente une structure réalisée du dehors, où l'efficacité est à sens unique, elle ne constitue pas un tout de moyens et de fins qui la rendrait capable de s'aider elle-même. Blessée, elle doit être réparée. Dans l'organisme au contraire, tout est réciproquement cause et effet, dans son activité et dans sa forme. Jusque dans ses plus petites parties on trouve toujours la vie. Dans une machine, il n'y a qu'une force motrice, dans l'organisme, la force est formatrice.

Il y a pourtant une différence fondamentale entre Kant et Leibniz : Kant n'affirme pas que l'organisme soit en fait une infinité de relations réciproques de moyens et de fins, mais seulement que nous pouvons l'étudier à l'infini, sans jamais atteindre un terme dernier. Si loin que nous poussions notre étude, l'organisme apparaît toujours comme une machine; nous apprenons à le connaître comme s'il était une machine, produit d'un entendement divin. La vie se sert partout des mêmes relations causales que nous révèlent, dans la matière inerte, la physique et la chimie. Mais ces relations causales ne sont nulle part la vie elle-même.

C'est pourquoi Kant déclare qu'il n'y aura jamais de Newton du brin d'herbe, c'est-à-dire de savant capable de produire la moindre vie à partir d'une matière inerte. Ce savant devrait en effet s'être rendu maître, comme un dieu, de l'infini, alors que le constructeur de machines ne domine qu'une multiplicité, extraordinaire certes, et capable de croître à perte de vue, mais toujours finie. Il devrait accomplir réellement le bond du fini à l'infini, ce qui reste impossible à un entendement fini.

Le vivant, pour Kant, c'est un fait qui est une Idée. Cet énoncé contradictoire signifie : sans Idée, on ne pourrait même pas ici constater le fait comme tel. L'entendement, avec ses catégories, ne le saisit pas; il le ramène inévitablement au plan des faits qui appartiennent à la nature inorganique.

La conception kantienne du vivant s'oppose donc à toute objectivation de la vie où celle-ci deviendrait un objet connu ou connaissable en principe dans sa totalité, et elle s'y oppose de deux manières. L'être vivant ne peut être compris dans sa totalité comme une machine, bien que toutes les réponses de la biologie soient du modèle mécanique. Mais la totalité du vivant ne s'explique pas non plus par une entéléchie, un élan vital, un agent naturel qui serait le constructeur de la machine, bien que notre connaissance ne puisse se développer sans que nous fassions comme si un architecte en avait tracé le plan. En fait, devant le vivant, nous nous trouvons engagés dans une recherche sans fin.

La recherche biologique est, selon Kant, d'un genre particulier. Elle découvre des relations, se demande comment elles s'établissent, et donne toujours des réponses fondées sur la causalité mécanique, ou plutôt, dans un sens plus large, des réponses physico-chimiques (et non pas mécaniques au sens étroit). La finalité, les relations finales, nous n'en avons jamais une connaissance totale; nous ne les comprenons que dans la mesure où nous les assimilons à des machines.

Et pourtant l'être vivant se tient là, entier, en chair et en os, devant nous. Quand nous le voyons ainsi, sans pouvoir mettre en doute son existence, l'Idée nous rend conscients en même temps de la différence d'origine qui se manifeste dans le fait de sa présence, par-delà toute autre réalité de fait accessible à l'entendement. C'est pourquoi, devant l'être vivant le plus menu, ver ou insecte, nous éprouvons ce respect inspiré par toute réalité qui reste inépuisable pour l'entendement, et fait pour lui figure de miracle. Mais si l'Idée, sans laquelle nous ne pourrions même pas voir cette réalité, nous abandonne, il nous reste peut-être un riche savoir des relations mécaniques que la vie utilise, et nous les confondons avec la vie elle-même;

celle-ci n'en échappe pas moins à l'emprise de notre savoir, autant que la vache dont notre technique nous permet de faire une machine à produire du lait. Et nous perdons le respect, parce qu'alors, pour nous, l'objet de ce respect n'est plus là.

Kant avait compris que la vie est une Idée. L'objectivation accomplie par l'entendement devient pour lui une tromperie qui fait disparaître la vie même. La vie est en revanche réellement présente pour nous dans chaque individu vivant, dans l'infini des relations finales. La totalité est présente, achevée, dans l'organisme, mais non pas connue. Elle est sauvée par la connaissance lorsque celle-ci, consciente de l'Idée, progressant sans fin, ne perd pas l'infini. Alors des catégories comme celles de croissance, assimilation, corrélation, régénération, reproduction, hérédité, excitabilité, adaptation, etc... ne sont que des versions particulières de l'Idée de vie. Elles sont des signes, non des connaissances. Il faut même dire que par la connaissance, justement, dans la richesse des relations connues, elles deviennent de plus en plus énigmatiques. Seule la perversion de l'Idée, réduite à une totalité en principe objectivement connaissable ou même connue, corrompt la connaissance et rend aveugle pour l'Idée.

4. *Le jugement réfléchissant.* Kant complète son exposé sur les Idées par une opération qui dévoile l'essence de l'ensemble de notre connaissance dans son rapport à l'origine de l'être.

a). *L'accord de la nature avec notre faculté de connaître et l'existence de finalités naturelles.* Ne peut être objet, en tant que constitué par les catégories, que ce qui est connaissable dans les limites de l'expérience possible. Un tel objet est reconnu par l'entendement comme nécessaire parce qu'il est déterminé par les conditions de toute expérience. Il a le prestige de l'objectivité, lui seul est un objet réel, connaissable par l'entendement, explicable causalement et mécaniquement et, au sens plus large, mathématiquement. Aucune énigme dans le domaine où règne cette nécessité. Mais ce domaine attire de lui-même l'attention sur ses limites. Contrairement à la nécessité dont il vient d'être question, ce qui surgit là, aux limites, se trouve être *contingent.*

Premier exemple : La catégorie générale de nécessité reçoit un contenu concret grâce à l'expérience, laquelle fait surgir une multitude de lois naturelles particulières. Or, sous la conduite des Idées, ces lois particulières doivent constituer une unité systématique; tel est le présupposé de l'entreprise scientifique. Ce présupposé n'est pas, comme les principes de la légalité en général, connu a priori, mais seulement postulé dans la tâche même que s'impose la science ; celle-ci en effet n'a de sens que grâce aux Idées qui en commandent l'unité systématique. Dans la mesure où les Idées se trouvent confirmées par la découverte d'une structure systématique correspondante dans la nature, Kant parle d'une convenance de la nature à notre faculté de connaître, convenance elle-même empirique, et dont nul ne sait jusqu'où elle s'étend. « Que l'ordre de la nature, régi par ses lois particulières, dont la multitude et la diversité, au moins potentielles, défient notre compréhension, se trouve pourtant être en fait — du moins dans la mesure où nous pouvons nous en rendre compte — conforme à celle-ci, cela n'est que contingent. » C'est pourquoi nous nous émerveillons et nous éprouvons une satisfaction toute particulière chaque fois que se révèlent des corrélations systématiques, chaque fois que nous réussissons à introduire dans une multitude confuse de figures diverses l'ordre clair d'une classification par espèces et par genres, chaque fois que plusieurs lois naturelles se ramènent à une seule — alors que la causalité, la substantialité ont beau s'appliquer toujours au réel avec succès, nous n'en sommes pas émerveillés et nous n'en éprouvons aucune satisfaction particulière; c'est qu'elles vont de soi, pour autant que des objets sont là pour nous. « L'accord de la nature avec notre faculté de connaître se trouve postulé, alors qu'en même temps l'entendement le reconnaît objectivement dans sa contingence. Rien n'empêche, en effet, d'imaginer que la diversité spécifique des lois empiriques de la nature — ainsi que de leurs effets — reste malgré tout trop grande pour que notre entendement puisse y découvrir aucun ordre compréhensible. »

Si les phénomènes, comme rien ne l'exclut, manifestaient dans leur contenu, dans la multitude des êtres et des règles réels, une diversité si grande que l'entendement humain, les comparant, ne sût découvrir entre eux la moindre ressemblance de forme, et, cherchant à ramener les lois à des principes, ne saisît entre elles aucun lien, alors rien ne viendrait confirmer l'Idée de l'unité systématique. Le progrès de la recherche expérimentale, accroissant à la fois la multiplicité et l'unité du savoir, serait impossible; il ne resterait que des connaissances éparses, s'effritant dans l'indéfini. Il n'y aurait pas de science.

Si nous disons que la connaissance est pour nous une fin, cette fin serait alors inaccessible. Mais le fait est que nous progressons, ce qui implique une convenance de la nature à notre faculté de connaître. Cette convenance, nous en faisons même une intention de la nature, car ici l'entendement se trouve impuissant à lui prescrire une loi, comme il le fait pour les catégories et les principes constitutifs de tout ce qui est pour nous la réalité objective. Nous ne pourrions faire des Idées aucun usage convenable si la nature ne s'y prêtait par l'unité qui est en elle. Ce qui vient à la rencontre des Idées doit résider au fond des choses. Il y a une sorte de communication entre la prétention à connaître de notre entendement fini et la cohésion objective des choses dans la nature, mais seulement dans la mesure où la nature s'y prête. Car si nous parlons du Tout, nous n'avons pas le droit d'affirmer par anticipation que notre faculté de connaître y coïncide encore avec la nature des choses. Il pourrait se trouver quelque part une limite, une faille de l'Idée d'unité, qui arrêterait la connaissance. Grâce aux Idées, nous comptons qu'il n'en sera rien, mais ce n'est pas là un savoir. Cependant, dans les limites où la connaissance systématique réussit, la réalité même de cette connaissance est un signe indiquant le fond commun de la connaissance et des choses.

Second exemple : les organismes vivants, ces choses qui existent comme finalités naturelles, sont des données de fait que l'entendement, avec ses catégories, est incapable de penser a priori. L'entendement, essayant de concevoir les choses par ses catégories, n'en viendrait jamais à imaginer la réalité d'êtres vivants. Dans une nature considérée comme soumise à la nécessité des lois, toutes les structures qui ont l'air finalisées restent contingentes. Ces structures peuvent avoir été produites par l'homme; elles doivent alors leur forme à la causalité d'une pensée agissant suivant des fins. Ou bien elles sont des produits naturels; découlant alors du mécanisme qui régit la nature inerte, elles sont, dans leur contingence, incompréhensibles.

Les deux questions, celle que pose l'accord de la nature avec notre faculté de connaître et celle que pose l'existence de choses comme finalités naturelles, nous ramènent au problème de la contingence. Contingence signifie inintelligibilité parce que totale indétermination. C'est pourquoi notre pensée ne peut laisser subsister la contingence. Nous l'interrogeons pour la soumettre à une règle. Le problème se pose de savoir s'il peut y avoir une légalité, une nécessité du contingent. Celle-ci devrait différer radicalement de la nécessité qui commande les processus naturels. Les processus naturels connaissables, régis par des lois, excluent le contingent. Que rien ne se produise par l'aveuglement du hasard (*in mundo non datur casus*), c'est là un principe de la connaissance de la nature. Mais toute nécessité y est conditionnée, et, pour cette raison, compréhensible (*non datur fatum*).

Certains événements sont indéterminés ou insuffisamment déterminés. Pour découvrir, là encore, des régularités, la science de la nature recourt à la statistique. Lorsqu'il s'agit d'un grand nombre de cas, elle met le contingent en formules. Puis elle mesure la probabilité et l'improbabilité du cas particulier, elle établit la loi des grands nombres pour la masse. Mais la question posée par Kant ne concerne ni des événements isolés, ni des événements en masse, mais bien la situation réelle dans le tout de notre connaissance. La contingence qu'il y découvre ne saurait être abolie par aucune connaissance de l'entendement, ce constructeur de ses objets. Loin de se laisser englober par quelque terme général, cette contingence-là est la limite même du général.

b) *Jugement déterminant et réfléchissant.* Pour rendre compréhensible la légalité du contingent, il nous faut un mode de pensée tout différent. Kant explicite celui-ci en recourant à la distinction du jugement déterminant (qui subsume) et du jugement réfléchissant.

Cette distinction intervient déjà dans la théorie des Idées de la *Critique de la Raison pure* (sous le nom d'usage apodictique et hypothétique de la raison), et elle s'approfondit dans la *Critique du Jugement*. Elle s'établit ainsi : ou bien nous sommes en possession du général (règle, concept générique, etc.) et nous y faisons entrer un cas particulier; ou bien nous sommes en possession d'une expérience particulière et nous la pensons à l'aide d'un terme général que nous admettons sans le connaître. Kant appelle la première opération « jugement déterminant », la seconde « jugement réfléchissant ». Le jugement déterminant, qui subsume un cas particulier sous un terme général connu, est rationnellement explicable. Le jugement réfléchissant, lui, est une opération dont il est impossible de rendre entièrement compte, et c'est à partir de lui seulement que naissent les hypothèses permettant les recherches méthodiques de la science.

Le jugement réfléchissant, c'est le mouvement exécuté par l'esprit lorsqu'il considère un cas particulier; refusant de perdre pied en glissant dans l'espace sans fond du suprasensible et de l'impensable, il forme des pensées sous la conduite des Idées. Il fournit les principes d'un mode de pensée, mais non des objets nouveaux. Les objets des Idées (simples schèmes directeurs) ne sont conçus que relativement à ma connaissance telle qu'elle continue à se développer dans le monde.

Or le jugement réfléchissant se trouve avoir chez Kant un vaste domaine d'application. Il ne le trouve pas seulement sur le plan de la connaissance (dans les Idées grâce à l'accord de la nature avec notre faculté de connaître, et dans la connaissance des êtres vivants : dans les deux cas, la contingence devient, pour le jugement réfléchissant, nécessaire comme finalité). Le jugement réfléchissant intervient aussi dans la contemplation du beau. Sa caractérisitique fondamentale reste la même : dans le cas particulier, il voit le terme général qu'il ne connaît pas ; dans la contingence, la légalité; dans la réalité empirique, quelque chose qui vient à lui du fond du suprasensible. La différence, c'est que, dans le processus de la connaissance, le jugement réfléchissant n'est que régulateur et ne détermine aucun objet propre, tandis que dans la contemplation du beau il devient constitutif pour le plaisir du jugement de goût dans le jeu.

c) *Étendue de la contingence.* Le contingent ne réside pas seulement dans l'accord des choses avec notre faculté de connaître, ni dans l'existence des organismes. Nous le trouvons déjà aux limites où se heurte l'élucidation de notre faculté de connaître : que nous ayons justement ces deux formes de l'intuition (le temps et l'espace), justement ces formes de jugement et ces catégories, voilà qui est pour nous contingent.

Contingente — comme Kant ne le remarque que brièvement mais de façon décisive — est l'existence des choses en général. Être nécessaire, c'est être conditionné. Tout ce que nous connaissons comme nature se trouve ainsi conditionné, et les conditions sont chaque fois déterminées. Le mouvement de notre recherche dans l'espace où se produit l'expérience s'accomplit en présupposant la nécessité. Mais cet espace même dans sa totalité, et en lui les relations de fait qui viennent d'être énumérées, sont contingentes.

Cette contingence fait jaillir, devant la totalité de l'être, la question suprême : d'où tout cela vient-il et où tout cela va-t-il? On ne trouvera aucune réponse établissant la nécessité de l'être. « La nécessité inconditionnée dont nous avons si terriblement besoin, nous sur qui, en dernier ressort, reposent toutes choses, c'est là, le véritable abîme qui hante la raison humaine... Impossible d'éviter cette pensée, impossible aussi de la supporter; qu'un être, à nos yeux le plus élevé de tous les êtres possibles, se parlant à lui-même, doive se dire : « Je suis d'éternité en éternité; hors de moi il n'y a rien, hormis ce qui est quelque chose de par ma seule volonté; mais d'où me vient donc l'être? » Ici, tout se dérobe sous nous, et la perfection suprême, comme la plus humble, flotte sans support devant la seule raison spéculative, toujours prête à laisser, sans l'ombre d'un obstacle, disparaître l'une comme l'autre. »

Quelle que soit la direction que prend notre pensée, la limite que constitue la contingence reste toujours présente. Toute notre connaissance, dès qu'elle se pose en absolu à travers ses déductions et qu'elle prétend posséder l'être en soi, ne peut que dissimuler cette contingence. Elle nous laisse devant cet abîme. Chacune des réponses que nous donnons est dialectique. Elle devient aussitôt une nouvelle question. Or, la contingence est le signe qui, à travers la connaissance, doit aussi bien nous mettre en garde que nous encourager.

Mais au moment où, atteignant cette limite, nous nous croyons acculés à l'alternative : absurdité totale du contingent ou fondement nécessaire de l'être total, Kant découvre encore une fois que l'alternative ainsi posée représente un faux problème. Le monde étant en effet, comme tout ce que nous connaissons sur le plan de l'expérience possible, de l'ordre des phénomènes, une réponse concluante se trouve être impossible. Nous continuons à avancer dans le monde. Quand nous voulons nous représenter la totalité, le fondement, le sens, ces représentations, devenues des objets, appartiennent au monde phénoménal. Ce monde-là, nous ne le dépassons pas par une quelconque connaissance de quelque chose, mais uniquement par notre marche en lui, par l'expérience du rôle des Idées dans la connaissance systématique, par le jeu de toutes les facultés connaissantes dans la contemplation du beau, et surtout, de façon décisive, par notre liberté dans l'action morale.

d) *La scission de notre mode de connaissance expliquée par contraste avec l'intellectus archetypus.* Ici encore, Kant explique l'échec de notre connaissance en opposant notre pensée finie à l'*intellectus archetypus.* Nous l'avons vu plus haut, celui-ci était l'entendement intuitif qui, pensant les objets, les engendre du même coup, par opposition à notre entendement discursif contraint de recourir à une intuition qui doit lui être fournie par ailleurs. Maintenant l'*intellectus archetypus* sera conçu comme un entendement pour lequel les concepts que nous ne pouvons penser que séparément ne sont pas séparés : contingence et nécessité, général et particulier, mécanisme et téléologie.

1. Le fondement de la distinction entre possibilité et réalité réside dans la nature de notre connaissance, scindée entre l'entendement et la sensibilité. L'entendement intuitif n'aurait que des objets réels. Il ne peut y avoir en lui ni concepts désignant une simple possibilité, ni intuitions qui donneraient quelque chose sans le laisser connaître comme objet. Nous, en revanche, nous pouvons avoir dans notre pensée quelque chose qui n'existe pas, et nous pouvons nous représenter quelque chose qui nous serait donné sans que nous en formions le concept. « Ainsi donc des jugements comme : il se peut que des choses soient possibles sans être réelles — la possibilité n'entraîne pas la réalité, sont vrais pour la raison humaine. »

Mais ils n'impliquent pas que cette distinction réside dans les choses mêmes. C'est pourquoi, d'une part, notre raison ne cesse d'affirmer qu'il existe forcément, en vertu d'une nécessité absolue, *quelque chose* (le fondement premier) où possibilité et réalité ne sont plus distinctes, alors que d'autre part notre entendement ne possède pour une telle Idée absolument aucun concept. Nécessité et contingence, comme toutes les autres scissions, concernent notre mode de connaissance, non les choses en soi.

2. Notre entendement pense le général, mais ne peut en déduire le particulier; tout ce qu'il peut faire, c'est, ayant fait l'expérience du particulier, le subsumer sous le général. Le particulier est contingent. L'entendement intuitif passerait sans concepts du général au particulier; on ne rencontrerait nulle part la contingence. L'opposition peut se formuler ainsi : notre entendement va de la généralité analytique, soit du concept, au particulier, alors que l'entendement intuitif irait de la généralité synthétique, soit du tout, aux parties.

3. Notre entendement oppose mécanisme et téléologie. Sa structure particulière nous oblige à considérer les organismes comme s'ils avaient été engendrés, selon leur possibilité, intentionnellement et comme fins. Nous n'affirmons pas pour autant qu'une telle intention de la nature existe en fait, et nous ne nions pas qu' « un entendement (supérieur) autre que celui de l'homme puisse trouver, même dans le mécanisme de la nature, le fondement de la possibilité de tels produits naturels ». Nous voyons clairement que « c'est ainsi et non autrement qu'il convient de penser; sans affirmer toutefois que le fondement d'un tel jugement réside dans l'objet ». « Il nous est absolument impossible de puiser dans la nature même les éléments d'explication de relations finales et la faculté de connaître de l'homme est ainsi faite qu'elle oblige à aller chercher le fondement suprême de ces relations dans un entendement originel en tant que cause du monde. »

On reconnaît toujours la même pensée : l'*intellectus archetypus* contiendrait l'unité de ce qui, pour nous, reste séparé, si bien que nous ne pouvons en aucune manière penser l'unification des termes, intuition et pensée, général et particulier, possibilité et réalité, mécanisme et téléologie. C'est notre entendement qui rend inévitables dans la connaissance ces difficultés de la scission. Mais notre raison peut les percer à jour, bien que sans les abolir.

La notion de l'*intellectus archetypus* telle que Kant la construit change donc de sens selon le contexte où elle doit servir à élucider le fait de notre connaissance. Elle correspond tantôt à l'entendement intuitif, dont l'intuition produit les choses mêmes, et elle n'est dans ce cas qu'une construction, obtenue par contraste avec notre manière de connaître; tantôt l'*intellectus archetypus* est la raison législatrice, fondement de l'adéquation de la nature à notre faculté de connaissance tout au long des voies où se poursuit le progrès systématique. Et c'est lui encore qui fonde l'unité du mécanisme et de la téléologie dans les organismes. Dans ces deux derniers cas, l'*intellectus archetypus* n'est pas pensé simplement par contraste, mais en même temps comme s'il était le fondement de la finalité du contingent.

Cette construction sert à actualiser encore une fois, grâce à l'ensemble de ce savoir fondamental, la découverte essentielle : les difficultés ne résident pas dans les choses en soi, ni non plus dans l'être même, mais dans les phénomènes. Nous ne connaissons que le monde phénoménal et tout ce qui existe ne nous devient accessible qu'à travers les formes imposées par notre faculté de connaître. Telle est la thèse qui ne cesse d'être réaffirmée et dont le sens devient seulement plus riche au fur et à mesure qu'on apprend à voir clairement toutes les structures qui sont à la fois celles de notre pensée et celles des phénomènes.

Ce que nous saisissons à travers la scission de notre pensée n'est pas faux, mais ce n'est pas non plus la vérité même; c'est la réalité des phénomènes, mais non pas l'être en soi. Du moment où ce que nous saisissons n'est pas faux, cela signifie que c'est bien ainsi qu'à l'aide des propriétés de notre raison, nous devons accueillir les intuitions et penser. Telle est la voie où l'être apparaît, et cette apparence est pour nous objectivement valable.

B. L'ACTION MORALE.

1. *L'impératif catégorique.* Notre activité ne se réduit pas à connaître des objets; nous agissons aussi. Pour agir, nous choisissons. Il y a là une origine première au-delà de laquelle

on ne peut remonter. Chacune de ces deux activités, celle de connaître et celle de vouloir, ne peut être éclairée qu'en elle-même.

Dans notre volonté, nous avons conscience d'une exigence morale. Celle-ci se présente à nous sous la forme de lois. Les événements se produisent conformément aux lois naturelles, selon une nécessité inflexible. Les actions *doivent* s'accomplir conformément aux lois morales, mais souvent elles ne leur obéissent pas. Ces lois s'énoncent sous forme d'impératifs.

Il en est de deux sortes : les impératifs hypothétiques ne sont valables qu'à condition de servir à atteindre une fin. Pour atteindre une fin, il faut recourir aux moyens appropriés. Les impératifs catégoriques, eux, prétendent à une validité inconditionnelle. Les impératifs hypothétiques sont techniques, ils sont affaire d'habileté et d'intelligence et commandés par une fin qui leur est supérieure; les impératifs catégoriques ont leur fondement en eux-mêmes.

L'enchaînement des fins suscite bientôt la question : quelle est la fin dernière? Si elle est un bien suprême (un contenu matériel), alors tous les impératifs sont hypothétiques. S'il existe des impératifs catégoriques, c'est donc qu'il doit y avoir dans la volonté même quelque chose d'inconditionnel. Or l'inconditionnel ne peut être que la forme de la volonté, la loi de sa légalité. Kant en vient à la certitude suivante : il y a une condition de la bonne volonté qui est elle-même inconditionnée, manifeste pour la pure raison, indépendante de toutes les fins matérielles dans le monde, une légalité ne reposant que sur elle-même.

Cette loi se formule dans un impératif catégorique unique : « Agis de telle façon que la maxime de ta volonté puisse toujours être érigée aussi en principe d'une législation universelle. » Ou : « Agis comme si la maxime de ton action devait être érigée par ta volonté en loi universelle de la nature. »

Une maxime, c'est le principe subjectif auquel je me réfère quand j'agis. En voici quelques-unes : je ne prends pas place dans la voiture d'autrui (parce que cela me priverait de ma liberté); je me lève à six heures (pour disposer largement du temps nécessaire à mon travail quotidien). Ou bien : si je cesse d'aimer ma femme, je divorce (parce que je veux mon bonheur); si je peux par là obtenir un avantage très considérable, je suis prêt à mentir : un contrat n'est valable à mes yeux que *rebus sic stantibus*, et si les circonstances changent, j'estime avoir le droit de le violer. De telles maximes sont soit « techniques » et moralement indifférentes — comme celles de la première série — soit essentielles quant à une attitude morale fondamentale — comme celles de la seconde série. La norme à appliquer, lorsqu'on examine les premières, résulte d'une connaisance théorique de l'efficacité causale des moyens; mais lorsqu'on examine les secondes, la norme, c'est l'impératif catégorique.

Il y a un contenu implicite qui donne sa portée à l'impératif catégorique : « Agis de façon à traiter toujours ce qu'il y a d'humain en toi ainsi que dans la personne d'autrui comme une fin aussi, et jamais comme un moyen seulement. » Car tout ce qui existe au monde, l'homme compris, peut servir de moyen à l'action. Mais tout être raisonnable, c'est-à-dire agissant selon l'impératif catégorique — et nous ne connaissons pas d'autre être raisonnable que l'homme — est en même temps une fin en soi; c'est pourquoi, s'il peut, sous certaines conditions restrictives, servir de moyen, il ne doit jamais servir de moyen seulement.

L'impératif catégorique est formel. Pour l'appliquer à une situation donnée, il faut encore recourir au « jugement pratique ». La règle de ce jugement s'énonce ainsi : « Demande-toi si l'action que tu te proposes d'accomplir, à supposer qu'elle dût se produire suivant une loi de la nature dont tu serais toi-même partie intégrante, pourrait t'apparaître comme rendue possible par ta volonté. » Kant parle d' « un homme qui respecte la loi morale et se plaît à imaginer (c'est d'ailleurs là une question qu'il peut difficilement éviter) quel monde il aurait créé sous la conduite de la raison pratique si cela avait été en son pouvoir. » Le sens de telles réflexions est le suivant : quand tu agis, sache que le monde n'est pas simplement comme il est, mais que par ton action tu contribues à l'engendrer; ce qui est véritablement, tu ne l'apprends pas par la connaissance, mais par ton action.

2. *Examen de l'action morale.* La question qui se pose maintenant est : comment puis-je examiner dans une situation concrète la maxime sur laquelle se fonde mon action possible?

Par l'entendement, j'examine la justesse de la loi qu'elle implique en soumettant celle-ci au critère de la non-contradiction. Certaines actions — par exemple le suicide — « sont telles que leur maxime ne peut même pas être pensée comme loi de la nature sans contradiction ». Le droit au suicide signifierait la négation de la vie même. D'autres actions sont telles que la volonté s'y contredit elle-même. Détourner une somme qui vous a été confiée en dépôt signifierait qu'il n'y a pas de dépôt. Un énoncé mensonger annule l'énoncé.

Une fois conçue la loi générale, l'action en découle-t-elle, à la suite d'un examen des circonstances, du fait que le cas particulier se trouve subsumé sous la loi générale? Non, car l'ensemble du contenu matériel de notre conduite, les biens, les fins, le bonheur, ont une autre origine. Mais tandis que je saisis ces contenus, l'obligation toute relative se transforme en obligation absolue par l'accord qui s'établit entre elle et la capacité de penser une loi générale. Cet accord, c'est celui de l'être raisonnable avec lui-même et avec les autres êtres raisonnables.

La loi générale peut-elle découler d'une obligation imposée auparavant par quelque expérience, obligation irrationnelle, étrangère à la raison, matérielle, et qui imposerait telle manière d'agir? Non, l'obligation qui vient de l'absolu ne serait pas raisonnable sans la pensée qui la comprend, l'éprouve et la ratifie. Sans la pensée de la raison, l'obligation ne serait qu'une façon de céder à l'arbitraire de la contrainte, une obéissance sans intelligence, une exception injustifiée.

La forme rationnelle de la non-contradiction n'est qu'un reflet de la nécessité intelligible de la loi. Lorsque l'on compare la légalité qui s'impose au vouloir à celle de la nature, c'est seulement qu'on fait de la légalité naturelle « le paradigme d'une légalité de la liberté ». La nature du monde sensible sert alors de paradigme à la nature intelligible.

Obligation et légalité sont inséparables. Une loi individuelle serait un contresens, ou bien elle ne serait qu'une manière de manifester la forme de la légalité générale dans tel comportement particulier. L'obligation qu'impose la légalité reflète l'expérience que fait de la légalité nécessaire, par la raison, un être qui appartient aussi à la réalité sensible.

Cette exigence absolue, je l'éprouve lorsque, la mettant à l'épreuve de la réalité concrète, je la vois devenir parfois, réduite à sa pure formalité, un motif originel, inébranlable, de mon action. Ce n'est pas que l'expérience lui apporte alors des preuves, mais elle lui donne l'occasion de se manifester dans sa puissance impitoyable, que rien ne saurait tromper, et à laquelle je ne puis me dérober qu'en me trompant moi-même. Ce n'est pas elle qui a besoin de confirmation, c'est moi qu'elle met à l'épreuve.

En tant qu'être sensible, je vis d'abord au milieu d'habitudes, de mœurs traditionnelles, de penchants et d'évidences incontrôlées qui dispensent de réfléchir. C'est là que tombe comme la foudre la pensée de la raison. Ce que je faisais en aveugle, me laissant vivre, apparaît au grand jour. Mais cette pensée, pour moi qui suis un être sensible, doit se remplir d'un contenu concret provenant de la réalité.

C'est pourquoi les deux affirmations sont vraies : la loi morale « n'emprunte absolument rien à l'expérience », elle s'impose à l'être raisonnable a priori. Mais les lois exigent « un jugement aiguisé par l'expérience, qui puisse, d'une part, discerner les cas auxquels elles doivent s'appliquer, et d'autre part, leur donner accès à la volonté de l'être humain et leur permettre de s'imposer ».

La philosophie kantienne a trouvé un nouveau langage pour l'absolu moral. Mais ce qu'elle veut aussi exprimer, c'est ce que chacun, comme être raisonnable, sait et accomplit obscurément. C'est pourquoi Kant parle de l'impératif catégorique qui détermine la loi de notre action comme de l'origine que tout homme, en tant que raisonnable, reconnaît. Lorsque nous violons la loi, nous ne voulons jamais, en effet, ériger la maxime subjective de cette violation en loi générale. Nous voulons seulement qu'une exception soit faite en faveur de notre penchant.

3. *Dépassement du plan psychologique.* Nous saisissons encore le sens de la liberté morale lorsque nous nous élevons jusqu'à elle à partir des phénomènes psychologiques. Notre appétit est dirigé par des instincts qui se limitent réciproquement. Au milieu d'eux s'exerce notre libre arbitre qui, à l'aide de la pensée, préfère ceci, écarte cela, recherche les moyens appropriés aux fins occasionnelles qu'il se propose d'atteindre. Ce libre arbitre est libre au sens négatif du terme, il n'est lié à aucune loi. Il est dominé par la volonté qui, elle, est libre au sens positif, car elle est la légalité même qui la régit en tant que raison.

Notre vie se passe dans cette scission : d'un côté la multiplicité des instincts qui suivent leur cours à travers le libre arbitre, s'imposant un moment avec la violence de la passion, s'écoulant, apparaissant, — de l'autre côté, la volonté dans sa simplicité, qui reste identique à elle-même, donne des ordres inconditionnels et, avec sa puissance tranquille, dans la clarté de la raison, maîtrise la violence du moment.

Notre moralité, c'est notre sens moral en lutte. Il n'y a pas, pour l'homme, de pureté d'âme totale donnée par la nature. Kant estime que c'est « une manière de penser pleine de vent, superficielle et chimérique, que de croire complaisamment à un caractère d'une bonté si spontanée qu'il n'aurait besoin ni d'être stimulé, ni d'être bridé, qu'il se passerait même de toute loi, et d'oublier grâce à cette illusion sa culpabilité propre ». Compter sur le simple sentiment du bien, ce serait corrompre la moralité humaine. Précieuses sont certes les bonnes inclinations, les forces du cœur, la « belle âme ». Mais on ne peut compter sur elles que si elles sont portées par le clair engagement dont nous venons de parler. C'est une illusion que d'invoquer la conscience subjective, son tact, son sens moral. On ne peut les invoquer qu'après qu'ils ont passé de la sphère antérieure à toute pensée dans l'espace du pensable. Il nous faut, il est vrai, compter sur « notre bonne étoile » ou sur « la voix intérieure » dans l'urgence de certains instants. Souvent un obscur sentiment du bien se révolte contre une fausse rationalité. Mais la tâche est alors d'expliciter ce sentiment, de le rendre ainsi compréhensible et, par là, de le confirmer et de l'attiser, ou au contraire de le dissoudre comme erroné.

L'homme, dans sa finitude, ne peut pas être saint. Ce ne serait que pour un être parfait que la loi morale serait une loi de sainteté, sans déchirement et sans combat. Pour tout être raisonnable fini, il existe une loi du devoir. Il est beau de faire, par amour, du bien aux autres ou d'agir selon la justice par amour de l'ordre, mais cela ne suffit pas. Il nous faut encore, pour commander notre comportement, la maxime morale, seule digne de notre situation d'êtres humains vivant parmi des créatures douées de raison. Il ne nous est pas permis, nous leurrant de présomptueuses illusions, de prétendre nous passer de l'idée de devoir et, affranchis de la loi, de vouloir accomplir par une impulsion qui nous serait propre cela même que la loi, désormais superflue, commanderait. « Devoir et obligation sont des noms que nous devons réserver à nos rapports avec la loi morale. »

C'est ainsi que Kant écrit les lignes célèbres : « Devoir ! toi, grand nom sublime, qui n'impliques rien d'aimable par quoi tu puisses nous séduire, ... qui ne menaces pas non plus, ... mais qui énonces seulement une loi, laquelle trouve d'elle-même accès à l'âme et gagne, fût-ce malgré nous, notre respect (sinon toujours notre obéissance), devant laquelle toutes les inclinations se taisent..., où est l'origine digne de toi, où trouver les racines de ta noble naissance..., de quelle racine dériver la condition inéluctable de cette valeur que les hommes sont seuls à pouvoir eux-mêmes se donner ? »

Quelle est la racine de cette noble naissance ? Kant dit : c'est ce qui élève l'homme au-dessus de lui-même — en tant que partie du monde sensible —, ce qui le rattache à un ordre de choses que sa pensée seule atteint. C'est un ordre qui domine le monde sensible tout entier et la condition temporelle des êtres humains. C'est l'indépendance à l'égard du mécanisme de la nature entière, — mais cette indépendance n'est réelle que par la loi pratique propre à la raison. Par là, notre vie, tout en appartenant au monde sensible, est soumise à l'autonomie du monde intelligible.

On chercherait en vain ici une dérivation à partir d'autre chose. Kant rejette les tentatives faites par les philosophes pour saisir le principe de la moralité dans l'éducation par exemple (Montaigne), dans la constitution civile (Mandeville), dans une perfection intérieure (stoïciens), dans la volonté de Dieu comme s'imposant du dehors (moralistes théologiens). Contre eux, il affirme une seule chose : l'autonomie de la raison qui s'oppose à tous les principes impliquant une hétéronomie, — « l'Idée de la dignité d'un être raisonnable, n'obéissant à aucune autre loi que celle qu'il se donne lui-même ».

Cette loi réside dans la volonté; elle n'est pas donnée, mais produite; elle n'est pas déchiffrée, mais créée. « Ce qui fait la dignité de l'homme, c'est qu'il est capable de légiférer de façon universellement valable, à condition cependant d'être lui-même soumis à cette législation. » L'impératif catégorique ne s'impose pas à l'homme comme une loi étrangère à laquelle il devrait obéir par impuissance. Bien au contraire, il est l'impératif que l'être raisonnable se donne à soi-même en tant que raison en général. C'est ici le point où la raison s'affirme par elle-même, et du même coup, par plus qu'elle-même.

De là, chez l'homme, un sentiment de respect pour sa propre loi et pour son fondement suprasensible, devant lequel il humilie son être sensible.

4. *Le bonheur.* En indiquant l'origine où doit s'ancrer ce qui a réellement une signification morale, Kant a jeté bas toutes les représentations d'un bien suprême matériel, d'une béatitude charnelle, d'un bonheur dans le monde. Après tant de philosophes, il se demande ce que c'est que le bonheur.

« Être heureux, telle est nécessairement l'aspiration de tout être raisonnable mais fini, et il est donc inévitable que ce soit là un facteur déterminant de son affectivité », dit-il, d'accord avec tous les moralistes. Comme tout être fini veut être heureux, il est absurde d'exiger cette volonté. Elle est là.

Mais qu'est-ce que ce bonheur? Le concept en semble clair : la béatitude, c'est « la satisfaction de tous les penchants », en nombre, en degré, en durée. C'est « l'état d'un être raisonnable dans le monde, à qui, dans l'ensemble de sa vie, tout arrive conformément à ses vœux ». Mais on voit que ce concept implique une impossibilité. La béatitude, « bien que tout homme souhaite l'atteindre », est pourtant telle que personne « ne peut dire avec précision et en accord avec lui-même ce qu'il désire à proprement parler ». Cela pour les raisons suivantes :

1° Tous les éléments du bonheur doivent être contrôlés par l'expérience. C'est l'expérience qui doit apprendre à chacun, par le sentiment de plaisir ou de déplaisir qu'elle provoque, ce qu'il doit considérer comme étant son bonheur. Cette expérience diffère d'un homme à l'autre et même pour chaque homme selon l'époque, et elle ne s'achève jamais. En même temps cependant, l'« Idée de bonheur implique un tout absolu, un maximum de bien-être, dans mon état actuel et dans chacun de mes états futurs ». — L'opposition entre l'inachèvement de l'expérience et l'Idée du bonheur dans son achèvement reste insurmontable dans le temps.

2° La représentation d'un maximum de bonheur est impossible. En effet, il n'est pas possible d'évaluer la somme du bonheur, « puisqu'on ne peut additionner que des états d'âme semblables, alors que le sentiment, dans les situations très complexes de la vie, et selon la multiplicité des émotions, est extrêmement différent ».

3° La nature de l'homme est telle qu'il ne peut nulle part « s'arrêter et se satisfaire dans la possession et la jouissance ». Ses penchants, en effet, varient, ils croissent lorsqu'on les favorise et « ils laissent toujours subsister un vide encore plus grand que celui qu'on avait cru combler ».

4° Le bonheur n'est pas simplement plaisir ; c'est la réflexion sur le plaisir ou le déplaisir qui en fait du bonheur ou du malheur. On est heureux ou misérable selon la notion qu'on s'en fait. « Bonheur et malheur ne sont pas éprouvés directement, ce sont des états qui ne reposent que sur la réflexion ». L'homme « projette l'idée d'un état, et cela de façon si diverse, par suite du mélange de son entendement avec l'imagination et les données des sens, que la nature ne pourrait adopter une loi générale déterminée en vue de coïncider avec un concept aussi vacillant ».

C'est pourquoi aucun être fini, « fût-ce le plus lucide et en même temps le plus richement pourvu, ne saurait se faire une notion déterminée de ce qu'il désire véritablement ici-bas ».

Quand on a vu cela clairement, il en découle que le bonheur ne peut pas être fin dernière. Il ne l'est ni pour notre expérience, comme fin dernière que la vie aurait en fait dans la nature, ni pour l'homme en tant qu'être raisonnable. Il est bien plutôt « la matière de tous les buts qu'il se propose ici-bas ». Mais s'il fait de cette matière son but unique, il devient incapable « de fixer à sa propre existence une fin dernière à laquelle il puisse se rallier. »

La volonté de bonheur est donc vaine, puisqu'elle n'a aucun moyen de découvrir par l'expérience ou de savoir autrement à quoi elle tend à proprement parler. C'est cette situation qui, depuis l'antiquité, n'a cessé de susciter l'idée de l'absurde. Chaque bonheur que l'on atteint s'accompagne d'une déception : ce n'est que cela? Notre propre nature se joue de nous. Une aspiration sans limite, fouettée par le désir, ne rencontre finalement que son propre contresens, Kant ne nie pas cette expérience, ici essentielle. Mais chez lui, une volonté s'affirme : il doit y avoir un monde, fondé sur une pensée qui ne nie pas le bonheur, mais le rattache à autre chose. Le monde infiniment divers et instable du bonheur, privé à la fois de base et de fin dernière, sert de moyen terme à une actualisation conditionnée et guidée par autre chose que l'absolu d'un bonheur incarné, quelle qu'en puisse être la figure. Bonheur et malheur prennent leur relief, et par là leur transparence, du fait qu'ils se trouvent réassumés au sein d'un ordre différent, qui leur donne à la fois leur fondement et leur signification.

Mais cet ordre, notre regard ne le pénètre pas. C'est pourquoi, pour nous, dans la condition temporelle, la scission subsiste : nous luttons pour réaliser notre bonheur, mais nous subordonnons notre volonté de bonheur à la condition de l'impératif catégorique. Kant ne rejette pas le bonheur, il ne le méprise pas, il ne le tient pas pour indifférent; au contraire, il le valorise en tant qu'accomplissement réel. Mais le bonheur en ce monde, à travers ses formes instables, ne fournit jamais la norme suprême. Il reste soumis à la condition de l'impératif moral.

Qu'en outre le bonheur se trouve de fait distribué sans aucun rapport avec la dignité acquise par l'action morale, que tout n'aille pas au mieux pour les hommes de bien et mal pour les méchants, mais que ce soit souvent l'inverse, cela n'entraîne pour Kant, ni haine du bonheur, ni désespoir ; il y voit un signe vers le suprasensible. Le bien suprême, ce serait l'accord et l'adéquation du bonheur et de la valeur morale. Cet accord s'accomplit dans le postulat de l'immortalité qui, échappant elle-même à toute représentation et à toute détermination, s'énonce comme un chiffre de la perfection.

5. *Critique du « formalisme » kantien.* On reproche à Kant son formalisme : il ne nous enseigne pas ce que nous devons faire; son impératif catégorique n'est qu'une formule. Or telle est bien l'intention explicite de Kant. La seule question, c'est de voir si la formule est vraie et efficace.

On lui reproche de même sa méconnaissance des valeurs concrètes, dont l'expérience est pourtant indispensable aux facteurs moraux eux-mêmes, par exemple dans la hiérarchie ascendante des valeurs sensibles (agréable et désagréable), vitales (noble et vil), spirituelles (beau et laid, bien et mal), jusqu'à celles enfin du sacré et du profane. Kant méconnaît, dit-on, le fait que les valeurs morales, loin de constituer un domaine séparé, n'ont de consistance que par l'actualisation des autres valeurs. Mais lorsqu'on lui oppose ainsi une « éthique concrète des valeurs » (Scheler), c'est qu'on a perdu de vue cette origine ultime à laquelle il a donné un langage.

a) *La doctrine kantienne de la forme et de la matière de la moralité.*

L'action concrète est chargée de matière, l'impératif catégorique est une forme. Le contenu du devoir concret ne vient pas de la forme de l'absolu, mais du monde des phénomènes, de la volonté de bonheur, de ce qui nous apparaît comme un bien, ou même comme le bien suprême.

C'est à travers l'expérience de ce qui constitue la matière de mon existence empirique que doit s'élucider l'a priori absolu de ma conduite morale. L'impératif catégorique reste vide lorsqu'il n'accomplit pas dans le monde, sur la matière, sa fonction de juge. Dans le temps, on ne sait pas d'avance, dans chaque cas, de façon sûre et certaine, ce qui est moralement valable. Sans un savoir objectif, sans une expérience matérielle, la loi de la légalité dans la situation concrète, ne nous permettrait pas à elle seule de voir clair.

Une notion philosophique comme celle de l'impératif catégorique doit être comprise selon la fonction qui lui est propre. Lui demander plus qu'elle ne peut donner, c'est en méconnaître le sens. Le sceau qu'imprime l'impératif catégorique sur les actions particulières ne peut jamais se passer de cette matière sur laquelle il s'imprime, la ratifiant ou la rejetant.

Il n'est valable cependant que pur et absolu. Il ne se satisfait que de la forme de la moralité en général. Dans la diversité matériellement infinie du monde où nous agissons, c'est là le seul point où la certitude raisonnable s'affirme elle-même, objectivement dans l'action droite, subjectivement dans la bonne volonté. C'est lui qui rend possible la confiance absolue en un être humain. L'universel en tant qu'accord durable à travers le temps (quant à l'essence de la vie au sens du vouloir, à la totalité du monde comme communauté des esprits), nous ne pouvons le concevoir par la pensée que sous la forme d'une loi.

b) *La question de l'origine du sens moral.* On peut se demander si la vraie morale — comme l'affirme la morale antikantienne des valeurs concrètes — ne réside pas malgré tout dans l'accomplissement, dans ce qui, du point de vue de l'impératif catégorique, embrasse tout en tant que simple matière, joie de l'instant, amour comme éternité dans le temps. A cette question, on peut sans s'éloigner de Kant répondre que oui, mais à condition que s'y imprime le sceau de cette origine qui nous parle dans l'impératif catégorique.

On demandera encore ceci : les décisions importantes, même si elles sont prises avec la sanction du sceau, ne sont-elles pas en même temps les précieux cadeaux qui fournissent à toute moralité sa substance? Est-ce que pour l'essentiel, ici, la mise en question et la confirmation formelle ne perdent pas leurs droits? Ne puis-je trahir cela même qui, sur mon chemin, représente l'éternel sans que l'impératif catégorique se fasse entendre ou sans qu'il trouve une occasion d'intervenir? Ne puis-je me dérober à l'amour sans qu'un critère général m'y encourage ou me le permette? Peut-être la culpabilité serait-elle la plus profonde au point même que nul impératif catégorique ne saurait atteindre? Là où, devenant moi-même à travers l'historicité, j'atteins enfin mon être, en même temps que l'autre trouve le sien, là où l'amour n'est plus seulement moral, juridique, pratique, mais puise sa confirmation à une source plus secrète? Existe-t-il peut-être une trahison moralement insaisissable, mais métaphysiquement réelle? Et cette origine n'est-elle pas indispensable, même à la vérité concrète de la morale, qui trouve sa clarté dans l'impératif catégorique?

S'il en est bien ainsi, la vérité de l'impératif catégorique n'en reste pas moins inentamée, absolument nécessaire, source de toute raison, sans laquelle tout le reste sombrerait dans le chaos ou la catastrophe. Mais il ne faut pas en attendre ce qu'il ne peut ni ne doit donner : dans sa pure formalité, il préserve une fermeté qui s'enracine au delà du sensible.

c) *La forme générale et le contenu historique.* On admet souvent implicitement qu'il devrait y avoir des règles établissant quelle est la conduite droite, ce qu'il convient de faire ici et maintenant, règles qui permettraient à chacun de devenir bon et de contribuer à établir un ordre juste dans le monde.

La réflexion kantienne, qui se meut en pleine conscience dans la clarté de la forme pure, est un aiguillon qui, le long du chemin, ne laisse pas de repos. Que la mise en question morale soit elle-même un processus historique et comme telle impossible à achever, Kant ne s'en est pas explicitement préoccupé. Lorsqu'il intervient personnellement dans l'exposé systématique de certains principes moraux particuliers, il illustre un aspect historiquement situé de sa pensée et s'éloigne de l'origine. Les exemples qu'il donne contribuent plutôt à voiler le sens de la pure forme de l'absolu. Entre l'impératif catégorique de Kant et ses exigences morales concrètes, il y a solution de continuité. Celui-là désigne une critique éternelle, celles-ci sont dans une large mesure l'expression d'une morale excellente certes, mais historiquement liée au XVIIIe siècle allemand.

d) *Morale de l'intention, morale du résultat, morale de la responsabilité.* Les critiques adressées au pur formalisme prennent une profondeur nouvelle lorsqu'on demande quels peuvent bien être les résultats d'une moralité qui, sans considérer les conséquences de l'acte, érige l'intention comme telle en facteur absolu; qui énonce donc des lois morales et leur obéit, quel que puisse être le malheur ainsi engendré dans le monde. L'homme, dit-on alors, n'est pas bon par ses seules intentions; il répond des conséquences de ses actes. A la morale de l'intention, s'oppose la morale du résultat. Storm, par exemple, résume ainsi la morale de l'intention : « L'un se demande : qu'adviendra-t-il après? L'autre se demande seulement : est-ce bien? — Et c'est ainsi que l'homme libre se distingue de l'esclave. » On entend des formules comme « fais ce que dois, advienne que pourra », ou bien « *fiat justitia, pereat mundus* ». A une telle conception, on peut répondre en attirant l'attention sur le mal que peut engendrer pour des raisons morales une âme qui, dans la situation concrète, s'en tient aveuglément à la ligne droite d'exigences rationnellement rigoureuses. On peut montrer comment se manifeste la violence de ceux qui, avec un plaisir évident, exigent, torturent, dominent, à grand renfort de jugements moraux. On peut évoquer ces amateurs de pathos moral qui sont les plus vils des hommes parce qu'ils utilisent la morale comme une arme, aux fins d'acquérir une influence et une puissance amorales. Peut-on invoquer Kant en faveur de la distinction extrêmement simple entre morale de l'intention et morale du résultat?

Certaines phrases de Kant sont d'une extrême sévérité. Les lois morales « donnent des ordres absolus, quels que puissent être les résultats; elles exigent même qu'on en fasse totalement abstraction s'il s'agit d'accomplir tel acte déterminé ». Pourquoi les hommes devraient-ils « connaître l'issue que le cours de l'univers donnera à leur conduite morale, à ce qu'ils font et omettent de faire? Il suffit qu'ils fassent leur devoir ». Kant insiste : « Ce qu'est le devoir, chacun le voit immédiatement; au contraire, ce qui procurera un véritable et durable avantage reste toujours, si cet avantage doit s'étendre à la vie tout entière, enveloppé d'une obscurité impénétrable et demande beaucoup d'intelligence pour être découvert. » — « Fidélité à la parole donnée, bonne volonté par principe (et non par instinct) ont une valeur intrinsèque. Leur valeur ne réside pas dans les effets qui en découlent, dans les avantages et les profits qu'elles procurent, mais dans les intentions. »

Et Kant a même exposé dans un petit écrit que le mensonge n'est permis dans aucune circonstance (*D'un prétendu droit à mentir par amour des hommes*). Prenons un exemple de mensonge. M'est-il permis à la chasse aux fauves d'user de ruse et de tromperie afin de tromper les bêtes et de les attirer dans des pièges pour leur perte et pour mon profit? Kant répondrait oui, car les animaux ne sont pas doués de raison. Qu'en est-il toutefois si un autre homme, un criminel, qui a la force pour lui, veut me détruire, moi ou ceux qui me sont chers? Si non seulement il dispose de toute la force, mais si en outre il ment? Si je suis totalement impuissant?

Kant dit que le système de la moralité se suffisant à elle-même implique, dans une communauté, que chacun agisse selon son devoir ; mais que l'obligation découlant de la loi morale reste valable même si d'autres ne se comportent pas selon cette loi. Il en est ainsi pour tous les êtres doués de raison. Ne peut-on pas se demander à quel moment il faut cesser de traiter tel individu particulier comme un être de raison, du fait que la réciprocité se trouve abolie au point qu'il n'en reste plus trace? Le comportement que l'on aurait envers des bêtes sauvages, est-il permis de l'avoir à l'égard d'hommes qui agissent en détenteurs absolus d'un pouvoir terroriste, ou en représentants et en profiteurs de celui-ci? L'arme de la ruse, de la dissimulation, du faux-semblant, du mensonge n'est-elle pas alors non seulement permise, mais exigée par l'impératif catégorique lui-même? Les hommes doivent-ils être considérés comme des hommes et comme des êtres doués de raison du seul fait qu'ils appartiennent biologiquement à l'espèce humaine et qu'ils sont capables de pensée rationnelle? L'impératif catégorique ne sera-t-il pas paralysé, si au lieu de parler lui-même, il se laisse supplanter par des interdictions abstraites comme « ne jamais mentir » et « tout être appartenant zoologiquement à l'espèce humaine est un être raisonnable qui doit être traité comme tel », même avec le risque ou la certitude d'une conséquence qui serait notre propre perte ou celle de nos proches?

La limite extrême où l'homme n'a plus à être traité comme tel n'est atteinte que lorsqu'il dispose contre moi d'une force illimitée. Mais où est la limite du manque de réciprocité, au-delà de laquelle seules des obligations juridiques (ou pas même celles-ci) et non plus morales subsistent entre des êtres doués de raison? La parfaite ouverture, la patience infinie, les tentatives sans cesse répétées, la disponibilité illimitée de la raison dépendent-elles de conditions préalables, de ma propre force, de situations propices, sans lesquelles une telle ouverture du comportement tout entier ne serait plus qu'une forme de coupable auto-destruction?

On peut poser la question : le devoir est-il vraiment à tout instant aussi clair, aussi univoque que Kant le suppose, avec raison pour la plupart des cas? Toute la validité de l'impératif catégorique ne réside-t-elle pas dans le fait qu'il sert à l'examen de la conduite et qu'il nous guide jusqu'au point où règne l'absolu, ou bien faut-il admettre aussi celle des nombreuses prescriptions et interdictions concrètes qui tendent à régir la vie morale avec leur univocité et leur rigueur rationnelles, comme si elles étaient elles-mêmes l'impératif catégorique?

La conduite morale reste indissolublement liée à la matière de notre vie en ce monde. Chaque fois que nous agissons, c'est en ce monde que quelque chose a été fait, que des effets ont été produits. L'impératif catégorique ne doit pas à l'expérience son caractère absolu, mais c'est seulement dans l'expérience et dans le jugement auquel il la soumet que cet absolu trouve sa valeur. La loi ne peut s'appliquer qu'en visant le monde.

Les résultats — non pas le succès, au sens d'un avantage — appartiennent à la matière, à travers laquelle l'impératif catégorique nous aide à trouver la conduite droite. Confondre la merveilleuse inflexibilité de cette origine de la raison morale avec la rigueur rationnelle de commandements et d'interdictions qui se laissent énoncer littéralement, c'est corrompre l'origine même dont Kant nous a fait prendre conscience. C'est cette origine que Kant a en vue lorsque — peut-être à tort — il parle ici et là de lois morales déterminées.

C'est pourquoi l'opposition d'une morale de l'intention et d'une morale du résultat ne tient pas. La morale de l'intention elle-même exige, dans l'action concrète, que l'on pense aux résultats à la lumière de l'impératif catégorique. La vérité réside dans un troisième terme que Kant, bien qu'il l'ait manifestement dans l'esprit, n'a pas expressément nommé, et que Max Weber a clairement désigné par le terme de « morale de la responsabilité. »

La morale de l'intention devient immorale lorsque, rejetant toute responsabilité, elle érige en absolu l'obéissance littérale à des abstractions, à ce qui prétend être le Bien, le Juste, le Sacré. On en reconnaîtra bientôt la fausseté, même sur le plan psychologique, à l'immixtion de motifs impurs.

La morale de la responsabilité est la vraie morale de l'intention. Elle cherche sa voie en ce monde, ne recourant ni à la seule norme du résultat, ni au seul principe rationnel d'une intention, mais dans l'espace ouvert des possibles, liée à l'absolu, qui ne s'annonce que par la forme de la pensée à travers l'action, et non par un contenu matériel.

6. *La liberté.* L'action morale *présuppose la liberté.* La liberté existe-t-elle ?

« Il n'y a pas de liberté », nous dit l'étude scientifique de la nature et de toute réalité empirique. Car les choses ne sont connaissables que pour autant qu'elles sont soumises à la nécessité d'une légalité naturelle. C'est pourquoi toute connaissance nouvelle ne peut que confirmer cette présupposition.

« La liberté existe », nous dit au contraire le fait du devoir. Je ne peux pas me dérober à la voix intérieure qui exige, quand je me dis à moi-même ce qui est bien ou mal. L'impératif catégorique énonce le principe de cette évidence que la raison trouve en elle-même. Si je dois, c'est ce que je peux. Il y a donc liberté.

La connaissance du cours inaltérable des phénomènes naturels et la conscience de la responsabilité semblent s'exclure l'une l'autre. Ou bien la nature n'a pas de cohésion causale irrémédiable, et celle-ci peut être rompue par des actes libres. Ou bien la responsabilité est une illusion, la liberté une apparence. Cette apparence ne peut être étudiée qu'en tant que phénomène, à l'intérieur de la légalité naturelle, et on en cherchera l'origine sur le plan psychologique. Le vieux problème, posé du fait que la connaissance de la nature ne saurait justifier ce qu'atteste la conscience de la liberté, a ému Kant profondément.

Pour le résoudre, il a recouru à sa découverte du caractère phénoménal de notre condition. Les catégories ont, en tant que principes (comme la nécessité de tout ce qui est régi par la loi causale) une portée objective dans le domaine de l'expérience possible. Ce domaine, elles le pénètrent entièrement. Je ne peux rien rencontrer d'objectif qui soit pour moi connaissable autrement que par les nécessités qui le régissent. Mais tout ce que je connais est phénomène, et j'en prends conscience grâce au concept-limite, qui ne désigne quant à lui aucun objet, celui de chose en soi, de noumène, d'intelligible. Or cet inconnaissable est présent dans notre liberté. La liberté, de fait, n'existe pas lorsque je veux la découvrir objectivement, psychologiquement, comme processus scientifiquement connaissable. Si loin que s'étende la recherche scientifique, elle ne rencontre pas la liberté. La liberté n'est pas un événement offert à la connaissance, elle est réalité par mon action.

Telle est la certitude simple que Kant cherche à saisir dans le tissu complexe des concepts qui lui servent à penser la liberté et à la rendre plus clairement présente à la conscience. En voici quelques exemples.

a) *Solution de l'antinomie de la nécessité et de la liberté.* Nous avons vu plus haut cette antinomie : chaque cause a d'autres causes, à l'infini, et tout se trouve soumis à la nécessité de la causalité ; et inversement : il y a une cause première qui commence la série, c'est-à-dire qu'il y a liberté. Le premier énoncé est valable pour l'étude du monde phénoménal. Le second, en revanche, n'a de sens que s'il pose un terme initial de la série, non pas dans l'ordre du processus naturel, mais pour ainsi dire transversalement à la série et au-delà d'elle.

Ce commencement, nous qui soumettons notre action à un devoir, nous le présupposons, afin qu'une telle action soit possible. Il ne se trouve soumis « à aucune condition temporelle ». Les actes libres n'ont aucune origine temporelle, mais seulement une origine intemporelle par la raison. Ce qui est éternel se décide dans la phénoménalité temporelle. « Ce qui, dans l'apparence d'un être raisonnable n'est un commencement que relativement et présuppose temporellement autre chose, se fonde, dans la réalité en tant qu'Intelligence, sur ce qui ne commence pas et qui n'est temporellement subordonné à aucun état antérieur. » Là où ce qui est ne se trouve soumis à aucune condition temporelle, « il ne se passe rien », « aucun changement » ne se produit, rien ne commence. C'est seulement sur le plan des phénomènes que peut commencer ce qui n'a pas son commencement en soi.

Mais comment, alors, penser simultanément la liberté et la réalité phénoménale? Quels sont leurs rapports? La pensée s'embrouille dans les contradictions parce que le fondement intelligible du phénomène (que dans ce cas nous sommes nous-mêmes) ne saurait être par principe pensé objectivement et accule par conséquent la pensée à l'échec logique dont nous avons parlé plus haut. Contentons-nous ici, au lieu d'une analyse, d'une brève indication :

La solution rationnellement simple du problème, c'est la théorie des deux causalités. Elle est facile à saisir, mais pour prix de cette facilité, elle induit à penser l'objectivité d'un deuxième monde. Elle s'énonce ainsi : dire que tout effet en ce monde doit provenir soit de la nature, soit de la liberté, ce n'est pas poser une alternative correcte. Bien plutôt, « il se peut que, sous des rapports différents, l'un et l'autre se produisent à la fois à propos d'un seul et même événement ».

L'effet peut être considéré sous l'angle de sa cause intelligible comme libre, et en même temps, sous l'angle des phénomènes, comme rendu nécessaire par le déroulement naturel. La causalité des êtres peut être considérée « de deux côtés », comme « intelligible en tant que celle d'une chose en soi, et comme sensible en tant que phénomène du monde sensible ». C'est pourquoi on trouvera à la fois liberté et nature à propos des mêmes actions. Kant parlera donc, se servant de la même catégorie, de « causalité » intelligible et de « causalité » empirique.

Le problème change d'aspect lorsque, au lieu de parler des deux faces parallèles d'une même réalité, Kant pense à l'action de l'intelligible sur le phénomène. La liberté commence une série causale dans le monde phénoménal, mais de telle façon que le phénomène issu d'états antérieurs en vertu de la causalité naturelle se trouve quand même produit par l'intelligible grâce à la causalité de la liberté. Cette action de l'intemporel dans le temps — pensée par une extension de la catégorie de causalité au delà du domaine des phénomènes — signifie ceci : dans l'intelligible même il n'y a pas de liberté, mais seulement la nécessité de la raison. Ce n'est que dans le rapport de l'intelligible intemporel aux phénomènes temporels que surgit la liberté. « Entre la nature et l'intelligible, un troisième terme : la liberté. » « L'Idée de la liberté ne trouve son application que dans le rapport de l'intelligible comme cause au phénomène comme effet. » La nature n'a pas de liberté et « nous ne pouvons pas davantage trouver pour des êtres purement intellectuels, par exemple Dieu, dans la mesure où son action est immanente, un concept de liberté adéquat ».

A cela correspond la pensée de Kant, selon laquelle seul le libre arbitre doit être dit libre, et non la volonté. « De la volonté, qui ne tend à rien d'autre qu'à la seule loi, on ne peut dire ni qu'elle soit libre ni qu'elle ne le soit pas. » La liberté réside dès lors uniquement dans le libre arbitre, qui peut décider bien ou mal, non dans la liberté intelligible de la volonté, pour laquelle il n'y a pas de choix parce qu'elle appartient dans l'intemporel aux lois nécessaires du devoir. La liberté ne saurait jamais consister en ceci, que le sujet raisonnable puisse aussi faire un choix contraire à sa raison (qui lui donne sa loi). « La possibilité de s'écarter de cette législation intérieure est à proprement parler une impossibilité. »

L'origine, elle-même intemporelle, Kant l'appelle caractère intelligible. Bien qu'étant « à l'origine de mes actions en tant que phénomènes », ce caractère intelligible n'est pas lui-même phénomène, il n'est pas conditionné causalement; il est libre. Dans le caractère intelligible, « aucune action ne naîtrait ni ne passerait ». Mais ensuite, Kant estime qu'il faut concevoir le caractère empirique conformément au caractère intelligible. Du coup, on le voit, il est question d'une réalité multiple de caractères intelligibles — l'amorce passagère d'une métaphysique qui n'aurait rien de kantien — et non plus seulement du royaume intelligible, source de la liberté sous la forme indéterminée du concept-limite. Schopenhauer, sautant sur l'occasion, dit : « nous saisissons dans nos actes, avec effroi ou ravissement, ce que nous sommes dans l'éternité et à quoi nous ne pouvons plus rien changer ». Mais en fait, ce n'est pas là du tout la pensée de Kant. Au contraire, pour lui, n'importe quel être doué de raison est à chaque instant capable de tout recommencer, malgré la série des états antérieurs et leur accablante puissance de détermination causale. Il peut s'avérer à tout moment que mon être éternel diffère entièrement de ce qu'il a semblé manifester jusqu'ici. D'ailleurs existe-t-il? Cet être a, chez Kant, une signification toute différente de la réalité empirique des phénomènes. Serait-il peut-être achevé en soi aux sources de la raison, et seulement enseveli sous les apparences du monde phénoménal? Kant ne recourt guère à un tel langage. Celui-ci risquerait en effet — plutôt que d'aider à concevoir l'origine suprasensible, au sens où cette pensée reste pour Kant indispensable — de nous entraîner dans des démarches métaphysiques qui, objectivant ce qui ne doit pas l'être, nous livreraient bientôt aux illusions.

Kant finit pourtant par dire que notre entendement est absolument incapable de penser à la fois ce qui reste pour lui radicalement scindé, la liberté intelligible et la nécessité phénoménale. Seul l'*intellectus archetypus*, l'entendement intuitif divin, le pourrait.

Ainsi donc nous pouvons dire paradoxalement ce qui suit : cela même qui est produit par une cause dans le monde phénoménal est libre en tant qu'acte intelligible. Le paradoxe naît du fait que l'expression est ici nécessairement contradictoire, comme chaque fois que notre pensée dépasse ce qui est objectivement pensable.

Par suite de cette contradiction, nous expliquons « les actes libres du passé d'après les lois de la nature humaine, et pourtant nous ne les considérons pas pour autant comme déterminés, car dans ce cas nous ne pourrions pas affirmer qu'ils auraient dû et pu être différents »

S'il est vrai que, selon Kant, on doit pouvoir penser sans contradiction que « tout est soumis à une règle, celle de la nécessité ou celle de la liberté », celle de la loi naturelle qui règne sur tout ce qui se passe, ou celle de la loi morale qui devrait commander l'action, et qui le plus souvent ne la commande pas, il n'en faut pas moins voir que l'idée de la loi est dans les deux cas radicalement différente. Il se peut qu'au cours de l'évolution historique de sa pensée, l'homme ait pris conscience d'abord de la loi morale. Aujourd'hui, en revanche, la loi naturelle n'est qu'un « paradigme » (*Typus*) dont on se sert pour parler de la loi de la liberté.

Que pour éclairer la liberté il soit indispensable de recourir à des catégories objectives, cela ne devrait pas avoir pour résultat que je me laisse emprisonner dans le mode de pensée choisi pour m'éclairer. Je ne peux pas posséder par mon savoir l'être de la liberté; si je le pouvais, je n'aurais plus à l'actualiser par l'action. Je ne peux pas davantage savoir qu'il n'y a pas de liberté; si je me l'imaginais, ma négation même de la liberté me la ferait perdre. Le mouvement de la pensée qui saisit cela même qu'elle met en question et remet en question ce qu'elle a saisi, est la forme par laquelle je m'assure philosophiquement de la liberté.

b) *La liberté n'est pas une expérience.* Pouvons-nous « faire l'expérience » de la liberté? Y a-t-il une sorte d'expérience qui la rende certaine? S'il y en a une, c'est seulement celle du devoir l'écoute de la raison dans l'absolu de l'impératif catégorique. Cette expérience même, Kant ne l'appelle qu'« une sorte de fait ». Mais la liberté, on ne peut en faire l'expérience, on ne peut que la présupposer. Le concept de liberté est, « pour la philosophie théorique, transcendant » parce qu'« on ne peut l'illustrer de manière adéquate par aucun exemple emprunté à l'expérience ». Mais Kant est certain que la liberté est une réalité à cause des principes pratiques considérés dans l'usage qui en est fait. « Il y a quelque chose dans la raison humaine qu'aucune expérience ne peut nous faire connaître, et qui cependant prouve sa réalité et sa vérité dans des effets qui sont représentés dans l'expérience. » Du moment que je dois, c'est donc que je peux. Si les exigences morales ont un sens, il faut qu'existe la liberté de s'y conformer. Reconnaissant la validité de la loi, je suis de ce fait même certain de ce qu'elle présuppose. La liberté n'est pas pour autant prouvée par une expérience d'ordre théorique. « Car pour ce qui est de la raison pratique, c'est par l'action qu'elle prouve sa propre réalité et celle de ses concepts, et toutes les arguties qu'on pourrait inventer contre sa possibilité sont vaines. »

Par notre sens interne, nous avons de nous-mêmes une intuition psychologique. Ce que je peux observer de mon expérience intérieure est phénomène. Comme nous n'avons aucune intuition de ce que nous sommes en nous-mêmes — comme liberté —, une étude empirique de celle-ci est impossible. C'est seulement dans un passage tardif de son œuvre posthume que Kant a formulé cette pensée autrement : « L'expérience ne nous permet pas de conclure que la liberté est réelle. Mais si nous en avons pourtant un concept, c'est seulement par l'intuition intellectuelle interne (non par le sens interne) que nous avons de notre activité ». Ici Kant élève la conscience immédiate au niveau d'une intuition intellectuelle, mais la signification de ce passage ne diffère pas de ce qu'il avait écrit dans le *Fondement* : l'homme, « considérant ce qu'il peut y avoir en lui de pure activité (ce qui parvient à la conscience non par une affection des sens, mais immédiatement), doit se considérer comme faisant partie du monde intelligible, dont il n'a pourtant pas d'autre connaissance. »

Lorsqu'il s'agit de la causalité de liberté, la catégorie causalité ne peut recevoir un contenu de l'intuition, mais seulement de l'action. Cette action ne peut être intuitivement connue puisqu'elle n'est pas soumise aux conditions temporelles. Kant nous enseigne ainsi à prendre de nous-mêmes une conscience authentique. Il nous conduit aux limites du temporel, jusqu'à l'être intemporel, sans nous laisser néanmoins y pénétrer, sinon par la mise en pratique de la moralité.

c) *Seule la certitude du caractère phénoménal de toute réalité connaissable permet de sauver la liberté.* La doctrine établissant la phénoménalité de toute réalité connaissable et susceptible d'être rencontrée dans l'expérience, Kant s'en sert pour réfuter la négation de la liberté. « Si les phénomènes sont des choses en soi, il est impossible de sauver la liberté. » Car alors, « la nature devient la cause complète de tout événement ». Abolir « la liberté transcendantale » telle qu'elle est conçue lorsqu'on résout l'antinomie par la distinction de l'être en soi et du phénomène, reviendrait à « anéantir du même coup toute liberté pratique ». Kant insiste sans cesse sur ce point : « Comme le lien universel de tous les phénomènes, dans le contexte de la nature, est une loi imprescriptible, celle-ci renverserait nécessairement toute liberté si l'on s'en tenait obstinément à la seule réalité des phénomènes. »

Aussi Kant peut-il parler des deux *cardines* (gonds) de la philosophie critique : espace et temps n'appartiennent pas à la structure des choses en soi, mais a priori à la sensibilité du sujet; la liberté, qui n'est pas du tout reconnue immédiatement par le sens interne, est avérée par le concept du devoir. Devoir et liberté donnent à l'homme la certitude « non de ce qu'il paraît, mais de ce qu'il est en soi ».

« Il y a naturellement deux gonds sur lesquels tourne la philosophie critique : d'abord la théorie de l'idéalité de l'espace et du temps; celle-ci, considérant les principes théoriques, ne fait qu'indiquer la direction d'un suprasensible qui nous reste inconnaissable, cependant que, s'acheminant vers ce but par la voie de la connaissance a priori des objets sensibles, elle est dogmatique au sens théorique.

Ensuite, la théorie de la réalité du concept de liberté en tant qu'il désigne un suprasensible connaissable, ce qui ne permet cependant à la métaphysique d'être dogmatique qu'au seul sens pratique.

Mais les deux gonds sont en quelque sorte fixés au concept de l'inconditionné, que la raison forme comme totalité des conditions subordonnées les unes aux autres. Ce concept, il s'agit d'en éliminer l'illusion qui engendre une antinomie de la raison pure par la confusion des phénomènes et des choses en soi, et qui, dans cette dialectique même, contient l'amorce d'un passage du sensible au suprasensible. »

La liberté, c'est le point de présence du suprasensible en ce monde, celui où nous pouvons pour ainsi dire le toucher de nos mains, sans pourtant le connaître jamais comme quelque chose de ce monde. Là, nous trouvons « la merveilleuse ouverture que nous devons à la raison pratique et à sa loi morale, l'ouverture sur le monde intelligible ». Seul le concept de liberté nous permet, sans que nous ayons à sortir de nous-mêmes, de trouver l'absolu et le suprasensible correspondant au relatif et au sensible. Car c'est notre raison elle-même qui, par la loi pratique absolue, reconnaît qu'elle appartient au monde suprasensible.

Chaque fois que ces idées sont mises en discussion, les partenaires ne peuvent s'exprimer qu'en termes objectifs. Nous réussissons ou non à nous comprendre selon que nous accomplissons, à travers ces termes objectifs, la pensée transcendante, ou bien que nous nous enlisons dans l'objectif, dans la chose en soi, n'importe laquelle, qui n'est plus concept-limite, mais tout juste une chose.

Pour qui cherche à comprendre la conception kantienne de la liberté, l'alternative décisive est celle-ci : ou bien, transcendant toute objectivité, je m'assure, avec Kant, d'une conscience de l'être fondée sur la liberté, — ou bien je retrouve un être en soi, un être-objet en soi, une réalité en soi, dont je prétends posséder un savoir, perdant ainsi la liberté.

d) *Fausses démarches pour faire comprendre la liberté.* Il arrive constamment qu'on cherche à se faciliter les choses en esquissant ainsi un faux savoir. Au lieu de maintenir les pensées de Kant, à l'aide des contradictions paradoxales, sur le plan de la quête philosophique transcendante, on leur donne un semblant d'intelligibilité au niveau du savoir immanent. Or la loyauté interdit que, nous dérobant aux contradictions inévitables d'un tel langage, nous recourions à l'un des schèmes de pensée suivants :

1° On conçoit à tort la liberté comme possible grâce aux lacunes de la causalité naturelle. En effet, tout ce que nous pouvons rencontrer dans le champ de notre expérience connaissable est régi sans exception par les lois naturelles que nous apprenons à connaître de mieux en mieux, sans fin, par une pénétration qui va toujours plus loin. Mais nous nous trompons lorsque, de la présupposition (qui ne cesse de se confirmer au cours du progrès de la connaissance) selon laquelle tout le connaissable sans exception est régi par des lois naturelles, nous faisons un absolu, déclarant : tout ce qui est réel est nature et, comme tel, connaissable. Au contraire, le fait fondamental, c'est que, par notre présence en tant qu'êtres raisonnables capables de connaissance et d'action, nous sommes plus que tout le connaissable. Ce que nous sommes réellement ne peut jamais faire l'objet d'une connaissance psychologique ou scientifique positive, bien que l'apparence (le phénomène) de cette réalité que nous sommes puisse faire l'objet d'une étude psychologique se poursuivant à l'infini.

2° On conçoit à tort la liberté comme un processus naturel d'un genre particulier. On parle de hasard et d'arbitraire comme de facteurs particuliers, qui échapperaient dans le détail à la prévision. Depuis Épicure, qui rattachait la volonté libre à la déviation fortuite des atomes s'écartant dans leur chute de la ligne droite, jusqu'aux représentations modernes envisageant à l'échelle atomique un jaillissement imprévisible, saisissable seulement par des méthodes statistiques, que l'on nomme liberté, on s'est efforcé de trouver un solution apaisante en sauvant objectivement la liberté. Mais ce dont on parle ainsi n'a rien à voir avec la liberté. Le hasard ou l'arbitraire comme limite de la connaissance de la nature ne sont pas liberté, mais des éléments du monde phénoménal. Ici encore, l'attachement à un objet entraîne la perte de la liberté.

3° Le suprasensible est conçu à tort, soit comme une multitude de caractères individuels représentant chacun la liberté, soit au contraire comme une obéissance toute générale à l'unique loi valide de la raison. Dans les deux cas, la liberté se trouve en fait perdue; elle est remplacée, dans le premier, par la réalité réifiée d'un suprasensible multiple, dans le second, par une simple « validité » abstraite.

4° On n'atteint pas davantage le sens de la liberté lorsque, anticipant sur l'avenir, on en trace le plan et on prétend le réaliser, comme si l'avenir devait amener l'éternité; — pas davantage non plus lorsque, se tournant vers le passé, on l'érige en réalité permanente et pour ainsi dire éternelle. Dans les deux cas, le temps n'est pas vaincu en direction de la liberté en acte, mais au contraire on emprisonne celle-ci, dans une réalité temporelle faussement considérée comme absolue. La liberté réelle traverse et dépasse l'ensemble de la temporalité, unissant passé et futur dans l'instant présent.

e) *Multidimensionalité de la liberté.* La philosophie kantienne se déploie selon des rayons qui ont un centre commun. Dans la « liberté transcendantale », ce centre n'est montré que comme une simple possibilité qui se laisse penser sans contradiction. Ainsi se trouve ouvert l'espace où la flamme de la liberté peut s'allumer. Cette liberté brille en quelque sorte selon des dimensions diverses.

Il y a déjà de la liberté dans la spontanéité de l'entendement : « La liberté, en somme, n'est que l'activité spontanée dont on prend conscience. L'expression « je pense » indique déjà qu'au niveau de la représentation je ne suis pas passif, qu'elle doit m'être attribuée. » C'est pourquoi « la conscience de soi a priori » s'appelle déjà liberté.

Bien que l'entendement soit activité spontanée, il est encore lié aux représentations sensibles. La raison, en revanche, manifeste sous le nom des Idées une spontanéité si pure qu'elle dépasse tout ce que la sensibilité peut fournir. Elle seule est capable de distinguer monde sensible et monde intelligible, et par là, « de prescrire ses limites à l'entendement lui-même ».

La liberté a sa place privilégiée dans l'action morale, dans le choix dont l'actualisation s'accomplit sous la conduite du devoir.

Enfin, la liberté anticipe sur la perfection dans le « libre jeu » de la contemplation du beau.

C) Contemplation du beau.

La contemplation du beau, que Kant appelle « jugement de goût », comble l'âme d'un plaisir qui, en tant qu'état émotif, s'approfondit et s'exalte avec sa durée.

1. *Jugement de goût et jugement logique.* Le jugement de goût, comparé au jugement logique, reste toujours un jugement particulier, non un jugement général. Le prédicat n'y est pas un concept, mais un sentiment de plaisir ou de déplaisir. On ne peut pas justifier celui-ci par des raisons, il faut tenter de l'éprouver soi-même. Quand quelqu'un essaie de démontrer pourquoi un poème, un tableau sont beaux, « je me bouche les oreilles ».

Le jugement de goût « n'est pas intéressé » à la réalité de l'objet. Il se distingue par là du plaisir que donne l'agréable et de l'approbation accordée au bien. Indépendant de l'attrait sensible et de la satisfaction morale, le jugement de goût ne trouve dans l'objet que l'occasion d'un libre mouvement de plaisir.

Pourtant cet objet nous est présenté comme source d'un sentiment de plaisir général. Il prétend faire éprouver à chacun la valeur de sa beauté, mais de manière telle que la règle générale à laquelle il servirait d'exemple reste impossible à énoncer. Il y a en lui une « légalité sans loi » qui ne s'éprouve que dans le jugement particulier, c'est-à-dire dans le jugement de goût lui-même qui le met à l'épreuve. S'il est généralement valable, c'est donc dans un sens originellement différent du jugement logique constituant la connaissance.

Un bel objet est perçu sous forme de finalité sans représentation d'une fin. Lorsque je m'imagine la perfection d'un objet comme étant son appropriation à une fin, cette perfection n'est pas beauté, et la beauté n'est pas une perfection obscurément et confusément perçue. La beauté offre aux yeux une claire vérité, mais nulle connaissance d'un objet.

2. *Libre jeu des facultés de connaissance.* Kant se demande ce que peut bien signifier la validité générale d'un plaisir. Le plaisir, ici, c'est le libre jeu de toutes les facultés de connaissance, imagination et entendement. Dans leur jeu commun, un accord se produit entre elles lorsqu'aucun concept déterminé n'impose à l'imagination la limite d'une règle de connaissance et que l'imagination n'est cependant pas sans règle. C'est l'unité de la liberté et de la loi.

La liberté dont il s'agit ici est différente de la liberté morale comme aussi du concept de liberté intervenant dans la spéculation théorique. Alors que ces derniers se rapportent à une causalité réelle et déterminée, la liberté esthétique, cette liberté de jeu, est la plus parfaite parce qu'elle n'est liée par aucun intérêt à la réalité positive. Elle est, dans son infinité, présence de l'être entier. Le fond inépuisable de l'être devient sensible dans le corps d'un objet donné. Aussi est-elle perdue dès qu'une loi déterminée, visible, commande le jeu du regard, par exemple une loi mathématique, quelle que puisse être sa complexité. Indéterminée, excluant toute détermination, infinie par le jeu commun des facultés, telle est l'essence de cette liberté.

3. *Validité du jugement de goût.* Si le jugement de goût doit être valable pour chacun, il faut qu'il y ait chez tous les hommes, en tant qu'êtres doués de raison et contemplant le beau à l'aide des sens, quelque chose de commun. Kant appelle cela le sens commun. Il est « l'effet du libre jeu de nos facultés de connaissance », « de la disposition des facultés de connaissance à une connaissance quelle qu'elle soit ».

4. *Le suprasensible dans le jugement de goût.* Kant souligne l'incertitude de la subsomption juste dans le jugement de goût. Là, quand la justification cesse, quand le sentiment de plaisir se trouve être le seul prédicat du jugement, jaillit dans le jeu une nouvelle responsabilité originelle : par la participation à ce qui est généralement valable, percevoir le suprasensible.

Le jugement de goût n'est pas une capacité accessoire (comme celle d'un connaisseur en vins); il implique la présence de notre être entier. Il s'accomplit en effet par le jeu de toutes les facultés de notre raison. Comme pure forme de ce jeu, celle-ci n'a pas de contenu matériel essentiel; le contenu, c'est cette forme même, dans la réalité charnelle de l'apparence sensible.

Le libre jeu du jugement de goût me fait prendre conscience, en tant que je suis un être sensible doué de raison, de ce en quoi se produit tout ce qui a de l'être pour moi (dans le jeu des facultés de connaissance en général), puis de la racine inconnue des deux troncs (sensibilité et entendement), et par là de quelque chose d'encore plus profond : le fondement déterminant du jugement de goût réside « peut-être dans le concept de ce que l'on peut considérer comme le substrat suprasensible de l'humain (*Menschheit*) ». Car c'est dans le suprasensible que se trouve le point de convergence de toutes nos facultés a priori. D'où la découverte philosophique selon laquelle, dans le jugement de goût, « ce ne sont ni des règles, ni des prescriptions, mais seulement ce qui ne peut être saisi à l'aide de règles ou de concepts, c'est-à-dire le substrat suprasensible de toutes nos facultés, qui sert de norme subjective ».

5. *L'Idée esthétique.* Cette norme, qui se présente sous la forme sensible et incarnée du beau, Kant l'appelle « Idée esthétique ». Elle est la représentation, irréductible à des concepts, que l'imagination se donne dans son libre jeu. Kant appelle « Idées » des représentations qui, tout en se rapportant à un objet, ne peuvent jamais s'ériger en connaissance de celui-ci. Les Idées théoriques de la raison ne pouvaient pas devenir connaissance parce qu'elles impliquaient un concept (du suprasensible) auquel ne peut jamais correspondre aucune intuition adéquate. Une Idée esthétique ne peut pas devenir connaissance parce qu'elle est une intuition pour laquelle il n'y aura jamais de concept suffisant.

6. *Le Génie.* Lorsque Kant parle du beau, il ne distingue pas d'abord entre nature et art. Mais ensuite, il aperçoit la grande différence : la contemplation du beau peut être, soit le libre jeu contemplatif qui s'attarde sur l'objet, soit la production du beau, par un jeu créateur, dans l'art et la poésie. Dans ce dernier cas, l'homme crée les objets qui rendent le beau communicable.

Le créateur de telles œuvres s'appelle « génie ». La notion de génie, Kant la limite à ces créateurs. Le génie suscite devant nous ce qui s'offre ensuite, tout incarné, à l'intuition, l'objet qui rend possible le jeu infini des forces de notre imagination, ce jeu pour lequel tout concept reste insuffisant. Le génie est un don de la nature, par lequel celle-ci donne, dans l'œuvre même, la règle que l'on ne peut, comme règle, ni définir, ni imiter, ni répéter. C'est la nature dans la raison, anticipant la perfection de son apparence dans le jeu.

Le génie est original. Mais comme il y a aussi du non-sens original, il faut dire plutôt qu'il est le pouvoir d'engendrer la règle : il est exemplaire. La nature du génie, c'est l'unité de toutes les facultés de l'âme réalisée dans un processus créateur, c'est la faculté de représenter des Idées esthétiques. Cette nature est elle-même « le substrat suprasensible » et « le but suprême, qui nous est proposé par le côté intelligible de notre nature, c'est de réaliser par rapport à lui l'accord de toutes nos facultés de connaître ». Une note, dans les écrits posthumes, porte ceci : « Il ne faut pas dire « les génies ». C'est l'unité de l'âme universelle. »

Le génie reste, chez Kant, ambigu. Tantôt il est origine, autonome, créateur de la forme; tantôt il redevient matière, il a besoin d'être taillé et poli. Tantôt, se fondant sur le substrat suprasensible, il engendre la norme, tantôt son œuvre se trouve soumise au jugement du « goût ». Tantôt c'est par l'intermédiaire du génie que la nature donne la règle (« là où brille l'esprit, aucune faute ne peut nous nuire »), tantôt le goût retrouve ses droits sur le génie. Le génie, c'est la nature en tant qu'unité de toutes les facultés de l'âme (imagination, entendement, esprit, goût) dans le substrat suprasensible, puis il redevient cette matière qui a besoin qu'on la mette en forme après un apprentissage. Une fois, nous lisons : « Il sied certes au génie de s'écarter souvent de la règle commune »; créant l'inimitable, le génie a des privilèges. Mais plus loin, Kant exige « un dressage du génie » : « Seuls l'ordre et la clarté permettent de retenir les Idées. » « Il vaut mieux sacrifier quelque chose du génie que quelque chose du goût. »

7. *Unité de la nature et de la liberté.* Kant croit voir dans le génie l'unité de la nature et de la liberté, qui sont si radicalement scindées sur le plan moral. Mais cette unité n'existe que dans le jeu qui n'engage à rien, sinon, en vertu d'un engagement propre, différent des autres, à la règle et à l'Idée, telles qu'elles s'imposent sans fin dans la représentation. Si Kant entendait ici par nature notre vie telle qu'elle est en fait dans la condition psycho-physique qui est la nôtre, la liberté se trouverait réduite à la nature et par là perdue. Mais la nature dont il s'agit, c'est celle qui donne sa règle à l'art, c'est notre être suprasensible, qui trouve ici dans sa totalité un langage irremplaçable qui lui est propre, mais seulement dans le jeu.

8. *Limitation du concept de génie.* Kant interdit toute généralisation du concept de génie. La richesse des hypothèses nouvelles et la puissance systématique des Idées théoriques chez le savant, la personnalité morale de l'homme d'État, des techniciens inventifs et d'autres personnages, ont leur

grandeur propre. Kant ne parlerait pourtant jamais d'un savant, d'un général, d'un homme d'État, d'un technicien génial; il ne leur accorderait pas le « génie du cœur ». C'est seulement à propos du savant que Kant a explicité cette différence qui tient au sens de ce qui est produit : le génie est essentiellement différent d'un « puissant cerveau ». Ce dernier est capable de découvrir « ce que l'on aurait aussi pu apprendre » et qui pourra en effet être appris désormais. Kant voit la différence essentielle existant entre une œuvre qui, une fois créée, se laisse penser à nouveau et explorer jusqu'en ses ultimes ressorts, et une œuvre qui, par l'intuition, donne à penser à l'infini, restant inépuisable comme le monde lui-même. Les conquêtes de la science peuvent être répétées de façon identique, c'est un pas fait sur le chemin d'un progrès sans fin. L'œuvre d'art ne peut être répétée, elle est toujours perfection unique. Le savant et le poète ont des dons essentiellement différents : « Le talent d'invention n'est pas le génie des Idées. »

Aussi nette apparaît à Kant la distinction entre le jeu esthétique et l'action comportant un engagement moral dans le monde. Tout homme a le devoir d'être moral, mais chacun ne peut être un génie et n'a pas à en être un : le concept de génie permet de comprendre ce qu'il y a chaque fois d'irremplaçable dans le libre jeu de l'être entier, indépendamment de la morale des créateurs.

9. *Beauté et moralité*. La contemplation, dans l'art et la poésie, a le sens suivant : dans le libre jeu, l'homme est présent tout entier et il touche à l'origine. La liberté du jeu, cependant, mesurée à l'intérêt moral, se caractérise par le fait qu'elle ne comporte aucun engagement. Le jeu est bien, certes, libération infinie, mais non pas sur le plan de la réalité. Libéré de la jouissance, de la moralité, de la connaissance logiquement déterminée, qui toutes l'enferment dans une réalité particulière, l'homme acquiert dans ce jeu sa grandiose libéralité. Mais celle-ci est ambiguë.

Kant affirme d'une part que le goût et la morale sont indépendants : les virtuoses du goût, dit-il, « sont ordinairement vaniteux, obstinés et adonnés à des passions funestes », — mais d'autre part, dans un contexte différent, il dit : « La vraie propédeutique, pour fonder le goût, consiste à développer les Idées morales et à cultiver le sens moral » (car dans le substrat suprasensible, les Idées esthétiques et l'origine de la moralité ne font qu'un).

La signification morale du beau constitue le sommet de la conception kantienne :

Le beau dans la nature est réalité. Bien que, selon Kant, l'intérêt que l'on porte au beau dans l'art ne constitue pas une preuve d'attachement au bien moral, cependant un intérêt immédiat pour le beau naturel « est toujours le signe distinctif d'une âme bonne ». Cette affirmation se fonde sur « l'intérêt » porté à la réalité du beau dans la nature en tant que signe chiffré (*Chiffre*) de l'origine suprasensible.

Mais le beau dans l'art finit par prendre lui aussi une signification de cet ordre : il devient « le beau, symbole de la moralité ». Les créations exemplaires du génie sont irremplaçables. En effet, c'est par l'art que grandit la libéralité de la pensée, que l'individu s'éduque pour la communauté grâce à la communicabilité de la forme belle et que, prenant conscience du substrat suprasensible, il se prépare à accueillir les Idées morales.

D) Éclairement philosophique du suprasensible

Notre pensée s'assure un terrain solide, une issue, un ensemble de moyens par la pensée rationnelle (*Verstandesdenken*). Caractérisons-là brièvement.

La pensée rationnelle a besoin de l'intuition sensible; elle préfère, pour ses représentations, l'espace, alors qu'elle n'a du temps qu'une intuition indirecte, par exemple par une ligne tracée dans l'espace. Les termes pensés par l'entendement ont entre eux des rapports d'extériorité, comme ceux de points dans l'espace. Les parties aussi sont, pour lui, extérieures les unes aux autres, éléments d'une structure qui s'obtient par addition. Elles s'attirent ou se repoussent, comme les corps dans l'espace. Le changement, c'est un groupement différent des éléments, ou bien un mouvement dans l'espace.

Pour pouvoir penser, l'entendement a besoin de deux points de référence au moins. Penser, pour lui, c'est établir par le jugement un rapport entre deux points ou deux cercles : le sujet et le prédicat. Les formes de la déduction se ramènent à des changements dans le groupement des objets pensés, changements que l'on peut illustrer par des cercles spatiaux. La forme correcte des rapports est celle que définit la pensée syllogistique. Parmi les concepts, on saisit des espèces, des identités définissables, des rapports de subordination allant du plus large au plus étroit. Les choses sont des cas particuliers, subsumés sous un terme général, et interchangeables. L'individuel est inaccessible à l'entendement.

L'entendement opère selon la relation unilinéaire du moyen à la fin. Une fin étant donnée, il convient de recourir à tel moyen.

L'objet adéquat, pour l'entendement, c'est l'inerte, la matière, la causalité mécanique. L'entendement saisit la machine, non la vie. L'intériorité de l'âme et le mouvement de l'esprit lui échappent. S'il tente de les penser, il les dénature aussitôt en les enfermant dans des structures rationnelles où ils meurent. Il ne peut les penser qu'à travers des rapports qui n'ont pour eux rien d'essentiel.

Il faut donc remarquer ceci : cette pensée rationnelle est certes indispensable, condition de toute détermination et de toute clarté. Mais le monde qui lui correspond, c'est le désert incolore de la machine, le mouvement des éléments et de leurs combinaisons, la causalité mécanique, la fabrication, le hasard.

La pensée humaine a de tout temps pratiqué et dépassé la pensée rationnelle. Par la pure élaboration de celle-ci, elle obtient une clarté vide de contenu; par son dépassement, l'opacité des contenus. L'erreur réside aussi bien dans la séparation des deux que dans leur mélange. L'entendement, par ses déterminations précises, nous enferme dans des limites évidentes. Renoncer à lui, c'est se livrer aux phantasmes du rêve. Or, la pensée philosophique prend avec Kant une forme nouvelle : il se sert de l'entendement pour dépasser l'entendement, sans jamais le perdre. C'est pourquoi il ne peut se passer de l'objectivité des choses, constituées en catégories. Il préserve la priorité de ce qui est objectivement déterminé, saisissable, fini, intuitivement rempli, sur ce qui sera désormais tâche à accomplir, chemin à suivre en recourant à des moyens indirects. Dans la raison, l'entendement n'est qu'un rouage. Distinguer les unes des autres les diverses modalités de la pensée, c'est faire apparaître le besoin que chacune a de toutes les autres pour tendre à la vérité dans sa totalité.

Ainsi Kant a montré que déjà la connaissance acquise par l'entendement, lorsqu'elle s'organise en science grâce à une recherche systématique, se fait sous la conduite des Idées. Il a montré que le fait même de la vie reste inconcevable pour le seul entendement. Il a montré ce qui, venant d'une autre origine, s'actualise dans la liberté de l'action morale, ou encore ce qui devient présent pour nous par la contemplation du beau, dans le jeu des facultés de connaître.

Dépasser l'entendement par l'entendement ne revient pas à laisser le champ libre à on ne sait quelle faculté affranchie de toute contrainte qui s'exercerait sans l'entendement. C'est l'entendement qui reçoit d'autres origines des fonctions qu'il ne trouverait jamais en lui-même. Le dépassement de l'entendement s'accomplit comme « jugement réfléchissant », qui se donne à lui-même sa loi, sans pour autant déterminer un objet. Son mouvement permet de penser l'entendement intuitif divin, l'entendement divin qui propose les fins, l'union de toutes nos facultés dans le substrat suprasensible de l'humain, notre être intelligible en tant que liberté, mais tout cela indirectement, sans qu'aucun de ces termes ne devienne objet. De ce dépassement de l'entendement, Kant dit : « Je ne passe pas vraiment à autre chose, mais à une autre manière d'utiliser la raison. »

L'entendement, c'est « l'exactitude » (*Richtigkeit*) de la conscience en général. Celle-ci est une condition nécessaire, mais non pas suffisante, de la vérité. Dans l'Idée, dans le sens moral, dans le beau, nous rencontrons des réalités qui, par delà toute exactitude, nous donnent enfin la vérité. Il y a chaque fois une discontinuité à franchir : de la connaissance correcte à la vérité essentielle, — de l'action techniquement correcte à la conduite morale, — du jugement du goût correct à la saisie de l'Idée esthétique, — chaque fois, on passe du conditionné à l'inconditionné, du fini à l'infini, de l'illimité à ce qui se referme sur son contenu.

Que l'on dépasse ainsi l'entendement n'entraîne pas l'existence de deux mondes. Nous ne pouvons pas aller alternativement de l'un à l'autre. Nous ne pouvons pas nous en tenir à l'un et perdre l'autre. Il n'y a qu'une seule raison et elle s'égare lorsqu'elle ne fait que se scinder au lieu de maintenir son unité dans la division même. Il n'y a qu'un Tout, dans lequel nous sommes. Pour Kant, il n'y a de vérité que dans la totalité.

1. *La foi en la raison.* Dans la connaissance, dans la contemplation du beau, et de façon décisive dans la conduite morale, grandit le « besoin de la raison » tendant à sa quasi-complétude. Au terme de la connaissance se tient l'Idée, un « comme si » ; dans la contemplation du beau, il y a « le jeu des facultés de connaître » ; dans la conduite morale se pose la question du sens de mes actions. Chaque fois le suprasensible est présent, mais non pour notre savoir, qui s'en tient aux preuves. Le seul principe permettant d'atteindre la certitude à l'aide de la raison, c'est celui d'un accroisement de celle-ci tendant à sa complétude.

C'est pourquoi le caractère formel fondamental de la « foi en la raison » réside en ceci que l'exigence de complétude n'y est pas seulement ressentie comme besoin, mais qu'elle y trouve son accomplissement. Celui-là est croyant qui accorde à sa raison, dans son usage empirique — tant théorique que pratique —, ce qui est indispensable à sa complétude, même si elle est incapable d'en fournir la preuve ». Sans cette foi, « il est impossible de faire en sorte que l'usage empirique de la raison, tant empirique que pratique, se satisfasse lui-même ». La raison même se fonde sur la foi en la raison, qu'elle engendre. La raison accomplit par la pensée ce qui est sa propre présupposition, ce qu'implique sa complétude et ce qui lui est nécessaire pour l'atteindre.

Au centre du besoin de complétude de la raison se dresse l'exigence morale. L'action morale il est vrai, serait soumise aux mêmes normes et conserverait la même dignité même s'il n'y avait pas de Dieu et pas d'immortalité, mais par rapport au Tout, elle n'aurait pas de sens. Elle serait sans fondement et sans but, sans foi et sans espérance. C'est pourquoi l'action morale fait surgir les « postulats » selon lesquels Dieu existe, ainsi que l'immortalité (les « postulats de la raison pratique »).

S'il est vrai qu'avec ces postulats on voit poindre une métaphysique sur une souche pratique, il ne peut pourtant s'agir d'un savoir théorique, obtenu par des raisonnements à partir du domaine pratique et s'imposant de manière apodictique à la connaissance. Ces postulats ne sont que l'expression théorique d'un sens impliqué et contenu dans l'acte moral. « Le motif pour lequel on les croit vrais est ici purement subjectif, à savoir un besoin nécessaire qu'éprouve la raison d'admettre l'existence d'un être suprême, non de la démontrer. »

« Tout usage de la raison qui ne s'accorde pas avec les principes de l'usage empirique est folie, comme par exemple de ressentir des influences célestes, d'exercer une influence sur le royaume des esprits. » Mais : « La perfection morale, bien qu'elle ne soit pas entièrement accessible, n'est pourtant pas folie... Dieu n'est pas folie. »

Une foi qui prend la forme d'un jugement théorique s'appelle foi doctrinale. C'est une foi doctrinale de ce genre qui enseigne que l'existence de Dieu est la condition d'un ordre finalisé dans les choses, ou de l'existence des choses qui sont des fins naturelles (organismes). Mais la foi doctrinale a « quelque chose de chancelant ». Car « la signification objective » des Idées n'implique jamais que leur contenu soit connu objectivement, mais seulement qu'au fil de la recherche systématique, aussi longtemps que celle-ci progresse, elles sont valables. Il en va autrement, chez Kant, pour la foi morale : je suis certain « que rien ne pourrait faire chanceler cette foi, car si cela était, mes principes moraux se trouveraient renversés du même coup ». C'est pourquoi il ne faut pas dire : « Il est certain que Dieu exsiste », mais : « Je suis moralement certain qu'il existe. »

Kant voit combien il est nécessaire pour mon existence morale et pour ma foi que je sache *comment* je sais et *ce que* je sais. Je connais ce qui est par ce que je fais. « Il n'y a pas de foi théorique au suprasensible. » D'où la phrase : « Si vous ne veillez pas à faire d'abord, et fût-ce à mi-chemin, des hommes de bien, vous n'en ferez jamais non plus des croyants sincères. » Il est plus conforme à la nature humaine « de fonder l'attente d'un monde futur sur les sentiments d'une âme bien née que l'inverse, c'est-à-dire de fonder une bonne conduite sur l'espoir d'un autre monde ».

Le savoir, en revanche, est trompeur : « Le savoir vous gonfle d'orgueil (quand il est folie), mais le savoir poussé jusqu'à ses limites rend humble. » D'où : « Je devais abolir *(aufheben)* le savoir pour faire une place à la croyance. »

Plus encore : la volonté de savoir, là où c'est la croyance qui doit nous soutenir, est elle-même incroyance. Nous penchons vers le savoir afin de nous cramponner à lui. Nous voudrions posséder comme une chose matérielle ce qui n'a de présence que dans ce que nous sommes et ce que nous faisons par notre liberté. Nous cherchons la facilité : « La superstition, c'est là une pente naturelle de l'esprit humain. » Il n'y a que peu de croyants « capables de foi en la raison par intérêt moral. Ils veulent être payés comptant, soit en connaissances, soit en avantages dans la vie ».

Mais n'est-ce pas un grand malheur que nous soyons, dans notre condition humaine, incapables de prouver et de connaître l'existence de Dieu, que Dieu reste à tel point caché que celui qui le nie ne puisse être ramené à lui par la contrainte de la seule pensée, ou bien que celui qui croit ne puisse qu'obéir à une Révélation faisant valoir ses droits sur lui? Ne serait-il pas indiciblement magnifique que Dieu se montrât lui-même et que nous fussions sûrs de lui? Et n'est-ce pas là toute notre nostalgie? Kant répond :

« Si Dieu et l'éternité se tenaient sans cesse, dans toute leur redoutable majesté, devant nos yeux (car ce que nous pouvons prouver a pour nous autant de force, du point de vue de la certitude, que ce que nous constatons de nos propres yeux) », alors, certes, « toute transgression de la loi serait évitée, les commandements seraient observés. » Mais l'aiguillon resterait extérieur, la conviction (*Gesinnung*) n'aurait pas besoin de recourir à la raison pour s'élever au-dessus d'elle-même. « La plupart des actions conformes à la loi seraient accomplies par crainte, quelques-unes seulement par espérance, et aucune par devoir. La valeur morale des actes se transformerait donc en un simple mécanisme, comme celui qui, dans un théâtre de marionnettes, fait gesticuler parfaitement toutes les figures sans qu'il y ait en elles trace de vie. En revanche, comme le Maître du monde nous permet de supposer son existence, et non de la voir ou de la démontrer clairement, et que la loi morale en nous exige au contraire de nous un respect désintéressé, une prise de position vraiment morale est possible. Il y a donc peut-être de bonnes raisons pour admettre que la sagesse insondable qui nous fait exister n'est pas moins digne de vénération en ce qu'elle nous refuse qu'en ce qu'elle nous a accordé. »

La foi en la raison (*Vernunftglaube*) a son origine en elle-même. « Toute foi, même la foi historique, doit être raisonnable (car l'ultime pierre de touche de la vérité reste toujours la raison), mais la foi en la raison est celle qui ne se fonde sur aucune autre donnée que sur celles que contient la raison pure. »

Pour faire face à tous les dangers, Kant érige « le principe de l'autoconservation de la raison ». Il est le fondement de la foi en la raison, dans laquelle « la certitude du vrai a le même degré que dans le savoir, bien qu'étant d'un genre différent ». Ce principe puise sa force dans l'intégrité de la raison et dans sa manière de tendre à sa propre complétude.

A l'opposé, il y a « le principe du sacrifice de la raison par elle-même ». Sans la pure foi en la raison, « l'usage de la raison devient soit prétendu savoir total (pansophie), soit misologie, suicide de la raison ». Le renoncement à la foi en la raison s'accomplit ici du fait que celle-ci « érige en maxime son indépendance à l'égard de son propre besoin ». Cette maxime, c'est l'incroyance. L'incroyance en la raison (*Vernunftunglaube*) est « un fâcheux état de l'âme humaine, qui commence par priver les lois morales des ressorts qui les font agir sur le cœur, et même, avec le temps, leur enlève toute autorité, provoquant ainsi cette licence de la pensée qui renie en principe toute espèce de devoir. »

2. *Interprétation des dogmes religieux « dans les limites de la seule raison »*. La tendance à la métaphysique, qui se perd dans la nuit des temps, est indestructible et justifiée. Elle reste vraie même quand la pensée s'égare. « Cette science qui dépasse la nature, qui repose sur de purs concepts a priori et qu'on appelle pour cette raison métaphysique, est comme un Éldorado qui

promet à l'homme des richesses bien plus grandes et plus magnifiques que ne le peut sa misérable patrie sensible, où, tyrannisé maintenant par la nature, puis trompé sans cesse par l'illusion d'atteindre une fin dernière, il ne voit enfin devant lui que la mort. »

Mais dans la religion, on trouve de vastes intuitions, des symboles et des dogmes dans lesquels les hommes ont puisé l'apaisement. Kant se tourne vers la dogmatique chrétienne pour se l'approprier selon ses principes philosophiques à lui. Les dogmes spéculatifs « dépassent, il est vrai, complètement le pouvoir de la raison humaine » parce que nous ne pouvons rien savoir d'objets appartenant au suprasensible. Mais « ces Idées de la raison » ont un sens « lorsqu'on les limite à être les conditions de l'usage pratique ». Cela veut dire qu'elles n'ont pas de signification pour la connaissance, mais qu'elles ont une signification existentielle. Kant interprète ces idées : représentations mythiques, dogmes religieux. Il parle de la Grâce, du Royaume de Dieu, de la fin du monde. Il parcourt les dogmes essentiels de la pensée biblique.

Kant « joue » ici, comme il le dit, « avec des Idées que la raison se crée elle-même, dont les objets, s'ils existent, sont absolument hors de notre champ visuel ». Il rejette ou approuve, mais avec des arguments qui se réfèrent à des impulsions pratiques. Sur le plan de la réalité objective, le contenu de toutes ces Idées ne peut être pensé que « comme si » cela était ainsi. Elles ne sont pas, pour autant, dénuées de valeur, mais création de la raison à cause de son besoin pratique, sobres dans les purs postulats, illustrées et objectivées dans les mythes et les spéculations philosophiques.

Elles ne deviennent suspectes que lorsque la raison cesse en elles « de se comprendre elle-même et de comprendre ce qu'elle veut ». Alors elle préfère « extravaguer (*schwärmen*) plutôt que de rester — comme il convient à l'habitant intelligent d'un monde sensible — à l'intérieur des limites de ce dernier ».

Si Kant, donc, interprète les représentations, les figures, les dogmes bibliques « dans les limites de la seule raison », son point de départ est le suivant : aux limites de la raison, se dressent l'inconcevable et le mystère. Mais l'inconcevable n'est pas contraire à la raison, c'est ce qui s'éprouve par la raison comme limite de celle-ci et qui est repris dans la lumière de la raison. La raison unique, s'éclairant elle-même, ne résout pas les problèmes, mais laisse subsister les mystères. Elle se permet de leur donner une figure sensible et une expression conceptuelle, elle se risque à dépasser le connaissable par la pensée à l'aide d'« analogies », elle se meut dans le jeu des images. Mais celles-ci ne prennent cependant leur poids de vérité que par leur fonction dans l'actualisation morale de l'homme. C'est par la raison morale, et non par une connaissance logique, que ce qui s'offre sous forme d'image ou de raisonnement se trouve mis à l'épreuve pour être ensuite assimilé ou rejeté. Vivre avec ces images, cela n'est possible pour Kant que sous le signe de la raison tout entière. Ce n'est pas l'entendement qui, recourant à la réflexion logique, peut juger les figures dogmatiques et mythiques ; la raison dans sa totalité est le lieu où elles sont agissantes et où elles sont moralement mises à l'épreuve par l'être de l'homme raisonnable qui vit en elles. La foi, c'est l'espérance malgré l'échec de la raison devant l'inconcevable, mais c'est l'espérance de la raison elle-même, sans aucune autre garantie qui viendrait de l'extérieur. La raison comprend l'être non en soi, mais tel qu'il est accessible à l'être fini dans sa raison. C'est pourquoi, pour Kant — bien qu'il reconnaisse sur un plan formel la possibilité d'une révélation, dont la vérité cependant ne serait perçue que par la raison — l'élément religieux n'est pas une origine propre. Son ouvrage sur la religion ne fait pas partie de l'ensemble systématique de la philosophie critique. Mais l'élément religieux qui enveloppa son enfance continue à l'inspirer. Il se trouve dans la lignée des philosophes du genre de Lessing, qui interprètent raisonnablement le contenu de la religion, qui le « démythisent » lorsque le mythe se prétend connaissance, mais qui saisissent le mythe dans son essence et par là en préparent l'assimilation.

3. *Le Tout.* Kant ne nous conduit pas jusqu'à un principe de l'être dont serait dérivé tout ce qui est. Il éclaire bien plutôt les origines de la raison et fait apparaître par elles avec netteté

quelle est notre condition, où nous nous trouvons et quel est notre devoir.

La manière naturelle de se représenter les choses est toute différente et n'a rien de kantien. Pour elle, le Tout est un ensemble unique, immense, Dieu et le monde, ou le monde seulement. Dans cet ensemble, nous nous voyons comme résultat, non comme origine. Pour connaître le Tout, notre pensée recourt à des représentations de l'univers. Celles-ci, qui subissent pourtant les variations de l'histoire et diffèrent fondamentalement entre elles, nous permettent de voir ce qui est. Cependant il y en a toujours une qui, à tel moment, va de soi et dont nous n'avons pas conscience comme d'une représentation, parce que nous la prenons pour l'être même. Du moment que nous connaissons tout ce qui existe, du royaume des étoiles à la terre, de la matière inerte à la vie et aux hommes, et encore l'histoire et les œuvres de ces derniers, nous possédons l'être même, le Tout de la réalité, l'univers.

Kant veut s'arracher à cette sorte de savoir fondamental pour en atteindre un autre, à la fois plus vaste et plus modeste. Il montre comment le Tout nous apparaît, au niveau de notre propre condition, dans les scissions élémentaires, dans la confrontation avec l'expérience actuelle, dans la quête de l'unité. Je résume ce que nous avons exposé jusqu'ici.

1° Le monde entier en tant que Tout de la connaissance est *phénomène*. La « chose en soi » n'est pas une chose, mais un signe à la limite, servant à exprimer le caractère phénoménal de tout être connu. Mais bien qu'elle ne soit qu'un concept-limite, elle n'est pas rien. Ce noumène (ainsi nommé par opposition à phénomène) est actuellement présent dans notre liberté, dans les Idées, dans le jeu de la contemplation du beau. Ce qui est apparence n'est pas illusion. Nous en obtenons en tant qu'apparence, par la recherche scientifique, une connaissance valable qui se poursuit à l'infini. Et en tant qu'apparence, cela nous indique un fondement.

Phénomène et noumène constituent une scission élémentaire que nous pouvons certes penser philosophiquement, mais dont nous n'obtenons pas par la pensée une objectivation adéquate. Dans la réalité phénoménale elle-même, des scissions apparaissent partout, entre sensibilité et entendement, être et devoir, nature et liberté, et elles se manifestent le plus clairement dans les antinomies.

2° Tout ce qui est, pour nous, doit nous devenir présent. Dans la conscience que j'ai de mon existence, je suis en quelque sorte le nœud de tous les dualismes, et surtout des deux modes de l'être originellement différents, nature et liberté. Kant s'exprime ainsi à ce sujet dans la *Critique de la Raison pratique* : « Deux choses remplissent mon âme d'admiration et de respect, le ciel étoilé au-dessus de moi et la loi morale en moi. » Pourquoi celles-là? « Je n'ai pas à les chercher hors de mon champ de vision et à les conjecturer seulement comme si elles étaient cachées dans les ténèbres ou au fond de l'infini; je les vois devant moi et *je les rattache immédiatement à la conscience que j'ai de mon existence.* » Comment cela se fait-il? « La première commence à l'endroit que j'occupe dans le monde sensible extérieur, et elle étend la connexion où je me trouve à perte de vue, ajoutant les univers les uns aux autres, et aussi les durées illimitées. La seconde commence dans mon moi invisible et me confronte avec un monde doué d'un infini véritable, auquel je me reconnais lié, non pas, comme dans la première, par un simple lien de hasard, mais par un lien universel et nécessaire. » Quelle en est la conséquence pour la conscience que j'ai de moi-même? « La première vision, celle des mondes innombrables, réduit pour ainsi dire à rien mon importance : je ne suis qu'une créature animale qui doit rendre à la planète (simple point dans l'univers) la matière dont elle fut faite, après avoir été pourvue (on ne sait comment), pour un court laps de temps, de force vitale. La seconde vision, en revanche, élève infiniment ma valeur, en tant que celle d'une intelligence, du fait de ma personnalité, dans laquelle la loi morale me révèle une vie indépendante de l'animalité et même du monde sensible tout entier. »

3° Comme mon être, dans le monde, n'est pas un, mais scindé, comme le Tout est déchiré entre nature et liberté, comme la déchirure est partout, je cherche l'Un. Est-ce que l'Un n'existe pas? Si l'être même, c'est-à-dire le fondement suprasensible de l'unité de toutes nos facultés et de l'unité de tout ce que nous rencontrons dans l'expérience avec ce que nous faisons, l'unité de la nature et de la liberté, n'est pas entamé par la scission, alors nous pouvons pressentir l'Un dans cette immunité, mais non le connaître. Au lieu que nous sommes et où nous nous tenons, l'Un ne parle qu'à travers les scissions, mais aussi à travers la manière dont s'indiquent les moyens de les dépasser.

C'est pourquoi on retrouve partout dans la philosophie de Kant, le souci du « moyen terme » (*das Mittlere*) : entre les catégories et la sensibilité, l'imagination; entre le général et le particulier, le jugement réfléchissant; entre raison et entendement, le schème des Idées; entre nature et liberté, la contemplation du beau. Ce moyen terme est partout découvert à l'aide de raisonnements, mais il n'est en lui-même qu'un mode de présence de ce qui nous reste caché.

Par exemple : entre nature et liberté, il y a un abîme infranchissable, comme s'il s'agissait de deux mondes différents. La liberté doit pourtant avoir une influence sur la nature; « le concept de liberté notamment, doit réaliser dans le monde sensible la fin que ses lois lui ont donnée comme tâche, et il faut donc aussi que nous puissions concevoir la nature de telle manière que la légalité de sa forme s'accorde au moins avec la possibilité des fins qui doivent être produites en elle selon les lois de la liberté. Il faut donc bien qu'il y ait un fondement à l'unité du suprasensible sur lequel repose la nature et du contenu pratique du concept de liberté; si le concept de ce fondement n'arrive, il est vrai, à en donner aucune connaissance théorique ni pratique, il rend cependant possible le passage du mode de penser selon les principes de l'une, au mode de penser selon les principes de l'autre. »

Partout où Kant a fixé des dualités, se pose pour lui la question du lien sous la forme d'un moyen terme. Celui-ci est là, dans la présence de l'individu, et en tant que l'Un du suprasensible manifesté dans cette présence. Alors que les dualités sont pour la connaissance des points de vue indispensables à toute clarté, elle croit, devant le moyen terme, perdre pied en s'enfonçant dans le vide, ou bien découvrir la racine cachée de tout ce qui est. Penser le moyen terme ne revient pas à abolir les dualités. C'est pénétrer là où l'énigme s'éclaire, non où elle se résout. Le lien une fois découvert, le moyen terme une fois connu ne serait plus rien.

Serait-ce penser à la manière de Kant que de concevoir le Tout comme l'Un du suprasensible, qui se scinde, qui parachève cette scission dans la connaissance et l'action de l'homme, afin d'accomplir là justement la conversion qui le ramène à soi? Non, car ce serait là une pensée métaphysique d'un genre objectif et non critique, de forme plotinienne, non kantienne. La totalité de l'être elle-même deviendrait, dans l'image qu'utilise une telle pensée, un processus au cours duquel, en un lieu déterminé, l'homme interviendrait. Pour Kant, des pensées de cette sorte ne sont que jeu. Il s'en tient au point de vue humain, refusant les points de vue illusoires qui permettraient à l'homme de dominer du regard, comme un dieu, la totalité, ou de repenser les pensées de Dieu. Kant ne se laisse tromper par aucune transgression de ce qui est humainement possible. Il ne déserte jamais la condition humaine.

V

LA RAISON KANTIENNE

La raison n'est pas semblable à un caractère individuel, qui peut être inné, avec tels ou tels traits. Elle est le caractère de la condition d'homme prise absolument et ne peut être qu'unique ou pas du tout. C'est le caractère intelligible. Sur le plan phénoménal, il est le mode de penser qui se produit lui-même, et la volonté qui se lie à des principes prescrits comme immuables par sa propre raison. Ce mode de penser, étant temporel, doit s'élaborer d'abord par la liberté.

A) La révolution du monde de penser.

La philosophie, pour Kant, c'est « la révolution du mode de penser ». Ce qu'avait été de tout temps le revirement *(Unwendung)* par la philosophie et ce qui s'était appelé dès les premiers débuts « un chemin », devint « chemin » chez Kant sous une forme nouvelle, et peut-être plus radicalement qu'auparavant : un mouvement qui va jusqu'à la révolution, et après la révolution, une tâche sans fin.

1. *Le chemin de Kant.* Nous avons décrit les étapes de Kant jusqu'à la philosophie critique. La substance de sa pensée, fondée sur la tradition biblique, a été la même depuis le commencement. Mais, chemin faisant, Kant l'a comprise, refondue, et, sous une forme nouvelle, il en a fait l'essence de la quête philosophique elle-même. Malgré tous les écrits qui la jalonnent, la voie qu'il a suivie reste dans l'ensemble un mystère. Il

est pourtant indispensable d'en rechercher le tracé ; sinon nous risquerions de perdre de vue le fondement et le but de cette pensée et sa vaste ouverture, en nous accrochant à de prétendues positions kantiennes pour en faire ensuite l'essence de cette philosophie.

Il est possible de préciser certains points de repère. La dissertation de 1770 anticipe sur « l'Esthétique transcendantale » de la future *Critique de la raison pure* (1781, théorie de la subjectivité et de l'apriorité des formes de l'intuition, l'espace et le temps). Mais il y manque encore complètement la conception de la subjectivité des formes de pensée comme fonction constituante de l'objectivité du monde empirique tout entier. Si grande pourtant que soit cette conception, et bien qu'elle serve de support à l'ensemble de la future philosophie kantienne, ce n'est pas en elle seule en tant que simple opération de renversement intellectuel qu'on peut s'imaginer saisir ce qu'il y a chez Kant de vraiment neuf.

Aussi a-t-il fallu une dizaine d'années pour que Kant pût imprimer à sa pensée tout entière le mouvement qui allait réellement la transformer de fond en comble, jusqu'à en faire un mode de penser débordant toute réflexion déterminée. Les étapes intellectuelles que l'on peut relever dans les écrits précritiques sont, certes, déjà des opérations de genre critique se manifestant par la manière particulière de saisir tel ou tel problème, mais non des éléments de cette autre critique totale qui devait donner naissance à la philosophie ultérieure. Ce qui avait été acquis dans la période précritique resta en grande partie conservé plus tard, mais ce n'était pas encore cette philosophie. Aucune de ces réflexions isolées ne permet qu'on en déduise la nouveauté qui allait suivre. La méthode transcendantale, que Kant appelle critique, ne résulte pas d'une série de découvertes. C'est un bond. L'aboutissement en reste encore, peut-être nécessairement, obscur dans l'ensemble, mais il est à l'origine d'étonnantes clartés. Le bond ne saurait être localisé dans le temps. Une fois qu'il est fait, la seule question qui subsiste est de savoir comment il imposera ses conséquences.

De fait, il semble qu'on ne perçoive encore rien, dans les écrits précritiques, de la force extraordinaire de la philosophie kantienne. Il leur manque cette *aura* qui, engendrée par la structure conceptuelle même, anime l'œuvre ultérieure, de sorte que la clarté des concepts y jette des lueurs jusqu'à une profondeur sans fin. C'est alors seulement que se déploie, grâce au poids et à la richesse inépuisable des contenus qu'il exprime, le style fameux des grandes œuvres critiques.

Sa nouvelle manière de penser, Kant ne la doit pas à une révélation, ni à une inspiration soudaine et décisive que l'on puisse dater, ni à son génie créateur, mais à une attitude fondamentale (qu'il a lui-même décrite) qui donnait leur chance aux idées nouvelles. Il s'agit d'une démarche systématique, que vinrent récompenser les progrès de la pensée. C'est d'abord une démarche particulière qui se déroule dans un ensemble où Kant, étonné, découvre qu'une chose en amène une autre. Dans un monde de pensée infiniment riche en relations se dessine l'espace qui, en lui et au-delà, laisse voir des possibilités à l'infini.

Lorsqu'on examine ces « renversements » *(Umkippugen)* dont parle Kant, ces nouvelles orientations de la pensée, il reste cependant ceci : d'abord les mouvements de pensée, que l'on peut simplement reproduire rationnellement, ne sont pas ici l'élément décisif, mais bien le motif qui les rend possibles, et que ces opérations rationnelles ne suffisent pas à faire comprendre, bien qu'on ne puisse le comprendre sans elles ; ensuite, il ne s'agit pas seulement d'une évidence rationnelle érigée en thèse, mais d'une forme nouvelle du savoir essentiel, quelque chose désormais d'inépuisable que l'on pourra expliciter sans fin.

Aussi Kant, malgré la richesse présente de sa découverte, se rendait-il compte qu'il y avait là surtout, pour la quête philosophique, une source inépuisable. Sa pensée a fécondé chacun de ceux qui l'ont comprise. C'est pourquoi il a pu dire, étant près de la fin et au sommet de sa réflexion : « C'est juste au moment où nous pourrions commencer qu'il nous faut partir. »

Le chemin suivi par Kant n'est d'abord que sa manière d'aller vers cette philosophie ; mais il devient bientôt cette philosophie elle-même en tant que chemin qui, par la nature même des choses, ne s'arrête jamais. Pour accéder à la philosophie de Kant, il faut peut-être comprendre la voie qui l'y a conduit.

2. *Révolution du mode de penser en morale.* La révolution du mode de penser, c'est l'essence de la raison même. Ce qui se produit dans le mode de penser philosophique trouve son modèle et son écho en morale. L'homme, être doué de raison, prend conscience d'avoir un caractère « qui ne lui est pas donné par la nature, qu'il lui faut en tout temps avoir conquis ».

Le fondement peut en être « une sorte de seconde naissance », quand « une certaine solennité de la promesse que l'homme se fait à lui-même rend cette promesse même, et le moment où la transformation s'opéra en lui, inoubliables, comme le début d'une ère nouvelle ». Cela ne se produit pas « peu à peu, mais comme par une explosion succédant soudain à la satiété qu'engendrent les oscillations de l'instinct ». L'origine en est une décision, mais qui engage la totalité de la vie. « Il est vain d'essayer de devenir fragmentairement un homme meilleur. » Le fondement d'un caractère réside dans « l'unité absolue du principe intérieur commandant le changement de vie en général ».

« Peut-être, dit Kant, ne sont-ils que quelques-uns, ceux qui ont essayé d'accomplir cette révolution avant leur trentième année, et encore moins nombreux ceux qui l'ont solidement fondée avant leur quarantième. »

La révolution du mode de penser se distingue de toute réforme. On ne devient pas un homme de bien « au niveau du caractère intelligible par une réforme progressive, aussi longtemps que le fondement des maximes reste confus. Il y faut une révolution dans la disposition d'âme... comme par une seconde création et une métamorphose du cœur. » La réforme a pourtant sa juste place : « La révolution est nécessaire au mode de penser, la réforme progressive l'est au mode de sensibilité. La décision unique et immuable ne peut s'actualiser au fil du temps que comme progrès infini. »

3. *Ce qui doit être atteint en chemin.* La métamorphose du mode de penser est infiniment difficile. Chaque fois, il semble clairement et objectivement évident qu'on nous demande l'impossible : transcender la réalité objective à l'aide d'une dialectique. On a l'impression de tomber dans le vide.

Ce serait là simple curiosité s'il ne s'agissait que d'un élément arbitraire de la pensée de Kant. Ses adversaires lui reprochent de pousser l'esprit au subjectivisme, au psychologisme, à l'abolition de l'objectivité, ou bien de prétendre penser effectivement l'impensable. Ce qu'il y a de nouveau chez Kant, selon eux, est une erreur totale. Mais il faut leur répondre : cet apport nouveau, dont la prise de conscience est issue de la nature même de notre raison, n'est pourtant qu'une manière nouvelle de retrouver un savoir essentiel venu du fond des temps.

Celui qui refait cette expérience y voit la condition de toute authenticité humaine, sans se leurrer pourtant jusqu'à oublier qu'il existe d'autres forces empêchant de comprendre ce savoir essentiel. Sous la forme nouvelle que Kant lui a donnée, celui-ci met en pleine clarté la situation qui est celle de l'homme : nous pouvons désormais saisir les limites de tout mode de penser. Nous nous éduquons nous-mêmes en vue de cette conscience théorique de l'être qui, en suspens, ouvre l'espace permettant l'absolu pratique de l'action morale et en comprend le sens.

Le chemin ne conduit pas dans un pays où tout est bien construit, connu et clarifié. L'ordre que l'on trouve dans la systématique kantienne n'est que celui de tous les chemins à suivre, et non la plénitude d'un accomplissement. Kant nous introduit dans l'espace où la vie ne cesse de se produire elle-même près des mystérieuses sources créatrices de la raison. Quiconque parvient en ce lieu doit être et faire lui-même ce que Kant n'a pas fait pour lui. Kant lui donne ses chances.

La « nouvelle science » est quelque chose d'extraordinaire et ce qu'elle exige l'est aussi. « Mon écrit, dit Kant (11 mai 1781) ne peut rien produire d'autre qu'une transformation totale du mode de penser dans ce domaine des connaissances humaines. » « Ce n'est nullement une métaphysique que j'élabore dans la *Critique*, mais une science tout à fait neuve et où personne ne s'est essayé jusqu'ici, à savoir la critique d'une raison jugeant a priori. » Il s'agit d'un renversement de la pensée, et Kant, par analogie avec ce qu'avait accompli Copernic, applique aux énoncés concernant cette découverte une formule du grand astronome : au lieu que les concepts se règlent sur les objets, comme on l'avait toujours pensé jusqu'ici, ce sont bien plutôt les objets qui se règlent sur les concepts.

Mais le revirement est plus radical. Le nouveau mode de penser a un caractère universel, car il éclaire la conscience tout entière. Il n'est rien désormais dont le sens ne soit changé et qui n'exige d'être pensé sous une forme et dans une attitude différentes. C'est pourquoi, dès les premières esquisses, il n'est pas question de connaissances seulement, mais de morale et de goût, et des fins dernières de la réalité humaine. Puis, vers les années 1770, Kant concentre son travail sur les fondements, cette *Critique de la raison pure* qui devait être le premier de ses ouvrages à révéler au public le nouveau mode de penser, rapidement suivi de toutes les œuvres dont l'ensemble devait satisfaire aux exigences de la conception originelle.

B) L'ÉTENDUE DE L'INTERROGATION KANTIENNE.

La quête philosophique s'efforce d'élucider dans le temps ce qui est d'abord un tout obscur. Il lui faut donc dissocier, penser par opérations successives, et faire en sorte que le tout grandisse à travers ces mouvements.

Si la pensée constructrice doit avoir en elle dès le début tout ce qu'elle cherche, il faut donc que le sujet pensant, au départ, se livre lui-même, avec tout son être, aux mouvements de la pensée ou accomplisse le bond nécessaire. Soudain, ce qui ne fait que grandir en se clarifiant par la pensée devient présence.

Aussi, dans le jeu qui se déroule entre question et réponse, n'est-ce pas l'objet qui existe initialement, mais le chemin. La première clarté naît avec la question. La question qui est posée détermine le sens de la quête philosophique. Les célèbres questions fondamentales de Kant, répétées en plusieurs endroits, ces trois ou quatre questions qui embrassent toute la philosophie, peuvent être développées comme suit :

1. Notre attitude naturelle est : ce que je pense en tant qu'être se trouve devant moi en tant qu'objet. Je prends cet être pour ce pour quoi il se donne quand je le connais. Être, c'est être connu. Il est en soi tel qu'il est pour moi. Cela passe pour aller sans dire, sans que je prenne conscience de cette évidence implicite et donc aussi sans que je la mette en question. Le pas décisif consiste à rendre incertaine cette attitude naturelle. Cela s'est produit dans la philosophie moderne depuis Descartes. Kant pousse cette interrogation plus profond : comment le sujet pensant atteint-il l'objet pensé? Quels rapports ont-ils entre eux? Puisque, en tant que je pense, je ne suis pas l'objet que je pense, quel est le rapport de la pensée à ce qui est pensé? La première question de Kant est : *Que puis-je savoir?*

2. J'agis parce que je veux quelque chose. Pourquoi? Pour vivre, ou parce que cela me fait plaisir, ou que c'est mon intérêt? Mais qu'est-ce que cela? Je demande si la vie, le plaisir, l'intérêt en valent la peine, je m'interroge sur le sens et la fin, et sur la fin dernière qui donnerait un sens à tout. Ce qui signifie que je me demande si, dupé en quelque sorte par les fins, privé de fin dernière, je ne fais que vouloir ceci ou cela au hasard, ou bien si je suis capable de vouloir absolument, parce que sans motif qu'on puisse continuer à mettre en question; si je peux vouloir non pas provisoirement, mais définitivement, non pas fortuitement, mais essentiellement, non parce qu'un autre me l'a dit, mais parce que l'ordre m'en est donné à moi-même d'une façon qui m'engage absolument. La seconde question de Kant est : *Que dois-je faire?*

3. Les conséquences des actes accomplis selon la loi absolue ne coïncident nullement avec ce que je désire comme étant mon bonheur. Le monde est plein d'injustice, d'absurdité et de hasard. Comme, d'une part, mon entendement n'est sûr que de ce que je connais à l'intérieur des limites de l'expérience possible, et comme, d'autre part, ma raison pratique sait de façon certaine, à partir d'une autre origine, ce que je dois faire, il en résulte une profonde insatisfaction. La totalité de l'être n'est embrassée ni par le savoir, ni par le vouloir. L'être reste pour moi déchiré. L'unité, l'adéquation de ce qui se trouve séparé dans l'existence temporelle ne peut résider que dans le suprasensible. La troisième question de Kant est : *Que puis-je espérer?*

4. A ces questions, Kant en a, dans deux passages, ajouté une quatrième : *Qu'est-ce que l'homme?* Il dit : au fond, on pourrait rapporter les trois premières questions à la dernière. La quatrième question, qui, selon Kant, contient toutes les autres, signifie ceci : Kant ne part pas de Dieu, de l'être, du monde, pas de l'objet et pas du sujet, mais de l'homme en tant qu'il est le seul lieu où tout cela s'actualise pour nous. C'est dans notre propre vie que toute vérité doit trouver sa confirmation, par l'expérience ou par l'action. Cependant la primauté de la quatrième question ne signifie nullement que la connaissance de l'être puisse être remplacée par la connaissance de l'homme. Au contraire, c'est l'être qui importe, mais l'homme ne peut le toucher, le saisir, le rendre sensible qu'à travers sa condition propre. La question n'implique pas que Kant puisse donner une réponse établissant une fois pour toutes ce que l'homme est. L'homme ne peut pas être subsumé sous un terme plus général, il n'est pas dans son essence l'espèce d'un genre qui engloberait encore d'autres espèces connues. Il est l'espace réel de nos possibles. Kant pourrait dire, comme le Socrate de Platon, je ne sais pas ce qu'est l'homme, ni s'il est un être encore plus étrange que Typhon. Nous sommes des hommes, et nous en prenons conscience, et nous nous interrogeons sur ce que nous sommes. Nous trouvons des réponses en cherchant à accomplir notre condition d'homme, que notre regard ne domine jamais.

Toute réalité déterminée pose le probléme de quelque chose qui se produit au sein de l'englobant. Nous sommes capables de transcender, mais nous n'arrivons pas dans la transcendance. Nous restons des hommes. Nous n'englobons pas encore une fois l'englobant que nous sommes, mais nous l'éprouvons comme englobé.

La question « qu'est-ce que l'homme? » se trouve être d'emblée l'aiguillon de la quête philosophique de Kant. Dès son époque précritique, il écrivait : « S'il existe une science dont l'homme ait vraiment besoin, c'est celle que j'enseigne, qui lui permet d'occuper comme il convient sa place dans la création, et par laquelle il apprend ce qu'il faut être pour être un homme. » Mais à cette question, Kant n'a pas, comme aux trois premières, donné une réponse dans une œuvre déterminée. L'*Anthropologie*, qu'il publia dans sa vieillesse et qui contient les cours qu'il fit pendant des dizaines d'années sur ce thème, n'apporte pas à la quatrième question de réponse au sens kantien. Il s'agit là d'anthropologie « au sens pragmatique », c'est un texte d'un grand intérêt, mais il reste décevant si l'on considère la grandeur de la question posée par Kant. Cette quatrième question fondamentale ne reçoit sa réponse que dans l'œuvre de Kant considérée dans sa totalité.

Les quatre questions dans leur ensemble définissent « le champ de la philosophie dans sa portée pour tout citoyen du monde ». Quant à la « philosophie dans sa portée d'école », Kant a énoncé à diverses reprises ses problèmes en recourant à une conceptualisation systématique et de façon beaucoup plus précise, comme par exemple : comment des jugements synthétiques a priori sont-ils possibles? Mais pour la substance de sa philosophie, et pour celle de ces questions déterminées elles-mêmes, ce sont toujours les grandes questions fondamentales qui sont décisives. Car tout ce qui est « d'école » n'a de sens qu'au service du « citoyen du monde ».

Qu'est-ce qu'interroger, en philosophie? Nous sommes enclins à concevoir les réponses à la manière de celles que donnent les sciences : elles me permettent de savoir quelque chose. Mais questions et réponses, en philosophie, sont radicalement autres.

Observons la manière dont certains réagissent aux questions et aux réponses kantiennes. Prenons Liebmann, par exemple (ce penseur kantien qui, par son appel « Retour à Kant! », inaugura, le néokantisme) : la « chose en soi », disait-il, est une réponse à une question qu'il est impossible de poser. La fin ultime de la quête philosophique n'était pas, selon lui, un concept, mais une question sans réponse possible, une suprême énigme. Il fallait qu'un sentiment engendrât solution et plénitude, abolissant ainsi le besoin même de poser la question. Cette critique de Liebmann vise quelque chose de vrai, à savoir que des questions insolubles peuvent avoir un sens. Mais alors que dans la quête philosophique, ces questions insolubles mettent en mouvement la pensée proprement dite — comme c'est le cas chez Kant et chez quelques Grands — ici, on veut qu'elles se brisent dans le sentiment. Ce serait là en fait renoncer à la philosophie, se dérober et se perdre dans le vague de la non-pensée. Le mode de penser que Liebmann, et bien d'autres après lui, ont cherché auprès de Kant reste en deçà de la philosophie, dans la connaissance finie d'objets scientifiques. De tels interprètes traitent les concepts kantiens comme s'il s'agissait de concepts scientifiques et doivent pour cette raison laisser échapper le sens des « concepts-limites » tels que « chose en soi ». Sur cette voie, l'interprétation de la philosophie kantienne s'évanouit pour devenir un tintamarre de concepts pleins de contradictions et d'erreurs, amenant ainsi tout naturellement la logistique moderne — qui se croit philosophie et tire Kant sur son propre terrain — à le rejeter purement et simplement.

L'interrogation philosophique oblige à dépasser tout objet, toute réalité déterminée, toute représentation appartenant au monde, elle ne laisse subsister aucune architecture préétablie de l'univers, elle ne pose d'avance comme valable aucun contenu déterminé de mes actions ou de mes desseins. Tout est maintenu en suspens par la question essentielle dépassant chaque réalité particulière. Mais ce dépassement ne doit en aucune façon abandonner n'importe quel objet particulier à l'indifférence, comme si l'être véritable se trouvait ailleurs. Car c'est seulement dans l'objectivité que l'être m'est accessible, si je peux penser. Nous devons au contraire, par le dépassement, chercher ce que nous appelons source ou origine, ce qui, sans devenir jamais objet, rend pourtant possible la particularité de tous les objets, de tous les cadres du réel objectif, de tous les horizons vers lesquels je m'avance.

Je ne me trouve pas seulement là, parmi les objets qui m'environnent. Il y a en moi quelque chose qui les domine : la raison qui sait, qui veut, qui s'interroge sur le commencement et sur la fin, et touche à travers ces questions le fondement de toute réalité, de l'être-sujet et de l'être-objet. Moi qui, en tant que créature dépendante, ne suis qu'un rien dans l'infini, je suis pourtant, en tant que raison indépendante, la possibilité qui dépasse l'univers, celle de le concevoir, de le pénétrer sans fin et d'interroger encore au delà de lui.

A la thèse selon laquelle le terme ultime de la philosophie serait une question, et une question sans réponse possible, on a objecté qu'une telle question serait vide de sens. Une question qui ne peut pas recevoir de réponse ne peut pas non plus être posée. Cette objection transfère l'exigence de la connaissance scientifique à la recherche philosophique. Que la question n'ait pas un sens précis grâce à des concepts exactement définissables (comme les sciences l'exigent à bon droit), cela tient au caractère transcendant, et par là philosophique, de telles interrogations.

La précision de l'interrogation philosophique a un autre sens. Ce qui importe, c'est la manière dont elle se développe, c'est ce qui se produit dans l'acte de répondre ou de ne pas répondre, c'est la manière dont la question engendre un mouvement de la pensée, dont elle s'actualise dans la raison par une action intérieure identique à cette pensée même. Il n'en résulte aucune connaissance d'un objet, mais la conscience de l'être en est changée. La question philosophique, de même que la réponse, perd toute importance lorsqu'elle est dénaturée et réduite à l'objectivité scientifique. Toutes deux reçoivent leur substance de ce à quoi la question conduit, même lorsque aucune réponse évidente n'est donnée, ou plutôt par cette absence. Car nous trouvons ici une différence radicale entre la simple ignorance de l'entendement et l'éclairement de notre entendement, à ses limites, par la raison. Le non-savoir de l'entendement reste dans l'entendement purement négatif, il laisse vide notre âme. Le non-savoir où s'assure la quête philosophique dépasse l'entendement, transforme notre conscience de l'être et, par la pensée, nous rend plus riches et disponibles.

C) Le scepticisme kantien.

Kant n'était guère porté au scepticisme. La tradition nous montre qu'il fut de bonne heure d'un naturel content. Mais ce n'était pas assez pour lui. Il voulait connaître. Pour croire, il ne lui suffisait pas qu'une foi consentie sans critique fût la preuve d'un bon caractère ou que des hommes illustres l'eussent tenue pour vraie avant lui. Il s'interrogeait sur les fondements de ce qui, dans la foi, s'énonçait comme une connaissance. A ce titre-là, bien des énoncés acceptés pour certains, et en particulier ceux dont la portée était essentielle, touchant Dieu et l'immortalité, lui parurent problématiques. C'est ainsi que, sans en être ébranlé dans le fond de son être, il sembla devenir un sceptique serein et détaché. Mais tel n'était pas son but. Il se refusait justement à tomber à son tour dans ce scepticisme qui permit de tout temps un confortable repos de la raison. Il voulait faire du scepticisme un chemin conduisant à la véritable certitude. Mais il ne fonda sa tentative ni sur la certitude d'une méthode, ni sur celle qui touche à divers problèmes posés dans le monde, ni sur celle que donne une Révélation, mais sur un savoir portant sur la totalité de notre condition d'êtres doués de raison, sur les possibilités et les limites de la raison avec la pluralité de ses dimensions et son unité interne.

Se fondant sur une conviction qui l'avait soutenu de tout temps, Kant prend appui sur sa pensée même. Sa *Critique de la Raison pure* lui donne la terre ferme dont la solidité était pour lui au-dessus de toute espèce de doute.

« J'ai l'audace de penser que ce livre va engager toutes les recherches en ce domaine dans une voie nouvelle, et d'espérer que les enseignements qui y sont donnés peuvent être durables. » Il est certain d'avoir dévoilé les limites de la raison selon des principes sûrs, de telle sorte que «désormais il est possible de savoir avec certitude si l'on se trouve sur le terrain de la raison ou sur celui de jeux sophistiques *(Vernünftelei)* ». En 1773, il écrit déjà avec confiance qu'il espère « donner à la philosophie de façon durable une orientation différente et beaucoup plus avantageuse pour la religion et les mœurs ». Dès cette époque, il peut dire « être allé si loin dans le dessein de transformer une science si longtemps élaborée en vain qu'il se trouve désormais en possession d'une doctrine élucidant complètement les énigmes du passé ». Il ne croit pas « que beaucoup d'hommes aient tenté de projeter ainsi en fonction de l'Idée une science toute neuve, et en même temps de la développer entièrement ».

Dans toute l'œuvre de Kant, l'objectivité se trouve définie comme vérité nécessaire et universelle. On la trouve dans la subjectivité, mais la subjectivité n'en est pas moins déterminée par l'objectivité. C'est pourquoi chez Kant tout est *aussi* subjectif, en tant que conditionné, dans le monde phénoménal où se déroule notre vie, par la subjectivité de notre raison —, mais *aussi* objectif, parce que venu de l'origine.

Afin de ne pas se laisser égarer par le mot « subjectivité », il convient d'exclure d'abord toute idée de subjectivité privée, liée à la diversité des individus. Celle dont parle Kant est commune, et pour cette raison, communicative et publique. C'est celle du sujet de « la conscience en général » où se produit la connaissance, et elle s'étend jusqu'à la subjectivité des relations sociales empiriques et de leurs règles, qui trouvent leur sens dans l'échange possible des sentiments.

Aussi la relation de la subjectivité et de l'objectivité n'a-t-elle pas toujours le même sens. Puisque, pour la forme d'un discours généralement valable, c'est toujours l'objectivité de la nature soumise à ses lois qui reste la norme, il se produit dans l'exposé kantien de tous les modes de l'objectivité une tension qui donne l'apparence d'un va-et-vient entre affirmations contradictoires; par exemple la subjectivité et l'objectivité des Idées, du beau, des fins naturelles. Le sens et le mode de la validité générale des jugements qui y sont formulés diffèrent entre eux dans leur principe, et ils n'ont en commun que de s'enraciner tous dans l'unité de la raison. La « subjectivisation » n'implique chez Kant aucune dégradation, elle ne sert qu'à éclairer tel ou tel mode particulier de la relation sujet-objet. Elle ne conduit pas au scepticisme; elle affermit au contraire une validité objective chaque fois spécifique.

Le lecteur peut se sentir égaré d'abord du fait que ce qu'on vient d'appeler subjectif prétend ensuite à une validité objective. Il faut comprendre cela de deux manières : d'abord par l'interprétation de la phénoménalité du réel, qui finit par devenir partout signe du suprasensible, ensuite par la volonté de Kant de dépasser tous les modes de la raison. Ainsi il découvre, par exemple, la particularité du jugement réfléchissant, facteur de subjectivité, dirait-on, au plus haut point, alors qu'il sert à mettre en relief la spécificité de nouvelles relations objectives : l'accord merveilleux de la nature des choses avec notre capacité de connaître, du libre jeu de toutes les facultés de l'âme dans la contemplation du beau, l'expérience du sublime, l'objectivité de la réalité des choses en tant que fins naturelles dans les organismes vivants.

Toute certitude est dans les jugements. Juger est un acte par lequel nous prenons conscience valablement de l'être, du fait que deux termes séparés se trouvent ramenés à l'unité. Mais « jugement », pour Kant, ne désigne pas seulement l'acte de pensée qui s'exprime par un énoncé. Il parle du jugement empirique où, sur la base de la perception, un objet est valablement connu; il parle du jugement pratique, qui s'éclaire comme impératif du devoir; il parle du jugement de goût dans la contemplation du beau, ce jugement qui ne devient pas énoncé d'une pensée, mais s'exprime par le fait qu'en guise de prédicat naît un sentiment valable de plaisir ou de déplaisir (un sentiment généralement valable, au lieu d'un concept généralement valable). Dans les trois directions, il convient de distinguer entre les jugements subjectifs (sans validité générale) et les jugements objectivement valables : ainsi les jugements sensibles esthétiques de l'agréable doivent être distingués des jugements esthétiques réfléchis, les simples jugements perceptifs des jugements empiriques, les impératifs techniques et pragmatiques de l'impératif catégorique.

D) Signification négative et positive de la philosophie.

Il y a une double passion chez Kant, celle de la connaissance en tant que recherche progressant dans le monde, et celle de la liberté en tant que présence actualisatrice s'assurant de l'être véritable. Il me demande de ne pas les confondre, de ne pas vouloir savoir là où je ne puis que me tromper moi-même en prétendant à une connaissance illusoire, qui détruirait ma liberté.

C'est pourquoi la critique défensive joue un si grand rôle dans cette pensée. Kant peut dire : « Toute la philosophie de la raison pure n'a que cette utilité négative ». Là où l'illusion est inévitable de par la nature même de la raison, l'élucidation critique est capable de déjouer les illusions, même si leur apparence ne peut être abolie, — de même que les illusions des sens persistent après que je les ai découvertes, bien qu'elles ne me trompent plus.

La doctrine philosophique de l'évidence transcendantale n'est plus ontologie (ce « nom orgueilleux », Kant le refuse expressément pour sa pensée), mais critique. Elle enseigne les distinctions et les limites de nos capacités, constitutives de notre conscience et de notre action, et par là, des modalités selon lesquelles l'être peut être présent pour nous.

Le monde est le seul champ possible de notre connaissance, mais la connaissance du monde n'est pas connaissance de l'être. Au lieu de celle-ci (ontologie), c'est une philosophie transcendantale qui est possible : Kant transcende, non vers un au-delà, mais vers la limite de toute réalité. Il ne transcende pas vers un autre espace, mais il transcende cependant, car il s'agit d'un processus de connaissance absolument différent de ce qu'il peut être dans le monde.

On peut donner de la pensée kantienne deux interprétations erronées : celle qui retombe dans le monde, comme s'il ne s'agissait pour Kant que de justifier la validité de la connaissance scientifique, d'une pure théorie de la connaissance — ou bien celle qui retombe dans l'ancienne métaphysique (par exemple en affirmant que le monde n'est que rêve et illusion). La première perd la transcendance, la seconde le monde. Mais chez Kant, l'une ne va pas sans l'autre, le monde n'est pas illusion, mais apparence, il n'est pas non plus être en soi, mais, en tant qu'apparence, langage de la transcendance.

Mais nous sommes enclins à faire éclater nos limites. Nous voulons posséder le vrai sous une forme plus sensible, plus efficace, plus parfaite que cela ne nous est accordé. Alors nous nous enivrons d'une prétendue saisie de l'absolu, nous négligeons la connaissance dont nous sommes capables, nous nous volatilisons nous-mêmes dans l'intensité de l'illusoire.

La corporéité sensible du suprasensible anéantit le nerf de la liberté. C'est pourquoi, pense Kant, les gouvernements, qui voulaient avoir des sujets passifs, se sont prêtés volontiers à ce que la religion fût richement pourvue « d'un appareil puéril » et « d'accessoires ». On dispense ainsi les sujets de la peine — mais on les prive aussi de la possibilité — d'étendre leur force d'âme au-delà des limites qu'on leur fixe arbitrairement et qui permettent de les manier aisément.

Ce qui véritablement *est*, ce n'est pas un savoir, mais une action, et celle-ci non pas dans sa seule réalité objective, mais dans son unité avec l'intention qui l'a inspirée. Je ne connais pas ce qui est véritablement, mais je m'en assure par ma liberté.

Il n'y a qu'une seule manière de s'opposer à Kant, et là réellement sans conciliation possible : la raison ayant des limites, on ne se contente pas de l'y maintenir, mais on cherche encore à l'anéantir à l'aide des satisfactions que procure (tout en impliquant inévitablement un recours à la violence sur le plan de l'esprit) une objectivation contraire à la raison. La raison se livre, renonce à elle-même. Cette hostilité, dont la puissance est de toujours, contre la raison, Kant en parle en l'appelant extravagance *(Schwärmerei)*, fanatisme, dogmatisme.

Kant appelle ici *Schwärmerei* un dépassement chimérique des limites de la raison humaine, entrepris en suivant des principes définis. Sur le plan théorique, ce dépassement consiste à s'emparer de prétendues connaissances au-delà du champ de l'expérience. « Vouloir voir quelque chose au-delà des limites de la sensibilité, c'est-à-dire rêver selon des principes (déraisonner avec la raison), c'est une folie. » — Sur le plan moral, le dépassement consiste à fonder l'action morale, non sur l'intention humaine en lutte contre les penchants, mais sur la possession d'une prétendue sainteté et pureté des sentiments, sur cette « manière de penser pleine de vent, inconsistante, chimérique », qui fait dépendre l'action des transports du cœur plutôt que du devoir et en oublie sa culpabilité. — Sur le plan religieux, le dépassement consiste à croire que l'on peut séparer les effets de la grâce de ceux de la vertu, ou même produire en soi la seconde par les premiers, et enfin exercer une influence sur l'objet suprasensible. S'il est vrai que notre ignorance devant les mouvements de l'âme s'efforçant à la moralité « nous oblige parfois à reconnaître que le vent souffle où il veut sans que tu saches d'où il vient », nous n'en sommes pas moins incapables de percevoir des influences divines agissant en nous. Le dépassement chimérique sur le plan religieux entraîne la mort morale de la raison, sans laquelle cependant aucune religion ne peut exister.

Il n'y a pas de fantômes : Kant en acquiert la certitude cogente alors qu'il s'assure, par la méthode transcendantale, de notre capacité de connaissance, et de ce qui peut et ne peut pas se produire dans notre expérience : « Une substance qui aurait une présence consistante dans l'espace sans pourtant le remplir », — et de même une capacité fondamentale et particulière de notre âme de voir d'avance l'avenir, ou encore celle de se trouver en communion de pensée avec d'autres êtres humains (à quelque distance qu'ils puissent se trouver), « ce sont là des notions dont la possibilité est totalement dénuée de fondement, car il est impossible de l'établir sur l'expérience et sur les lois qui régissent celle-ci. » Tant qu'il est impossible de les soumettre à l'expérience — c'est-à-dire de les confirmer par ses méthodes — elles se réduisent à des associations d'idées arbitraires, qui bien que n'impliquant pas de contradiction « ne peuvent pourtant prétendre à aucune réalité objective, et donc à aucune possibilité d'objets de cette sorte ».

La philosophie de Kant semble pauvre. Elle semble supprimer tout ce qui répondait au besoin métaphysique de l'homme, et jusqu'à la possibilité du bonheur en ce monde. Mais elle est d'une force incomparable par la discipline critique dont elle se sert pour me mettre à la limite du réel afin que je vive comme je le dois dans le réel. Éclairant la raison, Kant exige que nous devenions tout à fait présents dans le monde et en nous-mêmes, que nous fassions ce qui nous est possible et que nous n'y manquions pas en nous abandonnant à des leurres apaisants. Pour prendre conscience des limites de la raison à la manière de Kant, nous devons consentir à vivre dans la réalité limitée qui nous est donnée, mais en même temps, nous servir des limites mêmes de la raison pour les élargir sans cesse et les laisser s'emplir toujours plus profondément.

D'où la phrase de Kant : « On ne peut pas apprendre la philosophie, mais seulement à philosopher. » Et encore : « La philosophie consiste justement à connaître ses limites. »

Le besoin enfoui en nous de posséder sous une forme sensible et corporelle ce qui nous importe le plus peut nous faire ressentir toute l'impuissance de la raison à cet égard. Mais pour Kant, cette raison qui, par la loi morale, les Idées, la vie, le beau, lui permet sans cesse de faire l'expérience de son rapport à Dieu, est juste le contraire : c'est là qu'il trouve la véritable puissance, là qu'elle est réellement présente. « Peut-être n'y a-t-il pas de passage plus sublime dans la Loi juive que ce commandement : « Tu ne te feras point d'image taillée ni de représentation quelconque... » Il en va de même pour la représentation de la loi morale. C'est un souci injustifié que de craindre qu'une fois dépouillée de tout ce qui peut la recommander aux sens elle n'inspire plus qu'une approbation froide et sans vie et qu'elle n'ait plus la force de nous mettre en mouvement. » Il n'est pas vrai que ce qui n'est pas sensible soit exempt de force. Là où cela est véritablement présent, c'est même le contraire. Car lorsque les sens ne perçoivent plus rien devant eux et que l'Idée inextinguible de la moralité persiste cependant, sa force devient invincible.

Le monde ne se ferme pas sur lui-même. Il existe un royaume des esprits, c'est-à-dire des êtres raisonnables en contact intérieur entre eux, mais seulement comme un royaume de la liberté à actualiser au fil du temps, — non comme un royaume connaissable de l'au-delà, ni comme une institution objective ici-bas —, mais seulement comme Église invisible. C'est sur elle que se fonde l'espoir en ce monde. Le salut s'élabore par cette grande communauté inorganisée et inorganisable.

E) La finitude de l'homme et les limites de la raison

La raison kantienne agit-elle en autocrate lorsqu'elle prétend dans sa fierté trouver en elle l'autorité suprême, en s'engendrant elle-même, et par là l'être humain ? Tel est le reproche théologique que l'on fait à Kant. A cela il faut répondre, d'abord en rappelant ce qu'est selon lui la raison considérée dans toute son ampleur : il ne faut d'aucune manière lui substituer un simple entendement, la capacité d'avoir une opinion; ensuite et surtout : la raison kantienne, dans son activité créatrice, est consciente de recevoir son bien d'ailleurs; non seulement, comme entendement, l'expérience du monde sensible, mais encore, comme raison proprement dite, l'objectivité des Idées et le suprasensible aux limites. Cette raison ne se suffit pas à elle-même, bien qu'elle soit en ce monde, dans la phénoménalité temporelle de notre vie, la condition sans laquelle on ne saurait s'assurer de rien de façon ferme et authentique. Car la raison connaît, précisément en tant que raison, la finitude de l'homme, et elle fait l'expérience de ses propres limites.

1. *La finitude de l'homme.* L'homme est fini parce qu'il a besoin, dans tous les domaines, d'autre chose que de lui-même et qu'il n'atteint nulle part un achèvement absolu.

Notre entendement est discursif, non intuitif, il produit son objet quant à sa forme, non quant à son existence. Il a besoin de l'expérience et ne peut clore ce processus de connaissance qui tend à se poursuivre à l'infini.

Notre volonté est indigente parce qu'elle dépend, pour sa satisfaction, de l'existence de l'objet. Nos besoins physiques nous rendent finis.

Aucun homme ne peut compter que sur lui-même. Chacun a besoin des autres. Nous ne sommes des hommes que par la communauté avec les hommes. L'individu ne peut se suffire à lui-même.

Des êtres finis, mais raisonnables ne possèdent pas, comme propriété originelle, le don d'être satisfaits de l'ensemble de leur condition, ce qui présupposerait une conscience indépendante et se suffisant à soi-même. D'où notre aspiration à être heureux, sans que nous puissions l'être jamais définitivement et entièrement.

Qui dit finitude, dit temporalité. Tant qu'on est dans la temporalité on ne saurait s'arrêter. Au lieu d'être l'infini d'une parfaite présence éternelle, notre condition d'êtres doués de raison nous voue à un processus de progrès à l'infini, ne s'achevant jamais. Pour nous « êtres raisonnables mais finis, il n'est possible que d'avancer sans fin ».

Tous les traits caractéristiques de notre finitude culminent dans le fait que pour nous, en tant qu'êtres sensibles doués de raison, la scission entre le cours naturel des choses et la liberté reste sans remède. La nécessité des lois naturelles n'a pas le moindre lien avec la nécessité des lois morales quant aux effets des unes ou des autres. Entre notre bonheur conçu comme une partie intégrante du monde et les effets de nos actions commandées par la bonne volonté obéissant à la loi, il n'existe pas de relation adéquate. C'est pourquoi notre penchant vers le bonheur se trouve coupé de notre devoir d'obéissance à la loi morale. Notre moralité reste, dans la finitude, une lutte contre nous-mêmes et contre le monde. Dans cet état de scission, nous sommes capables d'atteindre à l'autonomie de la raison, mais non à l'autocratie d'un être qui, dans sa sainteté, ne serait plus divisé contre lui-même.

La sainteté, « ce serait la parfaite adéquation de la volonté à la loi morale, une perfection dont aucun être raisonnable n'est capable dans le monde des sens, à aucun moment de sa vie ». Notre moralité n'est pas la sainteté de notre être, mais l'obéissance au devoir. Seul un entendement divin, « pour qui la condition temporelle n'est rien », voit dans la série, pour nous sans fin, de nos actions « la totalité de l'adéquation à la loi morale par une seule et unique intuition intellecluelle de la vie d'êtres raisonnables ».

Les lois morales prennent nécessairement pour nous, êtres finis, l'aspect de commandements : notre raison ne peut pas exprimer la nécessité morale par un *être* (événement), mais seulement comme *devoir être*. Dans un monde intelligible sans scission, il n'y aurait de différence ni entre devoir et faire, ni entre la valeur des actions accomplies par bonne volonté et les conséquences heureuses ou malheureuses de ces actions dans la réalité.

L'être moral, dans sa finitude, s'efforce, par sa bonne volonté, à la « vertu », qui est à elle-même sa fin et sa récompense, « ce qui lui donne, en tant qu'idéal, un tel éclat qu'elle semble éclipser aux yeux des hommes la sainteté elle-même, qui n'est jamais tentée de transgresser la loi ». Mais c'est là encore « une illusion, qui nous induit à prendre les conditions subjectives d'évaluation d'une grandeur pour la condition objective de la grandeur en soi ».

Du fait qu'« au regard de la sainteté il ne nous reste rien d'autre qu'un progrès sans fin », il convient que le jugement de valeur que nous portons sur nous-mêmes reste pénétré d'humilité. La pensée stoïcienne, en présentant la perfection de la vertu « comme complètement réalisable dans cette vie », méconnaissait notre finitude. Nous rencontrons, certes, parmi les hommes des exemples illustrant l'Idée de la vertu, mais non des archétypes. Seule, l'Idée nous guide de l'intérieur. Nous ne possédons aucun autre étalon, pour notre comportement, « que la norme de cet homme divin en nous-mêmes, auquel nous nous comparons ». Mais vouloir réaliser l'idéal dans un personnage, comme par exemple le sage dans un roman, est impraticable et comporte en outre quelque chose d'absurde et de peu édifiant : en effet, les bornes naturelles qui ne cessent de rompre la complétude de l'Idée rendent, dans une tentative de ce genre, toute illusion impossible et compromettent ainsi le bien même qui réside dans l'Idée, en l'assimilant à une simple création poétique.

Que nous soyons des êtres raisonnables finis, voilà qui répond aussi à la question de savoir si l'homme est par nature bon ou mauvais. Par son caractère *intelligible*, l'homme est bon. Mais l'expérience fait apparaître le penchant au mal dès qu'il commence à faire usage de sa liberté. Ainsi « il faut juger que selon son caractère *sensible*, l'homme est mauvais, sans qu'il y ait là contradiction ».

En résumé : notre être s'accomplit toujours à travers des scissions. Celles-ci maintiennent la raison en mouvement, de telle sorte que, dans le temps, ce mouvement est lui-même présence de la vérité, mais sans que celle-ci puisse jamais être possédée dans sa plénitude. Notre entendement a besoin du monde sensible, notre raison a besoin de l'entendement. « Quand l'entendement ne peut pas suivre, la raison se perd dans la démesure. » Lorsque, dans la contemplation du beau, la perfection s'accomplit dans le jeu, la rançon de ce succès est toujours que notre réalité n'y est plus. Quoi que nous fassions, il y manque quelque chose, un complément nécessaire, et ce complément devient insuffisant à son tour.

2. *Les limites de la raison.* La raison peut s'éclairer elle-même, mais non pas comprendre d'où elle vient. Elle ne peut pas non plus se déduire d'un premier principe donné, accompli ou éprouvé dans l'expérience.

a) *Il est impossible de déduire les facultés premières.* « Toute évidence humaine tourne court dès que nous en venons aux forces et aux facultés premières; car rien ne permet de comprendre leur possibilité, mais il n'est pas permis néanmoins de les imaginer et de les admettre arbitrairement. » Quand on en vient à connaître les facultés premières de la raison, on voit que les facultés théoriques ont fait leurs preuves en recevant un contenu de l'expérience. La compréhension se heurte cependant à une limite : c'est le fait qu'il y ait deux formes a priori de l'intuition sensible (l'espace et le temps), et qu'il y ait aussi un nombre déterminé de formes de jugement et de catégories, et justement celles-là. Dans le domaine pratique, il y a la loi morale, mais c'est là encore « en quelque sorte un fait », connu a priori, apodictiquement certain, bien qu'il ne puisse aucunement être prouvé par l'expérience.

b) *La liberté inconcevable*. La liberté est postulée par la loi morale, mais reste inconcevable. Comment la liberté est possible, c'est-à-dire comment il convient de se représenter positivement ce genre de causalité, c'est une question à laquelle il n'y a pas de réponse théorique. Aucun entendement humain n'en explorera jamais le fond; mais aucune sophistique non plus ne suffira jamais à l'arracher à la conviction, fût-ce du plus vil des hommes.

Nous comprenons ce qu'est la vérité sous l'angle pratique, lorsqu'il est question du devoir. Mais vouloir comprendre sa causalité propre, c'est une tentative vaine. Comment le déterminisme de la nature « peut se maintenir en même temps que la liberté, selon laquelle une action aussi bien que son contraire doivent être à l'instant de l'événement au pouvoir du sujet, voilà ce qu'on veut savoir et qu'on n'élucidera jamais ».

Impossible de concevoir comment une loi peut être sans intermédiaire le mobile déterminant d'une volonté. Impossible de comprendre son influence sur le sentiment, comment elle limite l'amour de soi et la complaisance à soi, comment elle suscite un sentiment de respect et comment elle « humilie ».

Nous retrouvons sans cesse Kant émerveillé et saisi devant cette limite : comment se fait-il « que la seule Idée d'une conformité en général à la loi puisse être un mobile plus puissant pour le libre arbitre que tous les mobiles imaginables rattachés aux intérêts? » Il n'y a là ni évidence pour la raison, ni confirmation par des exemples puisés dans l'expérience. La loi commande inconditionnellement. « Même s'il n'avait jamais existé un seul homme pour se soumettre inconditionnellement à cette loi, la nécessité objective d'en être un n'en subsisterait pas moins, sans restriction et ne tirant que d'elle-même son éclat. »

Lorsque Kant énonce l'impératif catégorique, il ajoute qu'il est impossible de prouver comment un tel énoncé est possible a priori et pourquoi il est nécessaire. Il déclare n'avoir jamais possédé une preuve de ce genre. Il n'y a d'évidence, dit-il, que dans le jugement analytique suivant : si la moralité n'est pas une idée chimérique dénuée de vérité, alors elle implique nécessairement l'autonomie de la volonté. Mais alors d'où vient la certitude? Il n'y en a pas d'autre que dans l'ordre pratique, par l'action.

« N'importe quelle raison n'ayant pas perdu entièrement sa faculté d'abstraire » est capable de voir « la moralité débarrassée de tout mélange sensible et de tous faux appas tendant à une récompense ou à l'amour de soi ». Autre chose serait de concevoir « la nécessité pratique inconditionnelle de l'impératif moral ». « Mais nous comprenons au moins son incompréhensibilité. »

Une fois déterminée la limite de l'évidence dans le domaine moral, deux voies fausses restent interdites. La première serait celle où la raison se mettrait à chercher dans le monde des sens un mobile suprême et un intérêt empirique compréhensible, cessant ainsi de se comprendre elle-même; la seconde, où elle battrait vainement des ailes dans l'espace vide des concepts transcendants, pris pour le monde intelligible, sans réussir à avancer et se perdant parmi les chimères.

c) *L'incompréhensible conversion à partir du mal radical.* La limite la plus profonde de la raison, c'est le caractère incompréhensible du mal radical et le revirement à partir de là. Kant appelle « mal radical » la maxime innée en tout être sensible doué de raison, dès le premier instant où il prend conscience de sa liberté : n'accepter d'obéir à la loi morale qu'à condition que cela serve à son propre bonheur. C'est l'inversion de la vraie maxime : ne saisir le bonheur qu'à condition que cet acte n'attente pas à la loi morale.

L'origine du mal radical dans la raison échappe pour nous à toute recherche : d'une part il nous est nécessairement attribué, de l'autre il est pourtant présent en nous dès l'origine. Et « comment est-il possible qu'un homme naturellement mauvais se transforme lui-même en un homme bon, voilà qui dépasse tout ce que nous pouvons concevoir ». Mais nous avons le devoir d'opérer ce revirement et il faut bien, par conséquent, que nous le puissions.

Au point où nous nous heurtons à cette impossibilité de comprendre, se trouve d'une part le mythe du péché originel, de l'autre celui de la grâce. La raison ne nie pas la possibilité des objets de ces représentations religieuses. Mais elle ne peut pas les recevoir parmi ses maximes propres, qui lui servent à penser et à agir. Elle doit n'être redevable de ce qu'elle fait qu'à elle-même. Tout recours à autre chose l'affaiblirait. Rien ne doit alléger son suprême effort. Mais elle connaît sa limite et prend conscience de ce qu'elle ne comprend pas.

C'est pourquoi, loin de contester la possibilité surnaturelle d'une aide par la grâce, elle y voit au contraire un complément à sa propre insuffisance. Elle compte même « que s'il y a dans le domaine inconnaissable du surnaturel encore quelque chose de plus que ce qu'elle peut se rendre à elle-même compréhensible, cela, quoique ignoré d'elle, sera accordé à sa bonne volonté ». Mais elle ne s'approprie pas un tel complément. On peut appeler cette foi de la raison « foi réfléchissante » (sur la possibilité) « parce que la foi dogmatique qui s'annonce comme un savoir lui paraît déloyale ou téméraire ».

Pour nous, la raison doit se tirer d'affaire toute seule. Doit-elle alors tout à elle seule? Oui, pour ce qui est de son effort; non, pour ce qui concerne sa propre incompréhensible limite. Lorsqu'elle fait tout ce qu'elle peut, elle espère être complétée, mais sans que ce complément devienne une condition dont elle doive se préoccuper, car elle ne peut ni le connaître, ni l'obtenir de force. « Attendre cet effet de la grâce signifierait que le bien ne serait pas notre propre action, mais celle d'un autre être, et que nous ne pourrions l'obtenir que par notre inaction, ce qui est contradictoire. »

d) *Pour et contre la raison.* Y a-t-il au-dessus de la raison une autorité plus haute, une origine plus profonde du vrai?

Est-ce le mythe, est-ce la Révélation? Ici les esprits se séparent. Les uns demandent que l'on accepte par la foi la manière historiquement déterminée dont s'affirme l'autorité de cette sur-raison, que la pensée doit seulement éclairer, et non soumettre à son examen critique. Les autres ne connaissent aucune autorité plus haute que la raison, mais la raison dans toute son ampleur. Celle-ci ne peut, il est vrai, que recevoir, mais seulement par sa propre spontanéité. Elle reste l'instrument indispensable, et, dans la condition temporelle, souverain, de l'examen critique. Elle refuse en toute chose une obéissance aveugle, c'est-à-dire sans pensée ou limitant la pensée.

La raison, qui fut de tout temps la haute exigence de la philosophie indépendante, a conquis chez Kant une profondeur sans précédent. Dans le mouvement d'ensemble de sa pensée, il semble en savoir plus qu'il ne réussit à transmettre par ses formulations. D'où ce fait remarquable : des hommes clairvoyants se sont tenus devant cette quête philosophique, saisis d'étonnement et de respect, comme devant un mystère, alors que cette pensée tend cependant à l'extrême de la clarté, de la transparence et de la précision. D'autres, en revanche, rejetèrent Kant à cause de ses contradictions et parce qu'il les abandonnait complètement à eux-mêmes; ils avaient en effet l'impression qu'il ne cessait, par ses réflexions, de reprendre ce qu'il avait d'abord donné.

VI

POLITIQUE ET HISTOIRE.

Alors que Kant a consacré de gros ouvrages au système des origines et des limites de la raison, il n'en a pas fait autant pour la réalité politique. Mais de nombreuses petites dissertations et certains passages dans ses ouvrages principaux prouvent par leur continuité que l'intérêt qu'il portait à la politique n'était pas accessoire. Une philosophie dont la première comme l'ultime question a l'homme pour objet est forcément politique dans son essence. Kant a été en fait un penseur politique du plus haut rang.

Sa philosophie s'adresse à tous les êtres humains, pour leur apprendre à occuper comme il convient la place attribuée à l'homme au sein du tout. Sa politique cherche à concevoir le salut des hommes en ce monde, contre utopies et idéologies, en prenant parti pour ce qui, dans la situation humaine, est possible et juste.

Dans sa réflexion politique, il forge l'idée de la réalisation de la raison. « L'homme est destiné par sa raison à vivre, avec d'autres hommes, en une société et à se cultiver, se civiliser et se moraliser en elle par l'art et les sciences. » Ce qui signifie : l'homme n'est pas d'emblée ce qu'il est, mais il doit se faire être ce qu'il a le devoir d'être. Sa tendance animale « à s'abandonner passivement aux attraits de la commodité » peut être grande. Mais sa tâche d'être doué de raison, c'est « de se rendre digne, activement, en luttant contre les obstacles, de l'humanité ».

Cette réalisation de la raison est déterminée par deux pôles dont chacun exige l'autre : l'ordre de tous et le plein accomplissement de chacun. D'un côté, l'homme est destiné à réaliser « la société des citoyens du monde » (ou : « le royaume de Dieu sur la terre, — telle est la destination suprême »). D'autre part, la dignité de l'homme exige que cette société ait une forme telle qu'il ne soit pas, en tant qu'homme, soumis à d'autre hommes, mais qu'il puisse, en tant qu'individu, affirmer sa liberté : « L'homme qui est dépendant n'est plus un homme. » « Aucun malheur n'est plus effrayant que de se voir livré à une créature de sa propre espèce, qui pourrait vous contraindre à céder à son propre libre arbitre et à faire ce qu'elle veut » (1).

A) Idées fondamentales.

1. *L'histoire offre un spectacle désolé.* Elle ne manifeste aucune règle. La conduite humaine paraît dénuée à la fois d'instinct et de plan. « On ne peut se défendre d'une certaine indignation lorsqu'on regarde les hommes faire et laisser faire sur la grande scène du monde; et bien que l'un ou l'autre semble parfois donner des preuves de sagesse, on finit par

(1) Sources : *Idee zu einer allgemeinen Geschichte in weltbürgerlicher Absicht*, 1784 (Idée d'une histoire générale tendant à la citoyenneté du monde). — *Kritiken gegen Herder*, 1785 (Critiques contre Herder). — *Mutmasslicher Anfang der Menschengeschichte*, 1786 (Commencement présumé de l'histoire humaine). — *Was heisst : Sich im Denken orientieren?* 1786 (Que signifie: s'orienter dans la pensée?). — *Kritik der Urteilskraft*, parag. 65, 82, 1790 (Critique du jugement). — *Ueber den Gemeinspruch : Das mag in der Theorie richtig sein, taugt aber nicht für die Praxis*, 1783 (Au sujet du lieu commun : c'est peut-être juste en théorie, mais ne vaut rien en pratique). — *Das Ende aller Dinge*, 1794 (La fin de toutes choses). — *Zum ewigen Frieden*, 1795 (De la paix perpétuelle). — *Metaphysische Anfangsgründe der Rechtslehre*, 1797 (Fondements métaphysiques du droit). — *Der Streit der Fakultäten*, 2e alinéa, 1798 (La querelle des facultés). — *Anthropologie in pragmatischer Hinsicht abgefasst*, 1798 (Anthropologie composée d'un point de vue pragmatique). — Oeuvres posthumes (XV, 2e moitié): *Zur Anthropologie* (Au sujet de l'anthropologie).

découvrir dans l'ensemble que tout est un tissu de folie, de vanité puérile, souvent aussi de méchanceté puérile et de soif de destruction. »

Kant se demande : ne se pourrait-il pas que, malgré toutes ces guerres, toutes ces actions et réactions des hommes, il n'en résultât rien nulle part; que tout restât comme toujours; que la discorde fût si naturelle à notre espèce qu'un enfer de maux ne finît par se répandre (si élevé que pût être le niveau de la civilisation), anéantissant enfin tous les progrès antérieurs par une dévastation barbare? L'absurdité possible des événements historiques ne se trouve même pas abolie par la réalité du christianisme. Kant voit la violence de l'Église, et maintenant il s'y ajoute encore le recul de la foi chrétienne. Si le christianisme, « au lieu de son esprit de douceur, s'armait d'une autorité impérieuse », si « le mode de penser libéral » du christianisme disparaissait, et avec lui, ce qui jusqu'ici « avait toujours continué à luire à travers le reste » (et qui s'était montré à l'époque des Lumières dans une clarté d'autant plus brillante), alors la répugace et l'hostilité régneraient sur la pensée à l'égard de ce christianisme manqué. L'Antéchrist commencerait son règne, de courte durée, il est vrai, — fondé sans doute sur la peur et l'égoïsme. Ce serait du point de vue moral, « la fin (inversée) de toutes choses ».

2. Dans la société humaine comme telle, Kant voit des *antinomies irréductibles.*

a) Nature et civilisation sont constamment en conflit. Les exemples de ces désaccords abondent. L'homme meurt ou devient sénile juste au moment de faire ses plus grandes découvertes. La durée de vie dont il dispose ne lui permet pas d'actualiser la signification de ce qu'il entreprend. Toute réussite reste fragmentaire et nul ne peut être certain que ce qui vient d'être conquis durera à travers le temps. — L'inégalité des hommes ne peut pas être abolie par la culture. Elle est source de bien et de beaucoup de mal. — L'homme est, à dix-sept ans, physiquement capable de perpétuer l'espèce, mais dans une société civilisée, il est un enfant qui doit attendre encore dix ans avant de pouvoir nourrir une femme et une famille. La période intermédiaire est ordinairement remplie de dérèglements, etc.

b) L'homme est une créature qui a besoin d'un maître. Mais ceux qui jouent le rôle de maîtres en ont tout autant besoin, étant des hommes eux aussi. Où est le maître à qui il faut se sentir soumis pour être capable de bien gouverner? — « L'homme doit être éduqué en vue du bien; mais celui qui doit l'éduquer est aussi un homme. » Il doit produire en autrui ce dont il a lui-même besoin. Ce sont toujours des hommes qui ont le devoir de produire l'homme. Ils doivent faire envers autrui ce qu'il faudrait qu'on fît envers eux : gouverner, éduquer.

c) L'individu qui veut préserver un lien humain ne peut bien agir que si l'autre agit bien aussi. C'est un cercle de réciprocité. « Le premier attrait du mal vient de ce que, même si l'on veut être bon, on ne peut pas compter que l'autre le veuille aussi. Personne ne veut être le seul à user de bonté. Parmi des gens qui seraient tous bons et honnêtes, le démon déposerait sa méchanceté. » Le bien ne peut être engendré dans l'individu que par la généralité, mais le bien ne peut pas devenir général sans l'individu.

d) L'homme a, comme individu, l'exigence légitime d'être en lui-même une fin et un accomplissement. Mais le sens de l'homme ne s'accomplit qu'au cours de l'histoire, par le tout de l'espèce. Époques et individus sont les étapes d'un processus et peut-être d'un progrès.

3. *La question essentielle.* Kant commente donc l'aspect catastrophique de l'histoire considérée dans son ensemble, ainsi que les antinomies insolubles de la communauté humaine. Ce n'est pourtant pas là son dernier mot, mais seulement l'amorce de sa réflexion politique. La vision de catastrophe persiste sans que rien la supplante, mais elle engendre, et ne cesse d'engendrer, la question essentielle du sens de l'histoire et de toute politique possible.

Devant l'impression de totale absence de règle que produisent les événements, Kant renvoie à la statistique, découverte en son temps. Ce qui paraît dénué de règle lorsque l'on considère des sujets individuels pourrait pourtant être soumis à des règles quand il s'agit de l'espèce entière. Une régularité de ce genre apparaît dans les tableaux montrant le nombre annuel des mariages, naissances et décès. Bien qu'ici, chaque cas individuel soit imprévisible et irrégulier comme le temps qu'il fait pendant la journée, cependant on trouve dans l'ensemble la même régularité que dans les changements de temps considérés au cours d'un an. Mais Kant indique aussi d'emblée la limite d'une telle statistique. Les régularités qu'elle fait apparaître ne donnent encore aucun sens ni aucune fin aux événements. Malgré elles, il n'en reste pas moins vrai que le cours des événements ne manifeste ni l'action d'un instinct, comme chez les animaux — par exemple les constructions du castor — ni un plan prémédité tel que pourraient l'établir des citoyens raisonnables du monde.

C'est pourquoi la question de la fin et du sens des événements historiques continue à se poser. Nous trouvons pourtant de la finalité dans les organismes. La nature du vivant manifeste, dans la merveilleuse diversité des êtres, l'existence d'une telle finalité, si bien que la piété des croyants y voit la trace d'une origine divine, de la volonté créatrice de Dieu. Mais « que sert de louer la magnificence et la sagesse de la création dans le domaine de la nature dénuée de raison, si l'histoire du genre humain doit rester une objection incessante » contre le sens de la création, si « la vue de ce grand théâtre de la sagesse divine nous oblige à en détourner les yeux avec indignation et, en nous faisant désespérer d'y découvrir jamais une intention raisonnable et achevée, nous réduit à ne mettre notre espoir que dans un autre monde? »

A cette question, Kant joint la question inverse : « Est-il raisonnable d'admettre une finalité naturelle dans les parties et de n'en admettre aucune dans le tout? » Les organismes, ces choses où se réalisent des finalités naturelles, manifestent leur finalité dans chacune des parties du tout. Aussi Kant se demande-t-il, devant le désordre aveugle de l'histoire, si un « dessein de la nature » ne s'y dissimule pas et s'il n'a pas malgré tout un sens, bien que ce sens ne se dévoile pas à nos yeux dans l'ensemble de l'histoire. C'est cette question qui donne naissance à la réflexion kantienne sur l'histoire et la politique.

L'inspiration en est simple. Mais il est difficile de la faire apparaître en concepts clairs à la conscience. Les pensées restent prises dans toutes les scissions qui tiennent à la nature des choses et se retrouvent par conséquent dans la philosophie kantienne. Certaines phrases, extraites de leur contexte et fixées pour elles-mêmes, sont contradictoires entre elles. Ces contradictions se résolvent chez Kant si l'on se réfère à l'ensemble de sa pensée, mais sans que celle-ci s'achève en synthèse définitive ou en vision d'ensemble. Nous pouvons pourtant essayer de retrouver la simplicité de son inspiration dans celle de sa dialectique. Parcourons-en les étapes.

4. *Nature et liberté*. Kant cherche dans l'ensemble absurde des choses humaines un dessein naturel « permettant que des créatures agissant sans aucun plan propre aient pourtant une histoire conforme à un plan déterminé de la nature », à ce dessein de la nature qui a produit l'homme et son progrès.

« Du début supposé de l'histoire humaine » l'expérience ne peut rien nous dire. Kant construit son récit (avec la conscience de risquer « un simple voyage de plaisir ») au fil du texte de la Genèse (chap. II-IV).

On commence avec l'homme achevé, qui peut se tenir debout et marcher, et même parler. Qu'arrive-t-il alors? La pensée de l'homme pénètre le donné, élargit l'horizon et donne naissance à des possibilités infinies. —1. Par la pensée, l'homme dépasse les instincts qui commandent d'abord en lui, comme chez les animaux, toutes les manifestations de la vie. L'instinct de nutrition se trouve élargi par analogie au-delà de ses limites, grâce à la connaissance des moyens alimentaires. Le succès ou l'échec font découvrir la faculté de choisir son mode de vie et de ne pas être, comme les animaux, lié à un seul. L'instinct sexuel, qui ne repose chez les animaux que sur une impulsion périodique passagère, se trouve transformé par la pensée, qui dérobe aux sens l'objet de l'instinct, prolongeant et multipliant ainsi son attrait pour l'imagination, et qui empêche par la modération le dégoût de la satiété succédant à un désir purement animal. Le refus, voilà le tour d'adresse qui permit de passer du désir à l'amour. — 2. Par la pensée, l'homme se considère lui-même comme fin de la nature, et tout le reste, qui n'est pas doué de raison, comme moyen. « La première fois qu'il a dit au mouton : « La toison que tu portes, la nature ne te l'a pas donnée pour toi, mais pour moi », qu'il la lui a prise et s'en est vêtu, il a pris conscience d'un privilège qui l'élevait au-dessus de tous les animaux. » Mais en même temps que cette idée, il en vient aussitôt une autre : il ne peut rien dire de tel à aucun autre être humain. Dans la prétention à être soi-même une fin, réside le fondement de l'égalité absolue des hommes. — 3. Par la pensée, l'homme acquiert la capacité souveraine d'attendre le futur et de se savoir mortel, un avantage qui est en même temps une source intarissable de souci, de tourment et de peur.

Pour le dépassement des instincts, c'est le commencement, si minime qu'il soit, qui est décisif, plus important donc que toute la série infinie d'événements qui par la suite marquent le développement de la civilisation. Mais dès ce premier pas, l'homme se trouve aussi comme devant un abîme. Au lieu de l'objet unique qui lui était prescrit par l'instinct, il s'en ouvre désormais une infinité devant lui. « Et ayant ainsi goûté une fois à la liberté, il lui devient impossible de revenir à la servitude sous la domination de l'instinct. »

Par toutes ces étapes, l'homme s'est trouvé chassé hors de la condition animale, hors du Paradis, où il était pourvu de tout sans qu'il eût à y prendre peine. Il a été poussé dans le vaste monde. Souvent il arrive que sa misère éveille en lui la nostalgie de l'Éden — où il rêverait sa vie dans une tranquille inaction et une paix perpétuelle. « Mais alors, entre lui et le lieu imaginaire de sa volupté, la raison s'interpose, la raison sans repos qui le pousse irrésistiblement à développer les facultés qui sont en lui et ne lui permet pas de retourner à la simplicité grossière d'autrefois. » Sortir du Paradis, c'est passer de la grossièreté animale où règne l'instinct au règne de la raison, de la tutelle de la nature à la condition d'homme libre.

Ce qui est un progrès pour l'espèce, ne l'est pas d'abord pour l'individu. Pour lui, il y a maintenant le péché, inconnu au stade de l'ignorance. Le premier pas de l'homme est moralement une chute et physiquement l'acquisition d'une foule de maux. « L'histoire de la nature commence donc à partir du bien, car elle est l'œuvre de Dieu; l'histoire de la liberté, à partir du mal, car elle est œuvre humaine. »

Il subsiste — en ceci Rousseau a raison — un conflit inévitable entre la civilisation et la nature. Mais ce conflit ouvre la voie qui doit être suivie pour que se déploient toutes les forces et tous les dons de l'homme et que se développe la liberté raisonnable. Rousseau n'a donc pas raison de vouloir revenir en arrière. Certes le passage de la nature à la civilisation a entraîné un affaiblissement, certes la civilisation ne s'acquiert qu'à travers l'inégalité et l'oppression réciproque, et il est vrai qu'une éducation contraire à la nature n'a moralisé les hommes qu'en apparence. Mais le malheur, le péché, le mal deviennent des moyens et des aiguillons pour le mieux.

La suite de ce début, c'est l'histoire. Kant voudrait apercevoir « le dessein de la nature » dans ce processus. Il commence par établir qu'un être doué de raison implique nécessairement l'histoire.

Kant essaie de découvrir « le plan de l'histoire » par analogie avec la finalité de la vie organique. La théorie téléologique de la nature présuppose que toutes les dispositions naturelles d'une créature sont déterminées et qu'elles se développent un jour complètement et conformément à leur fin. Les dispositions naturelles particulières de l'homme tendent à l'usage de sa raison. Alors que les dispositions naturelles des animaux se développent complètement dans l'individu, la disposition naturelle de l'homme, la raison, ne peut parvenir à son plein développement qu'à travers la suite des générations, dans l'espèce. Car la raison, cette faculté de développer les règles et les desseins qui permettent l'emploi de tous ses forces, « loin au delà de l'instinct naturel », a besoin d'essais, d'exercice et d'enseignement. La nature ne fait rien de superflu. Si elle a donné à l'homme la raison au lieu de l'instinct, cela correspondait aussi à l'équipement naturel de l'homme.

Elle ne lui a donné pour sa défense ni cornes, ni crocs, ni serres, mais des mains pour qu'il se fabriquât des armes. D'où sa surprenante économie dans cet équipement, en comparaison de celui des animaux. Le sens de ces faits semble manifeste. La nature, en donnant la raison à l'homme, a voulu qu'il produisît tout par lui-même. Elle a voulu que l'homme « ne participât à nulle autre béatitude ou perfection que celles qu'il se serait procurées lui-même, libre de l'instinct, par sa propre raison ». Or cela, nul individu ne le peut, mais seulement l'espèce humaine dans l'ensemble de son histoire. C'est pourquoi « les générations anciennes ne semblent peiner que pour les générations suivantes. Cela est nécessaire, une fois admise l'idée qu'une espèce animale doive être douée de raison, et en tant que classe d'êtres raisonnables, tous mortels, mais dont l'espèce est immortelle, parvenir malgré tout au plein développement de ses dispositions naturelles ».

Kant interprète encore « le dessein de la nature » en recourant à une causalité dont l'influence finalisée l'emporte sur la volonté consciente de ces êtres raisonnables.

Le moyen permettant le développement de toutes les dispositions naturelles n'est pas d'emblée la bonne volonté de la raison, mais une causalité qui a nécessairement ce résultat, que la volonté soit bonne ou mauvaise. Le combat des hommes les uns contre les autres, qui répugne tant à la bonne volonté, cet « antagonisme » dans la réalité sociale, devient la cause de l'ordre légal qui s'y établit. L'homme a tendance à se socialiser (parce que c'est seulement dans cet état qu'il se sent un homme), mais aussi à s'individualiser (parce qu'il trouve aussi en lui-même la tendance antisociale à tout orienter selon son propre sens). Cette donnée de fait : une société antisociale, mobilise alors toutes les forces de l'homme. Il surmonte son penchant à la paresse, poussé par sa soif d'honneur, de domination, de propriété, son besoin « d'occuper un rang élevé parmi ses compagnons, qu'il supporte avec peine et dont pourtant il ne peut se passer ». Sans cette injustice d'où naît la résistance de tous à tous, « les hommes vivraient comme des bergers d'Arcadie une vie de parfaite simplicité, de contentement et d'amour réciproque, et tous leurs talents resteraient pour l'éternité cachés dans leur germe. Les hommes, doux comme les moutons qu'ils mènent paître, ne donneraient guère à leur existence de valeur plus grande que ne le fait leur bétail. Grâces soient donc rendues à la nature pour ce qu'il y a d'inconciliable dans l'homme, pour ce besoin qu'il a de posséder, ou aussi de dominer, et que rien ne saurait satisfaire. L'homme veut l'harmonie, mais la nature sait mieux que lui ce qui est bon pour son espèce, elle veut pour lui la discorde. Il veut vivre agréablement, mais la nature veut qu'il se jette dans le travail et la peine afin de découvrir les moyens qui lui permettront ensuite de leur échapper avec intelligence ».

L'expérience actuelle manifeste encore quelque chose de ce suprême dessein de la nature : *a*) Les États ont encore entre eux des relations si artificielles qu'aucun ne peut négliger sa civilisation interne sans perdre de sa puissance et de son influence devant les autres. Les desseins ambitieux servent à stimuler le bien dont le souci leur est en soi étranger. — *b*) La liberté des citoyens ne peut être restreinte sans que le dommage qui en résulte ne se fasse sentir dans toutes les industries, affaiblissant à nouveau l'État dans ses relations extérieures. — *c*) L'esprit des « Lumières » (*Aufklärung*) se révèle utile aux États. Imposé par cette utilité, il gagne forcément, peu à peu, les trônes eux-mêmes (et en même temps que lui, une certaine participation du cœur, que l'homme éclairé ne peut s'empêcher d'éprouver à l'égard d'un bien qu'il comprend parfaitement).

« L'ultime dessein de la nature », Kant le conçoit comme la raison de la bonne volonté. Celle-ci n'est pas donnée au départ. La nature impose par force la bonne volonté, mais en créant seulement les situations où cette bonne volonté s'engendre elle-même.

« Toutes les délices qui peuvent rendre la vie agréable à l'homme, même la clarté et l'intelligence, et jusqu'à la bonté de sa volonté, devraient être entièrement son œuvre propre. » « La nature semble ne s'être nullement souciée qu'il eût une bonne vie, mais bien qu'il se rendît digne de la vie et du bien-être. » Une société fondée sur un accord imposé par les passions et les instincts peut se transformer finalement en un ensemble moral.

Ces idées, si simple qu'en soit l'énoncé, paraissent, du fait qu'elles se contredisent, passer sans cesse de la nature à la liberté, puis réduire à nouveau la liberté à un simple moyen en vue d'un dessein souverain de la nature. Il faut avoir appris à penser à la manière kantienne pour échapper aux malentendus auxquels conduit l'interprétation immédiate de textes comme ceux-là. Car il se produit un bond dans la manière de penser entre la recherche spéculative d'un dessein de la nature et la conscience que prend d'elle-même la bonne volonté ; entre un savoir théorique et une action fondée sur une réflexion politique ; entre causalité et liberté.

L'homme peut considérer l'histoire comme un processus naturel, ou bien, occupant son poste en elle, contribuer à la produire par sa propre liberté. Il acquiert une connaissance de l'histoire, et il présente des exigences à sa liberté. La théorie de l'histoire réduit la libre activité elle-même à un facteur. L'exigence qui s'adresse à la liberté dans l'action historique fait de la connaissance théorique un matériau à son service, ou l'espace servant à s'orienter dans une situation historique donnée. La réciprocité de l'être (événement) et du devoir (liberté) maintient, dans la philosophie de l'histoire et dans la politique, une tension insurmontable : ce que je pense théoriquement est en même temps un facteur de l'action et implique donc une responsabilité déjà dans la pensée. Et ce que je fais dépend de l'étendue de ma pensée tout en étant objet de cette pensée. L'histoire offre un double aspect : le cours des événements, dénué de plan humain, régi par le dessein de la nature (Providence), et le royaume spirituel des êtres doués de raison, en tant que communauté des consciences morales.

Par sa réflexion philosophique sur l'histoire Kant s'efforce de fonder aussi bien l'explication causale que l'appel à la liberté. Il ne les mélange pas, tout en reconnaissant qu'aucune conception sérieuse de l'histoire ne peut les séparer. Mais sa pensée a ici deux sources. Il pense *d'abord*, au sens de la *Critique du jugement téléologique*, une finalité en tant que dessein de la nature. Cela lui permet de comprendre objectivement les séries d'événements qui semblent, de façon étonnante, se soutenir mutuellement — dans la mesure de leur portée. *Ensuite* il pense, au sens de la philosophie pratique, la liberté, qui ordonne à l'homme d'obéir au devoir qu'il découvre en lui-même. Cette liberté est considérée, dans *Le commencement supposé de l'histoire*, comme rupture avec la nature. Elle détermine le progrès.

L'histoire, chemin entre un commencement et une fin, est en même temps événement et action libre. Parce qu'elle est les deux, l'homme ne perd pas de vue les conséquences de ses actes, mais il n'est pas non plus livré à un processus se déroulant sans lui. L'idée d'un but est elle-même un facteur qui incite à l'atteindre. Le chemin est un progrès issu de la liberté dans l'action responsable de chaque individu, mais par l'intermédiaire des nécessités naturelles, partiellement compréhensibles. Celles-ci sont alors conçues comme tendant, en vertu d'un dessein caché, à cela même que réalise la liberté.

5. *Limitation des aspects historiques.* Le cours de l'histoire humaine, dit Kant, nous est aussi peu connu que celui du soleil dans l'univers. Sa vision de l'histoire considérée selon le schème d'une Idée, embrasse les événements humains entre une origine et une fin. L'origine ne peut être que supposée à l'aide d'une construction de l'esprit, la fin ne peut être que projetée en tant qu'Idée. Tout ce qui constitue l'histoire réelle, accessible à notre expérience, est entre les deux.

La philosophie théorique de l'histoire, chez Kant, cherche à découvrir des traces qui aideraient l'homme à trouver une issue. Kant ne prétend jamais à une possible connaissance du « dessein de la nature » ou « Providence ». Mais il estime que c'est un droit de la raison de s'interroger à son sujet et de voir, en étudiant l'histoire dans son cours empirique, jusqu'à quel point les faits correspondent ou ne correspondent pas à une hypothèse qui leur donnerait un sens. Une telle hypothèse préalable ne devient pas pour lui une prétendue connaissance des événements réels dans leur totalité. Toute conception de l'ensemble de l'histoire se révèle finalement limitée et inadéquate. C'est ce que nous allons montrer en nous référant à quelques-uns des points de vue qu'il a conceptuellement élaborés.

a) *Le progrès*. Kant ne prétend pas connaître le progrès en tant que fait embrassant la totalité de l'histoire, ni être en mesure de prédire le progrès futur.

Il examine trois possibilités. *D'abord :* la représentation selon laquelle le genre humain rétrograderait sans cesse; il s'exténuerait, deviendrait pire de génération en génération, le Jugement dernier serait imminent. *Puis :* la représentation selon laquelle le bien s'accroîtrait. Mais cela devrait s'accomplir par la liberté, laquelle aurait à son tour besoin d'un fonds de bien plus grand que celui dont l'homme dispose. *Enfin :* la représentation selon laquelle tout resterait en l'état; une folie affairée caractériserait l'espèce de façon permanente; l'homme s'imposerait la peine sans espoir de remonter sans cesse le rocher de Sisyphe pour le laisser dévaler à nouveau; il ferait avancer alternativement tantôt le bien, tantôt le mal; le jeu de notre espèce à la surface de ce globe ne serait qu'une farce, dont la valeur ne serait nullement supérieure à celle que jouent les autres espèces animales, avec cette seule différence que les autres s'en tirent à moins de frais et sans recourir à l'entendement.

Entre ces trois possibilités, selon Kant, l'expérience ne permet pas de trancher. Même si elle nous montrait maintenant une longue période de progrès positif, rien ne prouverait que nous ne fussions précisément à un tournant et que l'époque de régression ne fût sur le point de commencer. L'expérience d'une période ne prouve rien pour le tout.

Le progrès ne peut pas se rapporter au bien et au mal ; car le bien et le mal ne sont pas des substances dont la quantité puisse augmenter ou diminuer. Pour chaque homme, le bien est possible en tout temps. Des actes libres ne sont pas des processus naturels, et ne sont donc pas prévisibles comme ces derniers. Le progrès, non d'un individu, mais de l'humanité, ne peut être, dans la mesure où on l'observe, qu'un progrès des actions objectivement bonnes, non de l'intention, un progrès de la légalité, non de la moralité, un progrès de la constitution civile, non de la valeur de l'être humain.

Bien qu'il soit impossible de fonder sur l'expérience la certitude d'un progrès d'ensemble, l'idée de progrès n'en a pas moins une portée pratique pour notre liberté en tant que principe régulatif, par exemple dans l'idée de la constitution civile. Je ne peux pas savoir d'avance ce qui va advenir, mais je peux bien annoncer ce que je contribue à produire. L'idée de progrès ne répond pas à la question « quel sera l'avenir? » mais bien à la question « qu'est-ce que je veux? » La volonté sous la conduite des Idées est réalisatrice. Les Idées ne sont prouvées par aucune expérience antérieure, mais elles permettent de produire ce dont l'expérience, dès lors, pourra faire son objet.

L'idée de progrès, non comme contenu d'une connaissance, mais restant au contraire, pour la connaissance, en suspens entre les trois possibilités, ouvre, en tant qu'Idée pratique, l'espace où s'affirme l'indépendance de la bonne volonté. Celle-ci peut légitimement, sans posséder pourtant un savoir suffisant, avoir conscience d'être un facteur agissant avec d'autres en vue du mieux politique. Rien ne l'oblige, renonçar à réaliser quoi que ce soit en ce monde, à dépasser d'un bond ce plan d'existence tout entier pour chercher la paix dans le seul postulat d'une immortalité au-delà du temps.

L'observateur, certes, considérant le cours du monde et « évaluant les maux », sera mécontent de la Providence. Mais si grands que soient les doutes que l'histoire suscite contre mes espoirs, aussi longtemps que ces doutes n'entraînent pas la certitude du malheur absolu, je n'ai pas le droit d'échanger le devoir contre « la règle du bon sens » (*Klugheitsregel*) qui dissuade de travailler en vue d'un résultat apparemment impossible. L'incertitude où nous sommes quant à la question de savoir « si le genre humain peut espérer une amélioration » ne saurait suspendre la volonté. Chercher les indices d'un « dessein de la nature » ou « Providence », c'est, sans procurer aucune certitude dans l'ordre du savoir, fortifier la confiance, « si pénible que puisse être la voie tracée pour nous en ce monde terrestre ». Nous ne devons pas « rejeter la faute sur le destin, perdre de vue celle qui est la nôtre et négliger ainsi de nous améliorer nous-même ».

b) *Notre point de vue et celui de la Providence.* Certes, confrontant ses diverses hypothèses avec le cours des événements historiques, Kant croit pouvoir admettre « que la nature elle-même ne procède pas sans plan ni dessein final à travers le jeu de la liberté humaine » ; il pense que, dépassant tous les buts humains, toujours finis, elle les intègre à sa cohésion ; et dans ses essais, il esquisse des schèmes devant concrétiser cette Idée de la Providence à nos yeux ; il n'en souligne pas moins cependant ce qui suit avec le maximum de résolution : le point de vue auquel nous pouvons nous placer n'est pas celui de la Providence, nous ne pouvons pas la connaître concrètement, elle nous échappe, nous ne pouvons que l'éclairer sans fin.

Le cours des événements ne nous paraît peut-être « tellement absurde » que parce que nous commettons l'erreur, en portant un tel jugement, de prétendre occuper le point de vue de la Providence. Nous ne pouvons pas unifier causalité naturelle et liberté. Nous pouvons sans doute dire d'avance à des êtres agissant librement ce qu'ils doivent faire, mais non prédire ce qu'ils feront. Le point de vue de la Providence, au contraire, qui n'est pas le nôtre, permet de considérer les actes libres comme ne faisant avec les événements naturels et l'ordonnance de toutes choses au dessein final, qu'une seule et même réalité.

c) *Fin dernière et fin finale.* La condition humaine doit trouver sa perfection dans l'Idée par l'unité de la nature et de la liberté. Mais nature et liberté ne font pas un, et en ce monde, leur unité défie toute représentation et toute pensée.

Au contraire, on se trouve devant un état de fait « surprenant » ; les étapes du progrès font que l'homme, qui dans sa dignité d'homme ne doit jamais devenir un pur moyen, devient pourtant un moyen en vue des générations suivantes, et tous les hommes deviennent moyen en vue du but de la totalité, — dans le dessein de la nature, non dans les plans des hommes. Et en même temps, l'état de totalité comme réalisable et devant être achevé un jour reste impossible (Kant rejette tout chiliasme), car dans le temps il n'est rien qui perdure. Là encore, Kant ne permet pas au monde de se fermer sur lui-même. Il est ouvert à l'infini en tant qu'il est temporel et spatial.

La perfection n'étant qu'une Idée, et non une réalité possible, on ne peut organiser, selon un plan humain, le monde dans sa totalité comme s'il s'agissait d'une mécanique. Mais la perfection étant Idée, elle impose la tâche d'une organisation incessante du monde qui est le nôtre et dont elle demeure la norme, comme si nous nous rapprochions de la perfection. Et la liberté, qui plonge vers le temporel, étant elle-même intemporelle, le royaume des esprits est sans cesse présent là où est la bonne volonté, agissant dans une intention de moralité, et se trouve ainsi unie à tous les bons esprits par un lien que rien ne fonde temporellement.

Le bien suprême dans l'unité du règne des esprits tel qu'il se réalise, invisible, dans le monde, Kant l'appelle « fin finale » ; ce qui ne cesse d'être cherché à travers la temporalité de l'histoire comme perfection demandée par l'Idée, Kant l'appelle « fin dernière ».

Le bien suprême, « l'existence d'êtres raisonnables soumis à des lois morales » et jouissant en même temps de la béatitude correspondante, n'est possible que sous le règne de l'Être originel. Cette fin finale est un postulat de notre raison pratique, auquel seule l'idée de l'immortalité permet de donner un contenu.

Dans le monde, en revanche, on ne trouve pas la fin finale, mais seulement la fin dernière. C'est « ce qui, dans l'homme, doit être stimulé par la nature ». La fin dernière est, soit une fin qui peut s'accomplir par la nature elle-même : le bonheur ; soit « le talent et l'adresse en vue de toutes sortes de fins », c'est-à-dire la civilisation. « Celle-ci est la fin dernière de l'homme dans la nature. »

Mais la fin dernière ne nous satisfait nullement. Car toujours se pose la question : à quoi bon? C'est seulement à propos de l'homme comme être raisonnable, comme être moral, qu'il n'y a plus à se demander pourquoi il existe. Sans cet homme en tant qu'être raisonnable, « toute la Création ne serait qu'un désert, vaine et sans fin finale ». « Ce que l'homme doit faire lui-même pour être une fin finale se distingue de tout ce que nature et civilisation accomplissent en vue d'une fin dernière. »

La fin dernière n'est pas la fin finale de l'homme. Cela signifie que l'histoire se trouve subordonnée à une condition supérieure Ou, autrement dit : le cours de l'histoire dans son ensemble, incapable d'achèvement, ne peut pas être la fin finale de l'homme. Ou encore : l'histoire n'est pas la divinité.

Kant donne ici une interprétation ascendante : « Si on évalue le prix de la vie en fonction des jouissances qu'elle procure, il tombe au-dessous de zéro. Si on l'évalue en fonction de ce qu'on fait, on ne considère encore que des moyens en vue d'une fin indéterminée. Il ne reste donc que la valeur que nous donnons nous-mêmes à notre vie, non par ce que nous faisons, tout simplement, mais par ce que nous faisons en vue d'une fin avec un telle indépendance à l'égard de la nature que l'existence même de celle-ci ne peut être une fin qu'à cette condition. »

La fin finale n'est pas dans l'avenir, car elle est, en tant que suprasensible, en dehors des conditions temporelles. Elle est dans l'actuelle bonne volonté. On se la représente bien en recourant à l'image du futur, mais sans que ce futur ait une réalité objective. La fin dernière, en revanche, c'est le bonheur dans le monde. Elle est perpétuellement inachevée et impossible.

Le bonheur dans le monde représente le matériau de l'expérience par laquelle la bonne volonté acquiert sa réalité ici-bas. La transposition de tout bonheur sur le plan suprasensible, lorsqu'il devient le matériau de la bonne volonté et se trouve ainsi imprégné d'éternité, fait qu'alors le bonheur n'est plus le bonheur seulement. Dès lors, ce n'est plus la fin dernière, mais la fin finale.

Kant a donné de ses principales conceptions politiques et historiques des exposés concrets : en construisant l'idée d'une « société civile », en traçant le chemin de l'époque des Lumières comme devant y conduire, en développant la conception qu'il avait de sa propre époque.

B) L'idée d'une société civile

Fonder, préserver et développer la société civile, telle est la plus haute tâche du genre humain.

La naissance de la communauté humaine échappe à l'observation et à la représentation. L'individu ne précède pas la communauté. « Il en a été de ces créations d'États comme de la création du monde, aucun homme n'y a assisté, sinon il aurait été nécessairement son propre créateur. » Mais l'État n'est pas parfait. C'est un rêve que d'espérer sa perfection. Elle est une tâche.

1. *La constitution « républicaine »*. Dans la société civile, la plus grande liberté, donc un antagonisme permanent de ses membres, doit aller de pair avec la détermination la plus précise des limites de cette liberté. La liberté ne peut s'étendre que dans la mesure où elle reste compatible avec celle d'autrui. Cela n'est possible que par le droit appuyé sur une force qui, régie elle-même par des formes juridiques, en impose le respect. La constitution civile définit ainsi les relations d'hommes libres qui sont pourtant soumis à la contrainte des lois. C'est seulement dans une situation générale basée sur une telle constitution que peut se réaliser le dessein de notre espèce humaine : le développement de toutes les dispositions naturelles.

Les hommes sont contraints d'accepter cet état de choses par les maux qu'ils s'infligent réciproquement lorsque leur liberté est sans frein. Les mêmes passions produisent, dans l'enclos de l'organisation civile, les meilleurs effets, « comme des arbres dans une forêt, justement du fait que chacun cherche à ravir à l'autre l'air et le soleil, s'obligent entre eux à aller plus haut trouver de l'air et du soleil, et à pousser droits et beaux, alors que ceux qui sont libres de déployer leurs branches à leur gré poussent de travers, bossus et tordus. Toute civilisation et tout art, la plus belle ordonnance sociale, sont les fruits de l'insociabilité, obligés par eux-mêmes de s'améliorer. »

Cette tâche est la plus difficile. Que l'homme soit un animal qui a besoin d'un maître, repose sur le fait qu'il abuse de sa liberté à l'égard de ses semblables. Il désire une loi, mais « il a tendance, dès qu'il le peut, à s'en excepter ». Il faut qu'un maître brise sa volonté et le force à obéir à une volonté générale. Mais ce maître à son tour sera un homme, et ainsi chacun d'entre eux recommencera d'abuser de sa liberté s'il n'a pas au-dessus de lui un maître armé de la force. Celui-ci, en tant que chef, doit être juste, et il est toutefois un homme qui ne l'est pas. Il n'est pas de solution parfaite à ce problème; « d'un bois aussi tordu que celui dont l'homme est fait, on ne peut rien produire de tout à fait droit ». Notre tâche, c'est de nous rapprocher de l'Idée d'un gouvernement qui contraindrait par la force, sans pourtant cesser d'être juste.

Dans une constitution concrète, doivent coexister la liberté et la loi. La force y est nécessaire pour assurer la loi contre les abus de la liberté. Kant appelle « républicaine » une constitution de ce genre. Quand la loi et la liberté existent sans la force, c'est l'anarchie; la loi et la force sans liberté, c'est le despotisme ; la force sans liberté et sans loi, c'est la barbarie.

Seule la constitution républicaine mérite le nom de constitution civile. Par elle les citoyens sont soumis à des lois qu'ils se sont données eux-mêmes et qui acquièrent de l'autorité et de la durée grâce à une force irrésistible. « La meilleure constitution est celle où ce ne sont pas les hommes, mais les lois qui détiennent le pouvoir. » Lorsqu'une telle constitution a été établie, son maintien devient la loi suprême d'une société civile.

L'idée qui sert à Kant de norme ne réside pas dans la distinction des formes de gouvernement, monarchie, aristocratie, démocratie. Ce qui est décisif, c'est le mode de gouvernement, républicain, despotique ou barbare. « Le mode de gouvernement a été pour le peuple incomparablement plus important que la forme de l'État. » Le mode de gouvernement, c'est la constitution. Un État monarchique peut, au sens de Kant, être républicain, un État démocratique être despotique, et inversement. La constitution repose sur l'idée « que tous ceux qui obéissent à la loi doivent être en même temps, tous ensemble, les législateurs »; telle est la norme éternelle pour une constitution civile quelle qu'elle soit.

Un gouvernement de ce genre exige le système représentatif. Seul un système représentatif permet un mode de gouvernement républicain. Sans lui, tout devient despotique. « Aucune des prétendues républiques de l'antiquité n'a connu cela, et elles devaient forcément, pour cette raison, dégénérer en despotisme. » « Toute forme de gouvernement qui n'est pas représentative est à vrai dire une monstruosité, parce que le législateur peut y être, en une seule et même personne, en même temps, l'exécuteur de sa volonté. »

2. *Bonheur et droit.* La constitution républicaine crée une situation « où chacun prend soin lui-même de son bonheur et où chacun est libre d'entrer en relation avec tout autre. Il n'entre pas dans la fonction du gouvernement d'enlever ce souci aux personnes privées ». C'est le principe du droit, non celui du bonheur, qui détermine le gouvernement de la société civile (de la constitution républicaine). Le principe du droit est conçu grâce à l'idée d'un contrat social. Il tend au « salut public », qui « repose sur la constitution légale, garantissant à chacun, par des lois, sa liberté ».

On ne saurait fonder la société civile sur la chimère toujours changeante où chacun met son bonheur. Au contraire, c'est grâce à la société civile que chacun garde le droit de mettre son bonheur où il veut. Le pouvoir n'a pas le droit de rendre le peuple heureux contre son gré; il doit seulement veiller à ce que le peuple existe en tant que collectivité. « Lorsque le pouvoir suprême édicte des lois qui tendent d'abord au bonheur (au bien-être, etc.), ce n'est pas que ce bonheur soit pour lui un but; ce n'est qu'un moyen permettant d'assurer le règne du droit, surtout contre des ennemis du dehors. »

On cite des exemples de bons gouvernements qui ont pris soin du bonheur de leurs sujets, ceux de Titus, de Marc-Aurèle, etc.; mais leurs successeurs (Domitien, Commode) ont fait le contraire. « Ce qui importe, c'est non pas que le gouvernement soit bon, mais bien le système de gouvernement. » Si ceux qui gouvernent prennent soin du bonheur des sujets, ceux-ci deviennent pareils à des enfants mineurs, incapables de discerner ce qui leur est réellement profitable ou nuisible. La manière dont ils doivent être heureux ne dépend plus que du jugement du chef de l'État. Et il n'y a plus qu'à attendre de sa bonté qu'il veuille aussi ce bonheur. « C'est le plus grand despotisme qu'on puisse imaginer. »

Le principe du droit, à l'intérieur d'une collectivité, est absolu. Celui du bonheur, au contraire, est d'abord incapable de servir de principe à proprement parler, et ensuite, pour peu qu'on le substitue au principe du droit, il a des conséquences funestes pour l'État (comme pour la morale). Ces conséquences se produisent même lorsque le principe du bonheur a été introduit dans une bonne intention, et elles atteignent aussi bien le souverain que le sujet. « Le souverain veut rendre le peuple heureux selon ses propres conceptions et il devient despote ; le peuple refuse de se laisser enlever son droit généralement humain à un bonheur qui lui soit propre, et il devient rebelle. »

3. *Pas de droit dans le « droit à la résistance » ni dans la tyrannie.* Kant examine la violation du droit, qu'elle vienne du peuple ou du souverain, et ses conséquences.

Du peuple, d'abord : la rébellion est le plus grand crime, parce qu'elle détruit les fondements du pouvoir suprême qui est la source de la loi. L'interdiction en est absolue. Si l'on élevait le droit à la rébellion au rang de maxime, aucune constitution légale ne serait plus assurée, le droit même serait aboli. Car en cas de rébellion, personne ne peut dire de quel côté est le droit. Aucune des deux parties ne peut arbitrer son propre conflit. Il n'y a pas d'autorité supérieure.

« L'origine du pouvoir suprême ne peut pas être examinée par le peuple à des fins pratiques; cela signifie que le sujet n'a pas à l'ébranler par des raisonnements subtils, comme si son devoir d'obéissance envers le pouvoir pouvait encore être mis en doute sur le plan du droit. » D'où « une loi qui est sacrée au point qu'il est déjà criminel de l'effleurer d'un doute sur le plan pratique sera représentée comme si elle ne provenait pas des hommes. » Tel est le sens de la formule disant que « toute autorité vient de Dieu » ce qui signifie : il faut obéir au pouvoir qui impose maintenant sa loi, quelle qu'en soit l'origine. Le sujet peut porter plainte, mais non résister. Car pour une résistance, il ne peut plus y avoir de loi. « La légalité se contredirait elle-même. Dans cette querelle entre le peuple et le souverain, qui donc serait juge ? » Kant est ici saisi par la passion du droit absolu. Un monarque peut volontairement déposer la couronne. Mais il n'existe jamais le moindre droit à le punir de sa gestion antérieure. « Parmi toutes les horreurs des révolutions, le meurtre du monarque n'est pas encore la pire. C'est son exécution accomplie selon les formes qui fait frissonner toute âme pénétrée par l'idée des droits de l'homme, un frisson que l'on ne cesse de ressentir chaque fois qu'on pense à un événement de cet ordre, comme le sort de Charles Ier ou de Louis XVI. L'exécution est alors considérée comme un crime qui dure éternellement et que rien ne peut effacer. Un meurtre, c'est l'exception à la règle. L'exécution, c'est la perversion des principes. Un tel débordement du peuple est encore pire que le meurtre même. »

Kant illustre la situation du droit et de la rébellion par d'autres exemples historiques. « Dans la constitution de la Grande-Bretagne, texte dont le peuple est si fier, nous découvrons pourtant qu'il n'est rien dit de la compétence qui reviendrait au peuple, au cas où le monarque ne respecterait pas le contrat de 1688; par conséquent, en cas de violation, le peuple se réserve tacitement le recours à la rébellion du fait qu'il n'existe aucune loi à ce sujet. » « Si l'on formulait un loi selon laquelle, en cas de violation du contrat, il serait légitime de renverser le pouvoir, ce serait une pure contradiction : cette loi instituerait publiquement un contre-pouvoir (aucune disposition de droit, dans l'État, ne peut être, en quelque sorte traîtreusement, passée sous silence par une réserve tacite) ». Il faudrait alors un troisième chef de l'État, capable d'arbitrer entre le souverain et le peuple. Kant remarque à propos de la révolution de 1688 : ces guides — ou ces tuteurs — du peuple « craignant l'accusation qu'on pourrait élever contre eux si leur entreprise échouait, ont préféré attribuer au monarque qu'ils avaient fait fuir une abdication volontaire inventée de toutes pièces, plutôt que de s'attribuer le droit de l'avoir destitué », ce qui aurait manifestement mis la constitution en contradiction avec elle-même. « Nul doute, dit encore Kant, que si les séditions qui ont permis à la Suisse, aux Pays-Bas, ou même à la Grande-Bretagne de conquérir leurs constitutions actuelles avaient échoué, ceux qui en liraient l'histoire ne verraient dans l'exécution des meneurs — qui à ce titre sont aujourd'hui élevés si haut — rien d'autre que le juste châtiment de grands crimes politiques. » Comme Kant ne condamne pas ces séditions et qu'en particulier, loin de rejeter la Révolution française, il lui donne son assentiment enthousiaste, il faut comprendre que ses développements sur la non-validité de tout droit à la résistance ne tendent qu'à la clarté, selon lui il ne s'agit pas ici de droit : « L'issue est incertaine, tandis que le jugement du droit est certain. »

Ce n'est pas seulement pour le peuple, c'est aussi pour le souverain que le principe du droit est valable absolument, en tant qu'il constitue le fondement de la collectivité. En vertu du contrat originel, avait dit Hobbes, le chef de l'État n'est obligé à rien envers le peuple. Kant oppose à Hobbes le principe suivant : le peuple a « lui aussi, ses droits inaliénables sur le chef de l'État, bien que ceux-ci ne puissent pas être imposés par la force ». Nous trouvons ici le point décisif. Le jugement de Hobbes serait, certes, « correct, si l'on entendait par « injustice » le tort qui confère à l'offensé un droit de contrainte sur celui qui lui fait tort ». Mais, « pris ainsi dans sa généralité, ce jugement est terrible ». Car il renie les droits du peuple.

Comment comprendre alors qu'il y ait un droit du peuple, se distinguant cependant de tout autre droit par le fait qu'aucune force ne l'impose, et que ce droit — puisque selon Kant les souverains aussi ne sont que des hommes — puisse être lésé et piétiné au-delà de toute mesure par ceux-ci? Kant répond :

Dans toute collectivité, l'obéissance au mécanisme institué constitutionnellement à l'aide de lois imposées par la contrainte doit coexister avec « l'esprit de liberté ». Celui-ci demande « à être convaincu par la raison du fait que cette contrainte est bien conforme au droit ».

Le sujet qui n'est pas récalcitrant doit pouvoir admettre que son souverain ne veut pas lui faire tort. « C'est seulement par erreur ou par ignorance » qu'il en est venu à commettre une injustice. C'est pourquoi le citoyen doit avoir la faculté, et cela avec l'appui du souverain lui-même, de faire connaître publiquement son opinion sur celles des dispositions du pouvoir qui lui paraissent injustes envers la collectivité.

Si l'on admettait que le souverain ne puisse ni se tromper, ni être mal informé, il faudrait se le représenter comme jouissant de la grâce d'inspirations divines et élevé au-dessus de l'humanité. Ainsi donc la liberté de la plume est la seule protection des droits du peuple. La lui refuser, c'est (à la suite de Hobbes) priver le citoyen de tout droit aux yeux de celui qui détient le pouvoir suprême, et c'est empêcher le souverain de connaître un état de choses qu'il modifierait s'il savait quel il est.

Le principe de ce droit à juger les décisions et les lois des gouvernements s'énonce ainsi : « Ce qu'un peuple ne peut pas décider pour lui-même, le législateur ne peut pas non plus le décider pour le peuple.

L'homme vit en communauté par le règne du droit. Celui-ci n'est pourtant jamais réalisé dans sa perfection. Il peut être altéré par la tyrannie jusqu'à la limite : la suppression de tout droit. Il peut être menacé dans son existence par la rébellion. Le peuple ne peut fonder sur aucun droit, un droit à la résistance et à la révolution par la violence. Le souverain ne peut justifier par aucun droit une conduite par laquelle il se place hors du droit. Tous deux doivent obéir. Kant comprend que, par la rébellion et la tyrannie comme par la guerre, la collectivité elle-même est mise en question radicalement. Ici toutes les justifications prennent fin comme insuffisantes. Ici on cesse d'agir selon le droit. La causalité naturelle, et à travers elle peut-être la Providence, prend des décisions qui ne sont jamais complètement transparentes aux yeux des hommes. Le principe du droit est suspendu. Il n'y a plus d'autorité juridique. Dans le combat, on invoque le ciel, lui demandant de rendre son jugement, ou bien on recourt à la pure violence afin de l'emporter. Il subsiste un quelque chose qui n'est pas fondé sur le droit, mais qui permet en fait que règne le droit. C'est pourquoi, dit Kant, « une fois qu'une révolution a réussi et qu'on a créé une nouvelle constitution, le fait que tout ait commencé en dehors du droit ne peut pas libérer les citoyens de l'obligation d'accepter le nouvel ordre de choses en bons citoyens ».

Le gouvernement se trouve devant l'alternative de deux principes, et il doit décider lequel, en cas de conflit, l'emportera : le principe du droit ou celui de l'empirisme pratique. Ou bien il existe un droit public s'imposant obligatoirement, sans aucune considération de bien-être ou de mal-être; et dans ce cas il existe aussi « une théorie du droit public hors de laquelle il n'est pas de comportement pratique valable ». Ou bien il n'y a que des hommes avec leurs passions et leur passivité, adaptés par l'habitude à la condition qui est la leur; quoiqu'ils aient en tête des idées de droit, ils sont incapables et indignes d'être traités selon ces droits; et dans ce cas, il n'existe pas de théorie du droit, mais seulement un art de gouverner tout pragmatique; « un pouvoir suprême armé de la force, qui ne se laisse guider que par les règles de l'habileté » peut bien, et même doit, maintenir les hommes dans l'ordre et la sujétion.

Cette dernière manière de penser, Kant la considère comme un saut dans le désespoir. Mais si l'on en est là, il faut encore admettre ceci : « Lorsqu'il n'est plus question de droit, mais seulement de force, le peuple aussi peut bien essayer la sienne et faire chanceler ainsi toute constitution légale. »

Kant adjure les hommes : « Au moment où il n'existe plus rien qui s'impose au respect immédiatement, par la seule raison (comme le droit naturel de l'homme), alors toutes les influences sont impuissantes à maîtriser l'arbitraire humain. » Mais « lorsque le droit parle haut et clair, la nature humaine révèle qu'elle n'est pas dégradée au point de ne pas écouter cette voix avec vénération ».

Kant exige que l'on soit sincère quand on cherche à concevoir le sens de la constitution civile et que l'on en reconnaisse la grandeur et la dureté. Il parle de droit et, seulement aux limites, de ce quelque chose d'autre qui, sans être le droit, meut l'histoire. Ce quelque chose est capable, par la Providence ou le dessein de la nature, de faire jaillir, du mal même ou du malheur, le progrès. C'est pourquoi la question de la guerre et de la paix a pour Kant une signification particulièrement émouvante, qui la met au centre de sa réflexion politique.

4. *Guerre et paix*. La guerre est le plus grand des maux.

Matériellement : dévastation, dépenses énormes, déjà du fait de l'armement toujours croissant en temps de paix, dettes écrasantes après la guerre. Moralement : « corruption des mœurs », « destruction de tout ce qui est bien », « le plus grand obstacle à la moralité ». Il est porté atteinte à la liberté elle-même. Par souci du danger extérieur, on en vient à justifier des exigences contraires à la liberté. L'État « n'a plus assez d'argent pour payer des maîtres capables, parce qu'il consacre tout à la guerre. »

Mais Kant dit aussi tout autre chose, qui paraît même contradictoire : au point de vue du cours de l'histoire, on peut penser qu'il y a dans la guerre une sorte de dessein de la nature. « La guerre, si grand que soit ce fléau, est en même temps un aiguillon qui pousse à passer de l'état naturel brut à un statut civil. » « Nous devons faire violence à l'animalité, mais l'impulsion en est quand même venue de l'animalité. Ce qui est mal dans l'humanité est bon dans l'animalité. »

Il en va encore ainsi aujourd'hui : « Au niveau de civilisation où le genre humain se trouve encore, la guerre est le moyen indispensable de la faire avancer, et c'est seulement après que la civilisation sera (Dieu sait quand) parachevée qu'une paix perpétuelle sera pour nous salutaire, et même possible grâce à celle-là. » Sous les apparences d'un bien-être extérieur, l'humanité est corrompue. Nous sommes cultivés par l'art et la science, civilisés par la politesse et la décence sociales jusqu'à l'accablement. Mais nous ne sommes pas encore moralisés. Car pour le moment l'idée de moralité n'appartient qu'au domaine de la civilisation, elle ne tend qu'à maintenir les bonnes mœurs dans l'honneur et la décence des apparences, elle ne cherche donc qu'à nous civiliser. « Mais tout le bien qui n'est pas greffé sur une intention moralement bonne, n'est rien qu'apparence et chatoyante misère. »

Si je ne veux la paix que par besoin d'être heureux et de jouir de la vie, je ne peux pas y accéder. « Une paix perpétuelle, la pure jouissance d'une vie libre de souci, paresseusement rêvée ou dissipée en jeux puérils » n'est que le songe d'une vaine nostalgie. L'antagonisme des forces est là pour ruiner la vie qui n'est que vie, et comme telle sans valeur, comme aussi « la chatoyante misère », parce que leur base est fausse. Aussi longtemps que l'idée du statut légal de la liberté ne se fonde pas réellement sur la moralité, la guerre fera apparaître l'insuffisance des prémisses. La société récolte les fruits de son action, de sa manière de vivre, de son statut. La seule possibilité qui lui reste, en dehors de la destruction, c'est de comprendre la cohérence de son malheur, de se laisser contraindre par sa misère à s'élever jusqu'à l'idée de la tâche qui est la sienne, et de progresser ainsi sur la voie de la liberté morale.

Après de tels développements, le lecteur pourrait penser qu'il ne s'agit que d'un pas de plus vers la glorification de la guerre, surtout peut-être en lisant encore les phrases suivantes dans la *Critique du jugement :*

« Qu'est-ce donc qui inspire la plus grande admiration à la volonté elle-même? Un homme que rien n'effraie, qui n'a pas peur, qui ne recule donc pas devant le danger, mais qui en même temps se met énergiquement à la tâche en y donnant toute sa réflexion. Ce respect exceptionnel pour le guerrier persiste jusque dans une société où les mœurs sont les plus raffinées; mais on demande encore qu'il possède également les vertus de la paix, la douceur, la pitié et même qu'il prenne convenablement soin de sa propre personne : justement parce qu'on y verra à quel point son âme reste inflexible devant le danger. La guerre même, lorsqu'elle est menée dans l'ordre et avec un respect sacré des droits civils, a quelque chose de sublime et élève la mentalité du peuple qui la fait d'autant plus haut que les dangers auxquels il est exposé sont plus grands. En revanche, une longue paix favorise d'ordinaire le règne du simple esprit de négoce, et avec lui, le vil égoïsme, la lâcheté et la mollesse, abaissant ainsi la mentalité du peuple. »

Ce n'est pas la guerre qui engendre cette attitude sublime; mais en temps de guerre, le sens moral peut se manifester de façon à rendre évidente la maîtrise de l'homme sur sa vie.

Kant n'est aucunement de ceux qui considèrent la condition du soldat comme quelque chose de grand en soi, ou qui poussent le militarisme jusqu'à voir un prestige magique dans la guerre, la meilleure affirmation de l'homme dans la mort sur le champ de bataille, l'héroïsme dans la force comme telle. « L'honneur guerrier, dit-il, cessons de le considérer avec respect et d'en faire un point important de l'histoire! A moins qu'il n'ait produit quelque chose pour le progrès du genre humain. » Par exemple, Kant ne trouve pas ce progrès, ni par conséquent cet honneur, chez César. « César est un prince qui pensait mal, non du fait qu'il a tiré à lui le pouvoir, mais parce que, lorsqu'il l'a eu, il ne l'a pas remis lui-même entre les mains d'une collectivité raisonnablement organisée. »

Mais si la guerre est l'un des moyens dont se sert le dessein de la nature, et si le niveau moral actuel n'est pas encore assez haut pour la rendre impossible et permettre en même temps de s'en passer, ne faut-il donc pas la souhaiter afin de servir le dessein de la nature dans son ensemble? Toutes les pensées de Kant vont dans le sens inverse, à la recherche des conditions d'une paix perpétuelle en tant que principe régulatif auquel le devoir ordonne d'obéir, dans l'action politique comme dans l'ensemble de la vie morale, et jusque sur le plan privé. On ne peut se servir de Kant pour tirer cette autre conclusion, erronée, que si l'on confond son approfondissement spéculatif du dessein de la nature avec des connaissances dont l'homme disposerait comme de moyens pour réaliser ses plans. Mais l'homme ne peut se placer au point de vue de la Providence, dont il cherche à cerner le sens par sa pensée spéculative. Il ne peut pas agir en tant que Providence, mais seulement en tant qu'être humain.

Pour la raison, c'est un devoir d'agir sous la conduite de l'Idée de la paix éternelle. « La raison condamne absolument la guerre en tant que procédure. » « La question n'est pas de savoir si la paix perpétuelle est une chose possible ou une absurdité », mais nous devons agir comme si elle était possible et nous devons nous efforcer d'établir la constitution la plus capable de la fonder, afin de mettre un terme aux funestes pratiques belliqueuses. « Et même si ce dernier résultat devait rester pour toujours un pieux souhait, nous ne nous tromperions certainement pas nous-mêmes en adoptant la maxime qui veut que nous nous efforcions sans trêve dans ce sens. » Admettre le caractère trompeur de ce devoir reviendrait à « préférer se passer de toute raison et à se considérer, conformément aux principes du mécanisme de la nature, comme soumis à lui avec toutes les autres espèces animales ».

Les constructions spéculatives touchant le dessein de la Providence servent à faire apparaître nettement à quelles conditions seulement la paix est possible. Kant les met en évidence avec un relief impitoyable. Si elles ne sont pas remplies, la guerre est certaine. Et lorsqu'elle est certaine, l'évidence spéculative ne sert plus qu'au souvenir, afin que nous n'oubliions pas le sens possible de la Providence dans les horreurs de la guerre. Mais elle ne diminue jamais l'exigence morale de faire tout ce qu'il nous appartient de tenter afin de créer ces conditions qui rendraient la guerre impossible. On ne peut pas abolir la guerre en s'en prenant directement à elle. C'est le sens moral de l'homme qu'il faut changer, afin qu'il n'y ait plus de guerre. C'est pourquoi Kant tire de l'idée de la paix perpétuelle deux développements.

D'abord il voit dans le dessein de la nature la contrainte qui doit y conduire. De même que le combat de tous contre tous a forcé les hommes à s'engager dans la société civile, ainsi la situation où les guerres ne cessent de menacer ou d'avoir effectivement lieu exerce une contrainte semblable sur les États : « La nature pousse les hommes, par les guerres, par le besoin, à ce que la raison aurait pu leur conseiller sans tant de tristes expériences, notamment : sortir de l'état anarchique des bêtes sauvages et entrer dans l'alliance des peuples, au sein de laquelle chacun, fût-ce le plus petit État, aurait sa sécurité. » Ce qui s'est produit quand l'individu libre et indompté est devenu membre d'une société doit se répéter pour les États libres et indomptés.

Ensuite, Kant voit que la contrainte du dessein de la nature n'agit pas automatiquement, mais seulement par la liberté de l'homme.

Les conditions préalables de la paix doivent être claires pour tous les citoyens. Dans son essai intitulé *Vers la paix perpétuelle*, Kant a montré, avec un sérieux qui se dissimule sous les dehors d'une ironie enjouée et avec une concision frappante, ce que sont ces conditions. Il choisit la forme des traités de paix de l'époque, distingue entre articles préliminaires, articles définitifs et articles secrets. Parmi les premiers, on trouve entre autres : « Il ne faut pas considérer que la paix est conclue lorsque cette conclusion s'accompagne de réserves secrètes pouvant donner matière à une guerre future. » « Aucun État en guerre ne doit se permettre des actes d'hostilité tels qu'ils rendent impossible toute confiance réciproque lors du retour de la paix. »

Parmi les articles définitifs, celui-ci est essentiel : « La constitution civile de tout État doit être républicaine. » Kant sait donc que, lorsqu'il s'agit d'État, le statut de la société civile et les relations extérieures sont indépendants. Les prémisses d'une authentique volonté de paix ne peuvent exister que dans un État libre fondé sur le droit.

S'ensuit-il que la constitution républicaine doive être imposée de force à tous les peuples? Voici ce que déclare l'un des articles : « Aucun État ne doit intervenir par la force dans les affaires constitutionnelles et gouvernementales d'un autre État. » Le droit des gens, en effet, ne peut se fonder que sur le libéralisme de libres États. Mais cela n'est vrai que pour des États qui ont déjà acquis un statut civil et légal. Celui-ci seul garantit la sécurité nécessaire. Un État sans constitution civile et légale (républicaine) enlève leur sécurité aux autres (comme l'individu l'enlève aux autres individus dans le simple état naturel). Il la lèse déjà du seul fait qu'il existe à côté de nous sans qu'y règne la loi. « Je peux l'obliger, soit à s'engager avec moi dans une relation sociale légalisée, soit à s'éloigner de mon voisinage. » Car le postulat l'exige : « Tous les hommes qui peuvent exercer une action les uns sur les autres doivent avoir en commun une constitution civile. »

L'état de paix générale ne peut être assuré que par un statut de droit liant tous les gouvernements et ayant derrière lui une force capable de garantir par la contrainte, en cas de besoin, l'obéissance à ces lois que sont les traités. Kant sait que l'idée d'une paix perpétuelle est une « Idée » (de sorte que son lecteur, bien qu'il ignore si Kant la tient pour réalisable dans le temps ou non, sait bien cependant qu'une « approximation » en est possible et que c'est là, selon lui, le devoir même des êtres doués de raison). Il examine les difficultés immenses qu'elle soulève, et avance, chemin faisant, quelques propositions, sans leur attribuer en aucune manière une validité absolue.

On nous montre combien le droit des gens reste problématique tant qu'aucune autorité n'existe pour l'imposer, le cas échéant, par la force.

La notion de droit des gens rend impossible la seule pensée d'un « droit à la guerre ». Car cela impliquerait l'existence d'un droit « à définir ce qu'est le droit selon des maximes unilatérales et en recourant à la force ». Ceux qui pensent ainsi « n'ont que ce qu'ils méritent lorsqu'ils s'exterminent entre eux » et ne trouvent donc la paix perpétuelle « que dans la vaste tombe où s'ensevelissent ensemble toutes les abominations de la violence ainsi que leurs auteurs. »

Quand un peuple dit : nous ne voulons plus de guerre parmi nous, car nous voulons nous imposer à nous-mêmes un pouvoir suprême chargé de légiférer, de gouverner et de juger, — c'est là un dessein intelligible. Mais lorsqu'un État dit : il ne doit plus y avoir de guerre entre moi et les autres États, bien que je ne reconnaisse aucun pouvoir suprême capable d'imposer sa loi, qui garantisse mon droit comme je garantirais le sien — on ne comprend absolument pas en qui je peux bien mettre ma confiance pour la sauvegarde de mon droit.

Le « droit des gens » n'y change rien : la méthode des États pour obtenir leur droit n'est pas celle d'un procès devant un tribunal, mais la guerre. La victoire, cependant, ne tranche pas la question de droit. Après une journée d'actions de grâces, le vainqueur devrait bien en consacrer une à l'expiation « et demander au Ciel, au nom de l'État, sa miséricorde pour le grand péché dont le genre humain continue à se rendre coupable en refusant de soumettre les relations entre les peuples à une constitution légale et en préférant recourir, dans l'orgueil de l'indépendance, au moyen barbare de la guerre ».

Les États maintiennent leur véritable résistance par leur exigence de souveraineté. Quand fut fondée la société civile, les hommes ont préféré, à la liberté insensée des bêtes sauvages, la liberté raisonnable de l'État légal; de même, pourrait-on penser, les États devraient se hâter de mettre un terme à la situation naturelle brute, où règne la force sans loi. Au lieu de cela, chaque État fait résider au contraire sa majesté précisément dans le fait de n'être soumis à aucune contrainte extérieure légale. La méchanceté de la nature humaine se manifeste ouvertement dans les libres rapports des peuples. A l'intérieur de la société civile, elle se trouve voilée par la contrainte du gouvernement. C'est pourquoi le mot « droit » devrait, si l'on veut être loyal, disparaître complètement du langage d'une politique recourant à la guerre. Mais aucun État, jusqu'ici, n'a eu l'audace de prendre parti publiquement dans ce sens. En effet, « on continue à invoquer de bonne foi Grotius, Pufendorf et d'autres (de bien tristes consolateurs) pour justifier une agression militaire », quoique leur code du droit ne puisse avoir la moindre force légale, les États comme tels ne se trouvant soumis à aucune contrainte extérieure commune. Or, il n'y a encore jamais eu d'exemple qu'un État se laissât convaincre par les arguments allégués par ces mêmes auteurs au point de renoncer à son dessein. Pourtant, cet hommage que tout État rend, en paroles au moins, à l'Idée du droit prouve qu'il existe chez l'homme une disposition morale qui sommeille, et qui pourrait un jour se rendre maîtresse du principe malin qui est en lui.

Je ne puis croire que justice me sera rendue qu'en fondant cette confiance sur « le substitut d'une alliance des sociétés civiles, notamment de libre fédéralisme ». Une alliance d'un genre spécial, une alliance des peuples, ne tendrait pas à accroître, d'une manière quelconque, la puissance de l'État, mais seulement à assurer la liberté d'un État pour lui-même et pour les autres États alliés, sans pourtant que ceux-ci fussent soumis à la contrainte de lois publiques. Une alliance pacifique de cette sorte différerait d'un traité de paix. Elle chercherait à mettre fin, non à une guerre seulement, mais à toutes les guerres. Elle ne serait que le substitut de l'idée positive d'une république universelle, une alliance destinée à empêcher la guerre, et resterait constamment exposée au danger de voir la tendance hostile l'emporter un jour malgré tout.

Nous ne pouvons résumer ici les idées de Kant sur l'État fédéral (l'État des peuples), la fédération d'États (fédération des peuples), l'alliance d'États individuels, le traité de paix. Kant ne prédit pas à quelles structures concrètes l'Idée de paix perpétuelle pourra conduire; il n'établit pas davantage de programme d'action univoque (qui ne pourrait jamais être qu'un schème de l'Idée, et non la description de sa réalité). Kant pense à un fédéralisme, non à un État mondial, vu que « de trop grands États, comme l'expérience l'a montré plus d'une fois, peuvent devenir encore plus dangereux pour la liberté en suscitant le pire despotisme ». Il envisage la possibilité qu'un tel fédéralisme s'organise à partir d'un centre : « Car si la chance le veut, il pourrait se trouver qu'un peuple puissant et éclairé s'organisât en république (nécessairement encline par nature à la paix perpétuelle) et devînt ainsi le centre d'attraction d'une union fédérative avec d'autres États désireux d'y adhérer, d'assurer ainsi la liberté des États conformément à l'idée du droit international, et d'étendre toujours plus loin, en les multipliant peu à peu les liens de ce genre. »

Si Kant déçoit l'attente de ceux qui voudraient trouver chez lui un programme déterminé permettant d'organiser la paix universelle, c'est à cause du sérieux et de la profondeur de sa pensée politique : la société civile universelle est une Idée. Étant inaccessible, elle n'est pas un principe constitutif, mais régulatif. Cela signifie que nous devons la poursuivre de toutes nos forces, en tant qu'elle représente la destination du genre humain, et nous pouvons supposer non sans raisons qu'une tendance naturelle nous aide à aller vers elle.

Kant se réfère à l'abbé de Saint-Pierre, qui écrivit après la guerre de la succession d'Espagne, en 1714, son traité *De la paix perpétuelle*, œuvre célèbre dont on railla le caractère utopique. Mais la différence est radicale. L'abbé pensait à une organisation des princes et comptait sur leur bonne volonté. Kant pense à la volonté des peuples, pose comme prémisse un gouvernement « républicain » et tire ses conclusions comme dictées par le besoin. L'abbé esquisse un programme que les dirigeants devraient accepter. Kant esquisse une voie où l'exigence morale coïncide avec la nécessité de la nature. L'abbé vise directement à l'édification de la paix perpétuelle. Kant, lui, en examine, dans le cadre de sa philosophie de l'histoire, les conditions préalables.

Kant distingue des étapes dans la voie conduisant de l'état naturel belliqueux à l'état de paix régnant sur tous les hommes de la terre. De l'établissement d'un statut légal dans toutes les sociétés civiles, on passe à l'idée du droit des peuples régissant les rapports des États entre eux, et enfin à l'idée du droit civil universel, où les individus et les États sont considérés comme les citoyens d'un État humain universel.

Ce droit civil universel, Kant n'y a touché que sur un point. Sur la surface limitée de la terre, les hommes ne peuvent pas se disperser à l'infini. Ils sont forcés de supporter leur voisinage mutuel et de faire usage du droit qu'ils ont à cet espace pour des relations possibles. Cela implique le droit à l'hospitalité : il permet de tenter des contacts avec les indigènes; au cas où des rapports pacifiques s'établiraient, ils finiraient par se fixer en droit public, conduisant ainsi progressivement le genre humain vers une constitution civile universelle.

Kant stigmatise le manque d'hospitalité des États commerçants de notre partie du monde, l'exploitation coloniale : « Les indigènes ne comptaient pour rien. » Mais la communauté des peuples sur cette terre étant devenue en fait si étroite que lorsque le droit est lésé quelque part, tous, où qu'ils soient, s'en ressentent, l'idée d'un droit civil universel ne peut plus être considérée comme une chimère; c'est là le complément nécessaire au code juridique non écrit des États et des peuples, si l'on veut qu'il devienne le droit des gens en en général, et conduise ainsi à la paix perpétuelle.

5. *Portée pour l'action de cette vue philosophique de l'histoire.* Que l'homme, même lorsqu'il pense que la guerre peut servir de moyen au dessein de la nature, ne puisse pourtant jamais vouloir la guerre comme telle, c'est là un exemple probant qui montre combien il est nécessaire d'éliminer le malentendu que pourraient suggérer les constructions kantiennes dans le domaine de la politique et de la philosophie de l'histoire.

Kant conçoit le dessein de la nature, qui utilise les actes volontaires de l'homme, et même le mal, pour réaliser ce qu'aucun plan humain n'envisagerait. Mais ce dessein de la nature ne doit pas, de son côté, être réduit dans son ensemble à un plan humain. Le point de vue de la Providence reste irréductible à celui de l'homme. Les esquisses construisant un éventuel dessein de la nature ont deux faces.

D'un côté, elles sont en même temps des « schèmes de l'Idée » qui doit nous guider (comme « la constitution républicaine », « la paix perpétuelle »). Si l'on découvre dans l'histoire les traces d'un dessein de la nature, s'orientant vers ces fins, même sans participation humaine consciente, cette connaissance, tout incertaine qu'elle reste pour l'homme, lui est profitable. « Il nous semble que nous pourrions, en prenant nous-mêmes des dispositions raisonnables, hâter pour nos descendants l'avènement de cette époque si heureuse.»

Kant ne pense pas une minute que nous puissions tirer de l'histoire une expérience nous permettant de déduire ce qui doit être fait. Au contraire, l'expérience ne prouve rien quant au contenu du devoir, que la raison ne connaît que par elle-même. La raison exige d'elle-même la réalisation de ce qu'aucune expérience antérieure ne peut légitimer, et qui ne deviendra objet d'expérience qu'une fois réalisé.

De l'autre côté, les esquisses, par leurs constructions, suggèrent les moyens dont se sert la Providence. Ceux-ci ne sont pas des connaissances tirées du cours réel des événements et ne peuvent par conséquent être appliqués, comme des connaissances de la nature, à des fins techniques. Nous, hommes, nous sommes des facteurs participant efficacement à ces desseins d'ensemble, par ce que nous devons, et même par ce que nous ne devons pas faire.

Le dessein de la nature étant conçu comme une connaissance de la totalité, nous ne pouvons pas prétendre la posséder. Lorsque nous faisons d'une intention de la nature soi-disant connue dans sa totalité un plan pour l'action humaine, nous nous trompons radicalement nous-mêmes.

Construisant le plan du dessein de la nature, Kant peut paraître à un lecteur superficiel faire de la liberté un objet de savoir et un moyen subordonné aux plans de la Providence. Mais Kant déclare explicitement que des pensées de ce genre ne sont pas des connaissances, mais seulement des tentatives hypothétiques pour étendre la finalité naturelle (d'après laquelle elles sont d'ailleurs construites par analogie).

Devrions-nous d'abord connaître le tout, avant de faire en particulier ce qui doit être fait? Alors nous ne pourrions jamais commencer. Devons-nous avoir une foi concernant l'histoire entière pour que notre action puisse avoir un sens? Nous n'avons pas besoin d'une foi de ce genre en tant que connaissance prouvée ou prouvable, probable ou improbable. Un savoir du tout, que sa prétention même rend aussitôt illusoire, troublerait le processus de la réalisation. C'est justement en renonçant à l'impossible savoir que je trouve la voie juste, sans être sûr pourtant de façon définitive, au sein de la réalité concrète, si elle est vraiment juste; c'est pourquoi il faut que je reste ouvert, en communication avec autrui, corrigible, guidé par les Idées qui, elles, restent toujours certaines.

Le sérieux de l'action, la clarté du jugement *hic et nunc*, l'exigence décisive de l'Idée, restent liés à la liberté du jeu où s'esquissent les hypothèses de la philosophie de l'histoire.

Ce serait de notre part une absurdité que de vouloir faire nous-mêmes ce qui paraît possible dans le dessein de la nature, comme si nous pouvions être la Providence. La limite de notre volonté, c'est que nous ne savons jamais le tout. Ce n'est que « de la Providence que nous pouvons attendre un succès qui concerne le tout, et à partir de là, les parties ». Les hommes au contraire, « dans leurs projets, ne commencent jamais que par les parties ». Ils sont forcés de s'en tenir là et « peuvent étendre au tout comme tel, qui est trop grand pour eux, leur Idée, certes, mais non leur influence ».

La Providence, lorsqu'elle a construit l'homme, a mis le bien comme le mal au service de son dessein final. Il ne nous est pas permis, à nous, d'utiliser le moyen du mal. Pour nous, tout plan, toute recherche de pouvoir, pour autant que nous sommes raisonnables et par là moraux, restent soumis à la norme de l'exigence morale.

La philosophie de Kant s'oppose aux prétentions totalisatrices qui ont commencé avec les constructions intellectuelles de l'idéalisme allemand et qui ont conduit, à travers le marxisme, à la mise en pratique d'un savoir total et de planifications totales. La réflexion kantienne est caractérisée par la liberté, donc par la capacité d'un extrême sérieux dans l'action avec la conscience de sa limite, le souci de s'orienter dans le réel sous la conduite des Idées.

Quelle est donc la portée d'une vision philosophique de l'histoire qui n'est pas applicable comme le serait un savoir? Elle peut donner du courage; elle peut, dans l'action politique, faire renaître sans cesse la confiance malgré tous les malheurs.

Kant demande qu'on écrive l'histoire en recherchant la signification des événements pour l'approximation à l'Idée. « Il faut écrire l'histoire des États de façon à faire apparaître ce que le monde doit à tel ou tel gouvernement. Les révolutions de la Suisse, de la Hollande, de l'Angleterre sont ce qui s'est passé de plus important à l'époque moderne. » « Par rapport à l'ensemble du monde, un monarque ne laisse aucune trace s'il n'a pas contribué en quelque mesure à son organisation, ou bien même sa trace n'est qu'un vestige haï. »

Mais d'autre part, Kant demande qu'on écrive l'histoire au fil d'un dessein imaginaire de la nature, afin de découvrir des traces qui soient l'indice d'un tel dessein. La lucidité et la bonne volonté de l'homme qui agit est secondée — telle est l'espérance que nourrit la perception des traces — par le dessein de la nature qui oblige les diables même à le servir.

Cette confiance est renforcée par l'observation montrant que le bien semble avoir pour conséquence de fonder des réalités durables. Il a la propriété, une fois qu'il existe, de se maintenir par lui-même et de dominer, alors que le mal se détruit lui-même. Certes, tout est périssable, tout finit par sombrer dans des catastrophes naturelles. Mais à l'intérieur de ce processus naturel, le bien qui, traversant le temps, se fonde dans le suprasensible, a aussi des conséquences relativement durables dans le temps.

Il faut distinguer chez Kant, d'une part, les constructions hypothétiques concernant un dessein de la nature, et d'autre part, la croyance dans le sens de l'histoire, croyance jaillie de sources morales, nourrie d'indices puisés dans l'expérience, mais jamais démontrée, — et enfin, les esquisses de possibilités institutionnelles et de maximes valables, inspirées par les Idées de société civile et de paix perpétuelle.

Ce qui empêche de confondre la signification de ces diverses pensées, c'est la clarté de la tension maintenue entre nature et liberté, être et devoir.

C) La voie des Lumières (*Aufklärung*).

Kant considère notre existence historique comme le segment d'une voie dont le commencement et la fin se dérobent à l'expérience. Le commencement peut être construit à l'aide d'hypothèses, la direction vers la fin peut être éclairée par des Idées nécessaires. On avance sur le chemin grâce aux Lumières. « Les Lumières font sortir l'homme du statut de mineur auquel il s'est lui-même réduit. » Être mineur, c'est ne pas savoir se servir de son entendement sans être conduit par autrui. L'homme est lui-même responsable de l'état où il se trouve : il manque de courage et de décision, il aime la facilité. C'est pourquoi la devise des Lumières est *Sapere aude!* Aie le courage de te servir de ton propre entendement!

Beaucoup d'hommes restent volontiers mineurs. Un livre remplace leur « entendement », un directeur spirituel remplace leur « conscience », un médecin leur prescrit leur « régime », — ainsi ils n'ont plus à se donner du mal. Leurs tuteurs, qui dans leur bonté les ont pris en charge, veillent sur eux. La plupart tiennent pour dangereux le passage à la majorité. Ils se mettent même à aimer le statut de mineurs. Principes et formules entravent leurs chevilles. Mais si on leur enlevait ces liens, ils ne seraient pas plus à l'aise pour se mouvoir car ils n'ont pas l'habitude de marcher librement. « C'est pourquoi il n'y en a que peu qui ont réussi, en travaillant eux-mêmes leur esprit, à se développer au delà du statut de minorité et à affermir malgré tout leur démarche. »

Il est difficile de réaliser les Lumières. Cela n'est aisé que pour l'homme dont la raison n'est pas passive, qui se comporte selon la loi de la raison pratique et qui ne demande pas à savoir ce qui dépasse son entendement. Mais comme il est presque impossible de résister à ce dernier besoin et qu'il ne manquera jamais de gens pour se déclarer capables de satisfaire une telle curiosité, il est donc nécessairement très difficile de construire dans la pensée le côté purement négatif (qui constitue à proprement parler les « Lumières »).

Mais les Lumières se développent. Quelques penseurs indépendants — même parmi les tuteurs attitrés du grand nombre — propagent autour d'eux, après avoir rejeté eux-mêmes le statut de mineur, l'esprit de la pensée autonome, et par là une évaluation raisonnable de leur propre valeur. Le public ne cesse d'acquérir des Lumières. Mais ce processus est lent. Une révolution peut, sans doute, abattre un despote personnel, mais elle ne peut jamais avoir pour conséquence une véritable réforme de la mentalité. De nouveaux préjugés remplacent les anciens, du fait que la mentalité ne saurait changer soudainement.

La passion de Kant pour la pensée raisonnable, c'est sa philosophie elle-même, par laquelle il se sait inséré dans un vaste mouvement historique. C'est une philosophie *politique* en tant qu'elle veut être elle-même un élément de la politique, et c'est une *philosophie* politique, en tant que, cherchant à élucider pour l'homme sa propre condition d'être libre et raisonnable, elle se rattache au terme suprême qui s'éprouve dans le suprasensible par l'expérience pratique et que la pensée spéculative pose sans le connaître. Cette pensée implique la tension entre la conscience d'une impuissance actuelle et celle d'une profonde confiance qui interprète les signes de la raison en marche.

Le rôle de la philosophie dans le domaine politique se trouve préfiguré dans la conception même de cette philosophie. Il en découle pour elle une tâche de « conseillère » et l'exigence de « publicité ».

1. *Rôle de la philosophie.* Les hommes politiques ont à fonder, à guider et à administrer une constitution civile. Il leur faut d'abord « des notions justes touchant la nature d'une constitution possible », puis « une expérience abondamment exercée par le train du monde », et enfin, « une bonne volonté prête à accepter les deux ». Ces hommes ne sont pas des philosophes au sens de ceux qui, professionnellement, s'occupent de façon scolaire de la science et de la pensée.

Le rôle des philosophes dans la collectivité n'est pas, selon Kant, l'action, mais le conseil. Que les rois pratiquent la philosophie et que les philosophes deviennent rois (l'exigence de Platon), il n'attend rien de tel. Il ne le souhaite même pas « parce que la possession du pouvoir altère inévitablement le libre jugement de la raison ». Mais les rois, ou les peuples royaux (c'est-à-dire ceux qui se maîtrisent eux-mêmes en se donnant des lois égales pour tous) doivent écouter les philosophes, parce que cela est indispensable à l'élucidation de la tâche qui est la leur. C'est pourquoi ils ne doivent pas réduire les philosophes au silence, et il suffit pour cela qu'ils ne leur interdisent pas de parler. Aussi Kant n'a-t-il admis, dans son étude pour le fondement de la paix perpétuelle, qu'une seule

« clause secrète » : « Les maximes des philosophes sur les conditions de possibilité de la paix publique doivent être prises en considération par les États armés en vue de la guerre. » Pourquoi « secrète »? Parce qu'« il peut sembler qu'il y ait quelque chose de dépréciatif à demander que l'autorité se fasse instruire par des sujets (les philosophes) ». L'exigence tacite tend donc ici uniquement à ce qu'on les laisse parler librement et publiquement. Dans la hiérarchie du pouvoir, la philosophie se trouve, comparée aux juristes et aux théologiens, à un niveau inférieur. Aussi l'a-t-on appelée jadis « la servante de la théologie ». « Mais on ne voit pas bien si elle précède sa maîtresse en l'éclairant de sa torche ou si elle la suit en portant sa traîne. »

L'avantage des philosophes, c'est que, de par la nature même de leur objet, ils ne constituent ni sectes, ni clubs, et qu'ils ne forment ni une classe, ni une corporation; c'est pourquoi ils n'ont pas de pouvoir. « Ils ne propagent pas leurs projets dans le peuple après s'être concertés entre eux (comme un clergé), mais ils en font part en simples concitoyens. » « Ils prouvent de façon indubitable que ce qui leur importe, c'est la vérité. » Le peuple s'y intéresse « en vertu du besoin généralement ressenti de cultiver son sens moral ». Aussi est-il recommandable, dans une collectivité, « de prêter l'oreille non seulement aux pieux enseignements traditionnels, mais aussi à ce que dit la raison pratique éclairée par la philosophie », c'est-à-dire de laisser la voie libre « aux sages (à la manière humaine) », aux philosophes.

Ces idées sur la place de la philosophie dans la collectivité, Kant les expose, à travers l'ironie, avec le plus profond sérieux. Mais elles ne prennent tout leur sens que lorsque l'on voit clairement ce qu'est l'essence de la philosophie. Kant l'a dit avec une grandiose simplicité.

a) « *On ne peut pas apprendre la philosophie, on peut tout au plus apprendre à philosopher.* » On peut, certes, apprendre une philosophie comme un savant apprend une tranche de science historique. Mais la connaissance historique d'une philosophie ne témoigne pas d'un jugement personnel, porté après une intuition en profondeur. On s'est « formé selon la raison d'autrui », on est « un moulage de plâtre », on ne juge donc que dans la mesure où la chose est déjà jugée. Aussi quiconque ne se contente pas d'être instruit historiquement en matière de philosophie, mais veut philosopher lui-même, doit « considérer tous les systèmes comme formant seulement l'histoire de l'usage de la raison » et comme des moyens d'exercer celle-ci.

Kant écrit dans ce sens, dès 1765, pour ses auditeurs : l'étudiant ne doit pas apprendre des pensées, mais à penser. « Le jeune homme qui vient de terminer ses études scolaires a contracté l'habitude d'apprendre. Il croit donc qu'il va maintenant apprendre la philosophie, ce qui est impossible; il lui faut désormais apprendre à philosopher. » Il peut apprendre les sciences historiques et mathématiques, tout ce qu'on nous présente comme une discipline en quelque mesure déjà terminée. « Pour qu'on puisse apprendre la philosophie, il faudrait tout d'abord qu'il y en eût réellement une. Il faudrait qu'on pût montrer un livre et dire : voyez, ici vous trouverez la sagesse et une évidence certaine. » On ferait un mauvais usage d'une chaire « si, au lieu d'élargir les capacités d'intelligence de la jeunesse qui vous est confiée, et de la préparer à porter plus tard sur les choses un jugement personnel plus mûr, on abusait d'elle en prétendant lui fournir une sagesse universelle déjà parachevée, à laquelle on donnerait ainsi le prestige d'une science. »

Et pourtant le but de Kant, c'est l'*unique* philosophie, « le système de toute connaissance philosophique ». Il entend par là, objectivement, « un archétype pour juger toute tentative philosophique ». « De cette manière, la philosophie n'est que l'Idée d'une science possible, qui n'est donnée nulle part *in concreto*. » On s'en approche par des voies diverses, « jusqu'à ce qu'on découvre l'unique, qui n'est qu'un sentier, bien envahi par les données des sens ». Alors seulement on réussira là où l'on avait échoué jusqu'ici, on fera une copie égale à l'archétype, dans la mesure où cela est accordé à des êtres humains.

Or, cet unique sentier, Kant est convaincu de l'avoir découvert, et de s'être approché de l'archétype de la philosophie. Il ose écrire qu'« avant la naissance de la philosophie critique, il n'y en avait eu encore aucune. Pour qu'on puisse contester cette affirmation qui paraît présomptueuse, il faudrait répondre à la question suivante : peut-il y avoir plus d'une philosophie? » Il y a eu diverses manières de philosopher. « Il a dû y avoir un grand nombre de tentatives de ce genre, dont chacune garde son mérite même par rapport à la tentative actuelle; mais comme, d'un point de vue objectif, il ne peut y avoir qu'une seule raison humaine, il ne peut pas non plus y avoir un grand nombre de philosophies, c'est-à-dire qu'il ne peut exister qu'un seul système vrai à partir des principes... Ainsi donc, lorsque quelqu'un annonce un système de philosophie de sa propre fabrication, cela revient de sa part à dire : avant cette philosophie, il n'y en a encore eu aucune... Par conséquent, lorsque la philosophie critique s'annonce comme n'ayant été précédée par aucune autre ce qu'elle fait ne diffère en rien de ce que tous ont fait et feront encore, et seront obligés de faire, s'ils développent une philosophie selon leur plan personnel. »

b) Kant distingue entre *philosophie en tant que* « *concept d'école* » *et en tant que* « *concept universel* ».

La philosophie en tant que concept d'école est le concept « d'un système de connaissance qui n'est recherché que comme science, sans qu'on se propose pour fin quelque chose de plus que la perfection logique ». Celui qui philosophe selon le concept d'école est un pur artiste de la raison (il n'est que philodoxe, et non pas philosophe). Il ne recherche qu'un savoir spéculatif, sans considérer en quoi le savoir contribue à la fin dernière de la raison humaine. Il fournit des règles concernant l'usage de la raison à toutes sortes de fins arbitraires, une simple doctrine de l'habileté.

Cette philosophie d'école, du fait qu'elle se qualifie de « philosophie », implique toujours le « concept universel de la philosophie ». « Dans ce sens, la philosophie est la science du rapport de toute connaissance aux fins essentielles de la raison humaine. » « A quoi sert la philosophie si elle n'oriente pas les moyens qui servent à instruire les hommes vers ce qui est vraiment le meilleur pour eux? »

La philosophie au sens de concept universel, cette science des fins dernières de la raison humaine, c'est là seulement qu'on trouve « la haute idée » (*der hohe Begriff*) qui « donne à la philosophie sa dignité, c'est-à-dire une valeur absolue ». Nos fins variées ne sont pas encore les plus hautes. La fin finale ne peut être qu'unique. Elle est « toute la destination de l'homme, et la philosophie qui en traite s'appelle morale ». Aussi « a-t-on toujours, chez les Anciens, compté au nombre des philosophes, également et par excellence, les moralistes ». Même l'apparence extérieure « de la maîtrise de soi par la raison » suffit encore aujourd'hui pour qu'on appelle quelqu'un dont le savoir est pourtant limité, en vertu d'une sorte d'analogie, un philosophe.

La philosophie au sens de concept universel « concerne tous les êtres humains ». « Elle ne dépasse pas le sens commun » et « n'est pas découverte par les seuls philosophes ». Pour ce qui tient à cœur à tous les hommes sans distinction, la nature n'a pas procédé à une distribution partielle des dons « et la plus haute philosophie, lorsqu'il s'agit des fins essentielles de la nature humaine, ne peut conduire plus loin que le plus simple sens commun ».

En 1781, Kant possède « un plan d'après lequel la transformation totale de la manière de penser », « sa métaphysique de la métaphysique », pourrait même « devenir populaire ». « En effet, écrit-il en 1783, tout essai philosophique devrait pouvoir devenir populaire, sinon on peut supposer qu'il dissimule sous une brume d'apparente ingéniosité un pur non-sens. » Mais en 1796, tout en admettant encore que « toute doctrine philosophique doit pouvoir être rendue populaire (si on la concrétise assez pour la rendre généralement transmissible) », il limite cependant cette exigence en en « exceptant » le système de sa propre critique des facultés de la raison : « Celui-ci ne pourra jamais devenir populaire, aussi peu d'ailleurs que n'importe quelle métaphysique formelle en général; bien que ses résultats puissent être rendus tout à fait évidents pour la saine raison (celle de quelqu'un qui serait métaphysicien sans le savoir). » Ici, il faut s'astreindre « à une exactitude scolastique », « au langage d'école », « parce que c'est ainsi seulement qu'on peut amener l'impatiente raison à se comprendre elle-même », avant d'avancer ses affirmations dogmatiques.

c) La philosophie qui unit en elle le concept universel et le concept d'école est *une doctrine de la sagesse comme science.*

Tel est le sens sublime que les Anciens donnaient à ce mot. Le sens de la philosophie, c'est « d'indiquer le concept dans lequel il convient de voir le bien suprême, et le comportement qui permet de l'acquérir ». Il serait bon, dit Kant, de garder au mot sa signification ancienne. La philosophie serait « une doctrine du bien suprême en tant que la raison s'efforce d'en obtenir une connaissance scientifique ». Car « la science est la porte étroite conduisant à la doctrine de la sagesse ». La science sans sagesse n'a aucun sens, la sagesse sans la science n'a pas de réalité.

La science est capable d'aplanir sensiblement « le chemin qui mène à la sagesse et que chacun devrait suivre », et de nous préserver des erreurs. Cette science, la philosophie ne cesse jamais de la préserver et « le public, qui n'a pas à contribuer à ses subtiles recherches, doit pourtant profiter de ses enseignements ». Ceux-ci en effet ne peuvent briller de toute leur clarté qu'après avoir subi une telle élaboration.

Les sciences sont pour elles-mêmes problématiques quant à leur valeur, car celle-ci ne réside pas en elles. La philosophie seule possède « sa dignité, c'est-à-dire une valeur intrinsèque absolue ». C'est elle qui donne leur valeur à toutes les autres connaissances. « Car la science n'a de vraie valeur intrinsèque qu'en tant qu'organe de la sagesse ». Du fait que les sciences doivent à la philosophie leur ordre et leur cohésion, celle-ci ferme pour ainsi dire le cycle scientifique.

d) La philosophie critique de Kant a été ressentie par la philosophie traditionnelle comme destructrice. La réplique de Kant a été la suivante : il n'y a de perte que pour les écoles. La vérité de la philosophie scientifique n'a en effet, reconnaissait-il, pour l'usage spéculatif d'une raison qui s'égare et se trompe elle-même, qu'*une utilité négative*. Mais par les limites qu'elle détermine (cette « discipline de la raison pure »), elle libère des illusions sans fin *pour faire place à ce qui a une valeur positive :* au sûr développement de la science comme aussi à la foi, la foi de la raison. Cette philosophie permet de comprendre comment le dogmatisme finit toujours par aboutir au scepticisme et à la perte de la foi, alors que la critique conduit à la science et à la foi.

La signification de la philosophie critique, qui n'est pas encore toute la philosophie, Kant l'a précisée modestement ainsi : « La plus grande et peut-être la seule utilité de toute philosophie de la raison pure n'est donc sans doute que négative; en effet, elle ne sert pas comme instrument à une extension, mais comme discipline à une limitation, et au lieu de contribuer à la découverte de la vérité, elle n'a que le mérite discret d'empêcher les erreurs. »

Lorsque cette philosophie s'oppose au dogmatisme pour l'anéantir, elle ne veut nullement renoncer « à la démarche dogmatique de la raison dans sa connaissance pure comme science ». Celle-ci doit être systématique et méthodique. Aussi Kant loue-t-il « la méthode rigoureuse du célèbre Wolff » et « la solidité systématique de son esprit », alors qu'il rejette cependant sa philosophie dans ses principes mêmes.

e) L'utilité négative de la philosophie critique n'est qu'un élément de la philosophie dans son ensemble. Mathématiciens, naturalistes, logiciens ne sont « malgré tout que des artistes de la raison ». « Il y a encore un *maître en l'idéal* qui se sert de tous ceux-ci, les utilise comme des instruments, afin de favoriser les fins essentielles de la raison humaine. C'est celui-là seul que nous devrions appeler le philosophe ».

Mais : « Dans ce sens il serait très présomptueux de s'appeler soi-même un philosophe et de prétendre s'égaler à l'archétype qui ne réside que dans l'Idée. » A « l'orgueil d'une telle évaluation de soi-même », Kant oppose une norme qui le fera reculer. Pour être un maître de sagesse, il faudrait posséder actuellement la maîtrise effective dans la connaissance de la sagesse. Mais la philosophie comme sagesse reste un idéal « à la possession duquel ne peut à bon droit prétendre que celui qui, sous le nom ambitieux de philosophe, en montre à tous dans sa personne l'influence infaillible, — par sa possession de soi et l'intérêt incontestable qu'il prend au bien commun ; c'est là ce que les Anciens exigeaient de qui voulait mériter ce nom chargé d'honneur ». Il ne faut jamais l'oublier, « le philosophe pratique, celui qui enseigne la sagesse par la doctrine et l'exemple, est le véritable philosophe ».

2. *Publicité.* Les philosophes peuvent faire entendre leurs

conseils lorsque les détenteurs du pouvoir n'interdisent pas le discours public et ne le soumettent pas à la censure. Kant décrit, et exige du même coup, le champ d'action politique de la pensée philosophique.

La publicité est essentielle pour que puisse se constituer une véritable vie collective, parce que la faculté de se faire comprendre et l'expression parfaitement libre des idées constituent l'essence de la raison. La philosophie comprend et engendre la volonté d'expression. Sans communication, la raison étouffe. faute d'air.

La faculté de s'exprimer va de pair avec toutes les formes de la raison. Les concepts sont transmissibles, les sensations ne le sont pas. Le jugement porté sur une action morale peut « se transmettre de façon générale à l'aide de certains concepts pratiques de la raison ». Le jugement du beau se produit sans concept dans « le jugement du goût », en se référant à « l'Idée d'un sens collectif » qui juge « en quelque sorte au nom de la raison humaine dans son ensemble ».

Seule la transmission rend possibles l'élargissement et l'examen de la raison. Elle est condition d'« humanité » (*Humanität*). L' « humanité », c'est la « communicabilité » elle-même. Lorsque Kant observe, dans le développement du sens social, le rôle joué par le goût, il déclare que « l'on n'attribue de valeur aux sensations que dans la mesure où il est possible de les transmettre généralement, de sorte que, même lorsque le plaisir est négligeable, il semble pourtant que l'idée de sa possible transmission générale en accroisse la valeur presque à l'infini ».

Au nombre des « Maximes du sens commun », Kant a mis, à côté de « Penser par soi-même » et de « Penser en accord avec soi-même », celle-ci : « Penser à la place de tout autre homme. » Tel est le principe de « la manière de penser élargie, capable de dépasser les conditions subjectives particulières du jugement ».

La liberté de la transmission conditionne la liberté de la pensée même. Sans transmission, la pensée reste dans l'étroitesse de l'individuel et dans l'erreur du subjectif. Aussi : « La violence extérieure qui arrache aux hommes la liberté de transmettre publiquement leur pensée les prive aussi de la liberté de penser. » Des tuteurs veulent « dérober à tout examen de la raison des articles de foi prescrits d'avance, protégés craintivement du danger d'une réflexion personnelle ». « En impressionnant les âmes de bonne heure » et en empêchant que ne leur soit transmise toute opinion différente, ils veulent bannir tout ce qui pourrait, par la raison, ébranler le reste.

Mais la liberté de la pensée doit se défendre elle-même contre « un usage sans loi de la raison » qui, sous le nom de génie, élève de fausses prétentions. « Si la raison — séduite par de telles prétentions — ne veut pas se soumettre à la loi *qu'elle se donne elle-même*, elle doit forcément subir le joug des lois qu'*un autre* lui impose ; car sans loi, rien ne peut poursuivre longtemps son jeu, même pas le plus grand non-sens. » Ainsi donc, la conséquence inévitable du refus déclaré de toute loi dans la pensée, c'est finalement la perte de la liberté elle-même.

Le développement des Lumières jaillit de la liberté de la raison et l'engendre dans l'ensemble de la situation morale et politique.

D'abord : les Lumières dans le peuple : elles exigent « que l'on fasse en toute circonstance un usage public de sa raison ». L'officier, le prêtre doivent, dans leur profession, obéir et non ratiociner. Mais en tant qu'ils sont instruits, ils sont libres de parler publiquement de fautes commises dans l'organisation de l'armée, de l'amélioration possible d'un symbole. Que dans l'exercice de leurs fonctions, ils obéissent à l'ordre qu'ils reçoivent, il n'y a là rien qui puisse peser sur leur conscience, avec cependant une limite : si le prêtre trouvait, dans ce qu'il a la charge d'assumer, quelque chose qui soit en contradiction avec la religion intérieure, il ne pourrait pas en conscience remplir son office et devrait s'en démettre. Dans « les affaires », il est nécessaire de s'adapter, mais lorsqu'on parle publiquement au nom de la raison, toute restriction mentale est contraire à celle-ci.

Puis les Lumières du gouvernement : il faut commencer par « ce qui a une influence générale, c'est-à-dire par le gouvernement ».

L'ensemble est constamment emporté par le mouvement de la vie et plein de dangers. « La société, c'est la boîte de Pandore d'où s'échappent tous les talents et aussi tous les penchants funestes; mais il reste au fond l'espérance. » Pour un État qui ne veut que régner, les philosophes sont toujours gênants.

La publicité est en particulier dans l'État la condition du droit. Sans elle, on ne peut pas réaliser la justice. Toute exigence de justice doit avoir la faculté de se faire annoncer publiquement, dans les cas particuliers comme dans les questions de principes. Le citoyen doit pouvoir admettre d'avance que le souverain ne veut rien lui infliger d'injuste. L'injustice qu'il subit résulte donc, si cette prémisse est posée, soit d'une erreur, soit de l'ignorance de certaines conséquences impliquées par les lois. C'est pourquoi le citoyen doit avoir le droit de faire connaître publiquement son opinion sur ce qui lui paraît être une injustice commise contre la collectivité. « Ainsi la liberté de de la plume est l'unique protection des droits du peuple. » Cette liberté n'a pas d'autres limites que celles que la raison se donne à elle-même : respect de la constitution sous laquelle on vit ; libéralisme de la pensée. Grâce à la publicité des débats « les plumes se bornent aussi d'elles-mêmes, afin de ne pas perdre leur liberté ».

D) L'ÉPOQUE DE KANT

La philosophie passe pour être la prise de conscience d'une époque par elle-même. Mais ce n'est que depuis deux siècles (à part certaines amorces dans l'antiquité) que le philosophe réfléchit consciemment à l'époque où il vit et y situe sa réflexion. En prenant conscience de ses propres exigences absolues, il transforme la compréhension qu'il a de son présent en une volonté d'agir sur l'avenir à partir du passé historique dont il est issu. Placé dans une situation de fait, il l'imprègne de sa responsabilité personnelle.

Chez Kant, cette conscience historique s'est développée avec les événements politiques. Le grand tournant, ce fut la Révolution française. Au cours des dernières années déjà qui en précèdèrent l'explosion, Kant avait publié des textes traitant de philosophie de l'histoire. Sa réflexion l'avait préparé à saisir toute la signification de l'événement. Dès lors, sa pensée politique se poursuit sans relâche ; il attend impatiemment les nouvelles ; on perçoit chez lui un accent nouveau, bien qu'il continue à considérer la réalité historico-politique comme aux prises avec les mêmes antinomies. La Révolution française a été pour lui le signe de la réalité du progrès humain, un événement philosophique.

La paix de Bâle (1795) fut l'occasion extérieure qui l'incita à écrire *Pour une paix perpétuelle.* Ses conflits avec le ministère à cause de ses écrits sur la religion avaient pris fin. Après la mort de Frédéric II, il était devenu prudent. Il commença ce nouveau texte par une *clausula salvatoria*, affirmant qu'il n'y avait rien dans ses opinions « qui pût constituer un danger pour l'État ». L'ensemble est un chef-d'œuvre de claire formulation sous la pression d'un risque possible. Un profond sérieux se dissimule sous le couvert de l'ironie. Il avance ses énoncés « au hasard », parle de « rêves », réserve la signification du conseil des philosophes pour la « clause secrète ». Les précautions qu'il a dû prendre ont en outre pour conséquence que ses jugements politiques essentiels se trouvent dans ses notes posthumes.

Examinons comment Kant voyait son époque.

1. L'époque était celle des *Lumières*. Cela ne signifie pas à ses yeux que les Lumières règnent déjà, mais seulement que l'époque y tend. Encore faudrait-il que les hommes fussent capables de se servir de leur entendement.

Les Lumières ont besoin de critique afin que, dans la réflexion de la raison sur elle-même, apparaisse la vérité; c'est pourquoi « notre temps est proprement celui de la critique, à laquelle tout doit se soumettre. La religion, à cause de sa sainteté, et les lois, à cause de leur majesté, veulent également s'y dérober. Mais elles suscitent ainsi contre elles-mêmes un juste soupçon et ne peuvent prétendre à ce respect sans fard que la raison n'accorde qu'à ce qui a pu supporter son examen libre et public ».

« Si l'on développe le penchant à la libre réflexion, celle-ci agira peu à peu sur l'état d'esprit du peuple (qui deviendra par là toujours plus capable d'agir pour la liberté) et finalement même sur les principes du gouvernement. »

2. Cette époque est celle de l'*absolutisme*. Aussi est-ce des princes que Kant attend une influence décisive. En 1784, il vante cette époque, « celle des Lumières, ou siècle de Frédéric » qui, en matière de religion, ne prescrit rien aux hommes, et s'abstient même de revendiquer pour lui l'épithète orgueilleuse de tolérant. Un prince qui « est lui-même éclairé mérite d'être loué par le monde et la postérité reconnaissants comme celui qui le premier fit sortir le genre humain de sa minorité, au moins du côté du gouvernement, et le laissa en outre libre de se servir de sa propre raison en tout ce qui est affaire de conscience ».

« Raisonnez tant que vous voulez, dit ce prince, et sur tout ce que vous voulez, mais obéissez! » Il le peut, parce que, étant éclairé lui-même, il n'a pas peur des ombres, mais aussi parce qu'« il dispose d'une armée nombreuse et bien disciplinée pour garantir la paix publique ». Un État où règne la liberté ne peut pas encore se permettre d'appliquer un tel principe. Kant voit là « un trait étrange, inattendu, du cours des choses humaines ; comme d'ailleurs, lorsque l'on considère celui-ci en grand, presque tout y est paradoxal. Un degré plus élevé de liberté civile paraît favorable à la liberté de l'esprit du peuple, et lui impose cependant des limites infranchissables ; un moindre degré, au contraire, lui ouvre l'espace où il lui est possible de déployer toutes ses facultés. » Kant comprend ce que les faits devaient par la suite faire apparaître encore plus clairement : la liberté de l'esprit, par exemple, dans l'Allemagne politiquement autoritaire de l'époque impériale et la menace que font peser sur elle les démocraties, comme Tocqueville l'a bien vu. Les Lumières, c'est facile à dire, mais c'est « une chose difficile et longue à réaliser ». En effet, que la raison doive se donner à elle-même sa loi, cela n'est aisé que pour un homme vraiment raisonnable, qui, content d'être à la mesure de sa fin essentielle, « ne demande pas à connaître ce qui dépasse son entendement ». Cette liberté de la vraie raison et la liberté politique ont besoin l'une de l'autre. Le danger, c'est que, répondant au besoin de connaître ce qui dépasse l'entendement, il se trouve partout des gens « prêts à promettre qu'ils peuvent satisfaire cette curiosité ». C'est pourquoi il est si difficile de préserver dans la pensée (spécialement sur le plan public) ce que les véritables Lumières impliquent de purement négatif.

Kant met son espoir dans les princes éclairés. « Si trois princes bien intentionnés et bien instruits (puissants) règnent en même temps en Europe, et si leur gouvernement est constitué par d'autres semblables à eux, ne fût-ce que pendant quelques générations, ce qui peut bien se produire un jour, alors l'accomplissement est là. Pour le moment, nous vivons dans l'Église invisible... la retenue aujourd'hui est encore nécessaire; alors, ce sera la sincérité, mais bienveillante. »

3. *L'État actuel* est encore mauvais :

« Notre époque est atteinte de barbarie... L'honneur des princes n'est vanté que dans leur héroïsme... On ne considère pas qu'il y ait, pour un État tout entier, du moment qu'il peut s'agrandir, de la honte à violer le droit... On croit que celui qui édicte les lois n'est lui-même lié par aucune. Les princes n'ont pas la moindre notion de droits qui leur feraient obstacle, ils parlent tout au plus de leur bienveillance. » « Il subsiste toujours quelque chose de barbare dans les États, du fait qu'à l'égard de leurs voisins, ils refusent de se soumettre à la contrainte d'une loi. » « Aucun État ne fait rien pour le bien du monde, mais seulement pour lui-même. »

Mais cette époque va vers un tournant. Sous quel aspect cela s'annonce-t-il?

« Il y a deux cents ans à peine que nous sommes entrés en relations avec d'autres parties du monde au-delà des mers. Il n'y a que cent ans que nous avons en Angleterre le système d'une constitution civile fonctionnant dans un grand État... Du point de vue du droit international, nous sommes encore des barbares... Nous n'avons encore aucun système unissant les religions... Et surtout aucun système d'éducation. Une nouvelle époque. » « C'est maintenant le moment le plus important, du fait que les forces des États tendent avant tout, à l'intérieur, au bien-être, et à l'extérieur, à l'attaque et à la défense, alors que les armées sont à la fois plus nombreuses et plus disciplinées que jamais. Il n'y a pas d'autre issue que de leur faire prendre une autre forme. La sagesse des cours doit leur venir des cabinets d'étude. »

4. Selon Kant, tournant et progrès doivent résulter de *réformes progressives, non de révolutions.* Car la population ayant encore à parvenir aux Lumières, tant que ce n'est pas fait, on ne peut attendre d'elle, d'en bas, rien qui soit une chance de salut.

Pour l'instauration de la vraie constitution républicaine, avec séparation des pouvoirs et gouvernement représentatif, c'est parmi les trois formes d'État, monarchie, aristocratie, démocratie, la première qui offre les meilleures chances « puisque Frédéric II a au moins *dit* (c'est Kant qui souligne) qu'il n'était que le premier serviteur de l'État ». Kant s'exprime ainsi : « Plus le personnel de l'autorité étatique (le nombre des gouvernants) est restreint, plus est grande, en revanche, leur représentation, plus la constitution de l'État se trouve accordée à la possibilité du régime républicain, et plus elle a de chances, à l'aide de réformes progressives, de s'y élever finalement. » C'est chose plus difficile dans une aristocratie que dans une monarchie. La démocratie enfin rend le régime républicain « impossible, parce que chacun veut y être le maître ». Vouloir y parvenir par la démocratie, c'est comme d'espérer « parvenir par une révolution violente à l'unique constitution parfaitement conforme au droit ». Seul « le système représentatif » rend possible « un régime républicain ». Sans lui, tout régime, quelle que soit la constitution, devient despotique et recourt à la violence. C'est pour ne l'avoir pas connu que toutes les prétendues républiques de l'antiquité ont dû « se décomposer en cette forme du despotisme qui, avec la domination suprême d'un seul, est encore la plus supportable de toutes ».

Les mots prennent chez Kant un sens particulier suivant le contexte; ainsi, il estime qu'un régime « républicain » est possible sous le règne d'un monarque; et il a pu écrire : « Toute constitution civile est à vrai dire démocratie. »

Malgré ses conceptions conservatrices et réformistes, Kant est pour la Révolution française. Il est pourtant essentiel de comprendre la raison pour laquelle il lui donne son assentiment. Ce n'est pas à cause de ses conséquences positives immédiates, de ses « faits et forfaits », mais à cause de l'intention qui se manifeste à son origine. « Dans le jeu de ces grands bouleversements, c'est seulement l'opinion des spectateurs qui se trahit *publiquement* et qui leur fait manifester tout haut une sympathie aussi générale et pourtant désintéressée, malgré les conséquences très graves auxquelles ils s'exposent en prenant ainsi parti. Voilà qui vient confirmer un trait caractéristique du genre humain dans son ensemble, qui est en même temps un trait moral, au moins dans sa disposition première, et qui non seulement permet d'espérer un progrès vers le mieux, mais qui en est déjà un par lui-même. » Toutefois, à quoi tendait cet enthousiasme général? Ils voulaient une constitution « républicaine » qui, fondant l'État sur le droit, cesserait de tendre à la guerre. Même si le cours des événements aboutit d'abord à l'échec, ou même au contraire de ce que l'on avait voulu, le progrès qui s'est manifesté au point de départ ne peut plus être aboli. « Car un événement de cette sorte, dans l'histoire humaine, ne s'oublie plus. » « Dans des circonstances favorables, on s'en souviendra et il suscitera à nouveau des tentatives du même genre. » Finalement, un jour, la constitution désirée acquerra cette solidité qui résulte du fait que tous ont été instruits par une expérience répétée.

5. A ceux *qui s'interrogent sur l'avenir*, et qui veulent savoir en particulier si le genre humain (en gros) progresse de façon constante, Kant répond par ses réflexions sur la *possibilité d'une histoire prophétique*. Elle est possible « si le prophète produit et organise lui-même les événements qu'il annonce ». Lorsque « nos politiciens » disent qu'il faut « prendre les hommes tels

qu'ils sont », il serait plus exact de dire « tels que nous les avons faits par une contrainte injuste, par des entreprises traîtresses, à savoir : entêtés et enclins à la révolte ». Alors certes, les prophéties de malheur « de ces hommes d'État qui passent pour sages » sont vraies : dès qu'on relâche un peu les règles de la contrainte, des conséquences funestes se produisent. Ainsi certains prêtres annoncent la venue de l'Antéchrist en faisant tout pour son avènement ; notamment, au lieu d'inculquer dans les âmes des principes de morale, ils font à leurs paroissiens un devoir de pratiques extérieures et de croyances historiques. Ils se plaignent d'une irréligion dont ils furent eux-mêmes les artisans.

Il serait de même possible de prédire avec certitude un progrès constant de l'espèce vers le mieux s'il était permis d'attribuer à l'homme une volonté immuablement bonne, quoique limitée. Car, dans ce cas, la prédiction concernerait une chose qu'il peut faire lui-même. « Mais comme dans ses dispositions naturelles, le mal est mêlé au bien dans une proportion qu'il ne connaît pas, il ne sait lui-même quel effet il peut en attendre.»

L'expérience historique ne permet ni de prouver ni de prédire quoi que ce soit. Mais l'expérience d'un événement particulier qui semble indiquer l'existence d'une cause de progrès en général nous autorise à risquer une conclusion valable aussi bien pour l'histoire passée que pour l'avenir. Kant voit dans la Révolution française un tel « signe historique », mettant en lumière une tendance générale de l'histoire humaine.

Kant encourageait les prédictions favorables fondées sur l'essence de la raison et sur les signes révélateurs du dessein de la nature dans son ensemble. Il ne cessait néanmoins de freiner en lui-même cette tendance par des constatations réalistes. Mais il lui arrive malgré tout de prophétiser, et cela même pour l'avenir immédiat. Dans les années qui suivirent la paix de Bâle, il écrit : « Les suites douloureuses de la guerre actuelle peuvent arracher au prophète politique l'annonce d'un tournant imminent de l'histoire du genre humain vers un bien qui est dès maintenant à portée du regard. » Mais comme tous ceux qui se sont risqués à faire des prédictions précises et à brève échéance, Kant ici s'est trompé. On allait vers les guerres napoléoniennes.

E) L'attitude politique de Kant.

a) Lorsque Kant se représente l'histoire comme guidée par le dessein de la nature, il semble que le cours des événements vienne à la rencontre de la volonté raisonnable tendue vers ses fins. L'homme croit réaliser par sa liberté ce qui arrive nécessairement de soi-même. Tel est le paradoxe de la foi, qui met à son activité le maximum d'énergie, parce qu'elle sait qu'elle coïncide avec le cours des choses pris dans sa totalité, qu'il soit conçu comme Providence, dessein de la nature, ou loi de l'histoire.

Mais telle n'est pas l'attitude de Kant. Sa construction du dessein de la nature est une tentative, non un savoir. Il pense en quelque sorte les pensées de la Providence, mais il sait que la pensée humaine ne peut pas les atteindre. Car la pensée humaine, telle que la philosophie kantienne l'a éclairée jusqu'à son origine même, est fondamentalement différente.

Toutefois, pour Kant, les constructions auxquelles il s'adonne ne sont pas un simple jeu, ou bien elles sont un jeu sérieux, tendant à exprimer « sa satisfaction devant la Providence et le cours des choses humaines dans son ensemble, qui ne commence pas à partir du bien pour aller vers le mal, mais se développe peu à peu du mal vers le mieux ; progrès auquel chacun pour sa part, et dans la mesure de ses forces, est appelé par la nature même à contribuer ». Kant croit pressentir « l'ordre d'un sage créateur, et non la main d'un méchant esprit ». Sa pensée fortifie la confiance, face à l'apparent non-sens des événements.

b.) *Croire en l'homme*, telle est la condition pour croire au sens de l'histoire, et pour pouvoir par conséquent agir sur le plan moral et politique. Sans cette croyance, il ne reste que la considération purement empirique de l'absurdité générale.

Croire en l'homme ne signifie pas aimer l'homme dans sa réalité concrète, mais bien l'Idée de l'homme. Mais aimer l'homme dans son Idée, ce n'est pas aimer un être qui est moins ou plus que l'homme et qui n'est donc plus l'homme; et ce n'est pas non plus l'aimer dans l'ensemble de sa réalité concrète et toujours particulière. Ce que Kant a ici en vue, c'est l'homme, l'Idée de l'homme dans tout homme, non une prétendue élite. Mais il ne vise pas chaque individu comme tel.

Il pose explicitement la question : « Faut-il aimer le genre humain dans son ensemble? » ou est-ce là un objet à considérer avec répugnance, auquel certes, pour ne pas devenir misanthrope, on souhaite tout le bien possible, mais dont on préfère détourner les yeux? Dans sa réponse, il rejette « les mignardises de l'amour général du genre humain ». Cet amour ne pourrait provenir que de la bienveillance, non du plaisir. Car ce qui est mauvais, on ne peut s'empêcher de le haïr, « non pas tant pour faire du mal aux hommes, mais pour avoir cependant le moins possible affaire à eux. » Quant à l'espèce, « nous pouvons cependant l'aimer parce qu'elle se rapproche constamment du bien, sinon nous serions forcés de la haïr ou de la mépriser ».

c) Les limites de la pensée historico-politique de Kant tiennent à la nature de l'objet (et Kant les montre expressément comme telles). Elles tiennent à l'essence impénétrable de la Providence ou du dessein de la nature, au caractère de jeu que gardent les esquisses que l'on peut tenter d'en faire, à notre situation temporelle dans l'histoire, où, si loin que s'étende le regard il n'est pas d'achèvement. A la limite, partout, le mystère persiste. Mais ce que Kant ne sait pas lui ouvre, par la forme de ce non-savoir, l'espace où peut s'accomplir une actualisation raisonnable de ce qui reste ignoré.

Il ne faudrait pourtant pas croire que le lieu commun qui consiste à dire « c'est peut-être vrai en théorie, mais ce n'est pas valable en pratique » détermine une limite de ce genre. Kant s'en tient résolument à la vérité de la « théorie », en particulier celle de l'élucidation philosophique, qui seule permet à la pratique de devenir réalité.

De la quête philosophique kantienne découlent, sur le plan des conceptions et des fins politiques, un certain nombre de principes.

1. Une politique raisonnable se limite aux problèmes de la vie concrète dans le temps. Elle crée les conditions positives permettant le développement des dispositions naturelles de l'homme, des conte-

nus de sa liberté. Cette limitation au niveau inférieur, seul accessible à la politique, n'est cependant possible que grâce au sérieux de l'absolu moral. Les chimères de ceux qui, en politique, étendent trop loin les prétentions de leur vouloir, vont de pair avec la corruption morale. Seul le sérieux de la raison morale permet de ne pas confondre les problèmes de la vie concrète avec ce qui dépend de leur solution et avec ce qui fonde la manière de les résoudre.

2. L'homme, quel que soit son rôle, et fût-il le plus haut, reste toujours un homme et a donc besoin d'être contrôlé. Ce contrôle ne peut s'exercer que dans la réciprocité et la publicité. Certes tout homme jouit de la dignité humaine, mais dans l'action politique et lorsqu'on élabore les structures toujours sujettes à révision qui doivent assurer l'ordre, il faut compter avec la méchanceté de tous les hommes.

3. Le progrès politique s'accomplit dans la légalité, non dans l'intention morale. Les conditions fondamentales de la légalité sont les traités, la fidélité aux traités et le maniement légal du pouvoir, capable d'imposer cette fidélité par la force en la sauvegardant lui-même.

4. Étant des hommes, nous sommes tenus de faire des plans raisonnables tout en connaissant les limites du savoir, et par là celles des plans raisonnables.

Kant ne nie jamais la nécessité de l'expérience. Les hypothèses d'ensemble qu'esquisse la philosophie de l'histoire ne sont que des éléments dans une pensée qui reste ouverte. L'expérience qui y correspond ne peut jamais s'achever, car la réalité humaine dans le temps, telle qu'elle est produite par l'homme même, n'atteint jamais sa perfection. Nous sommes en elle, nous cherchons à nous orienter, nous agissons sous la conduite des Idées. Mais nous ne connaissons pas le cours nécessaire de l'histoire, et nous ne voyons pas devant nous un état final où les affaires humaines seraient régies par un ordre juste et permanent.

L'expérience n'étant jamais définitive ne peut à elle seule nous apprendre ce que nous devons faire.

« Car on ne peut rien trouver de plus nuisible et de plus indigne d'un philosophe que le recours plébéien à l'expérience, dont on prétend qu'elle infirme le devoir. » Cette expérience n'existerait même pas si l'on avait agi à temps conformément aux Idées. «L'idée a tout à fait raison lorsqu'elle prend le maximum pour archétype, afin qu'à l'aide de cette norme la constitution légale des hommes se rapproche toujours davantage de la plus grande perfection possible. En effet, personne ne peut ni ne doit déterminer à quel niveau l'humanité sera forcée de s'arrêter, précisément parce que c'est le propre de la liberté de transgresser toute limite fixée. »

Il faut donc maintenir les deux termes : *l'ouverture de l'expérience et l'absolu de l'Idée.* Le « régime républicain » présuppose dans le peuple une disposition d'esprit qu'il ne cesse en même temps d'engendrer en lui : le respect absolu du droit. Par analogie à l'impératif catégorique, c'est dans le droit que réside l'autorité de décision suprême, laquelle ne se fonde ni sur une volonté de bonheur, ni sur des finalités particulières, et peut même s'affirmer contre celles-ci.

Celui qui adopte une attitude politique semblable s'en tient aux possibilités de réalisations concrètes. Alors qu'il avance sur le chemin où ne cesse de s'ouvrir la suite de l'expérience, les motifs moraux qui le déterminent viennent du suprasensible. Tout en préservant le caractère provisoire et flottant de l'expérience, il est soutenu dans son action par l'absolu moral. Tout en renonçant à l'achèvement temporel, à la sorcellerie d'un simulacre de salut absolu dans le monde, il assume jusque dans chacune de ses pensées sa responsabilité politique.

Dans le cours des événements, le but final ne peut pas être atteint d'un coup ; au contraire, dans l'ensemble, tout avance lentement, pas à pas. Aussi la pensée de Kant est-elle *révolutionnaire sur le plan moral* (c'est seulement d'un renversement à l'intérieur de l'individu, sur la voie des Lumières, que résultera pour lui une nouvelle manière de penser), mais évolutionniste et non révolutionnaire *sur le plan politique.*

Kant est un réaliste face aux faits et un idéaliste en tant qu'il fait régner l'exigence de l'Idée sur l'action humaine.

En tant que réaliste, il pousse le scepticisme aussi loin que possible afin de faire apparaître le fondement véritable de la certitude qui, sans illusion, continue à agir avec confiance dans cette réalité. Le découragement produit par les faits suscite le courage de changer ces faits au fil des événements.

Kant est « pessimiste » quant à l'individu et à telle réalité déterminée, « optimiste » quant au tout.

La pensée historico-politique de Kant doit sa sérénité au mode de réflexion de sa philosophie. Bien qu'elle paraisse compréhensible même sans cette philosophie, elle ne l'est cependant que dans ses aspects superficiels et pour l'intellect seul, et non si l'on veut saisir dans son efficacité le savoir essentiel qui les sous-tend.

Kant a acquis une claire conscience des modes de la certitude. Il demande que l'on maintienne en suspens tout schème d'un savoir total, mais qu'on se montre résolu, en vertu d'une certitude pratique, dans les situations concrètes. Il ne se laisse tromper par aucune démonstration spéculative non critique. Il a l'esprit trop clair pour se laisser égarer par de fausses hiérarchies des valeurs. Toutes ces qualités se réunissent dans sa pensée politique, pénétrant la réalité concrète, purifiant les motifs ; mais il n'en résulte pas une accumulation de savoir, applicable par des procédés techniques et rationnels.

F) Objections.

1. *Contradictions.* Dans la pensée politique de Kant, comme partout dans sa philosophie, on peut relever des contradictions. Ce qui importe, c'est de savoir si celles-ci résident dans les fondements de sa pensée ou si elles tiennent inévitablement à la forme où s'exprime sa vérité.

Les contradictions apparaissent lorsque les divers niveaux de la pensée kantienne sont ramenés à un seul, celui de l'entendement. Dans le domaine politique, la pensée empirique et celle de la liberté sont si inextricablement solidaires que les contradictions surgissent dès que le lecteur substitue l'une à l'autre. Les contradictions ne sont qu'apparentes, et disparaissent lorsque l'on considère ce mode de réflexion philosophique dans sa totalité. Pour les repérer, les expliciter et les résoudre, pour montrer la diversité de leur signification et ce qui les rend inévitables, il faut se livrer à une analyse approfondie que j'ai tenté de faire en partie au cours de mon exposé. Je crois m'être convaincu qu'il ne subsiste que très peu de contradictions réelles, de celles que l'on voudrait corriger.

La pensée de Kant ne consent à aucun compromis. Il n'atténue pas oppositions et contradictions en se laissant glisser vers un moyen terme apaisant. Lorsqu'il recourt à un moyen terme, dans son dualisme philosophique, ce n'est pas pour aplanir les oppositions, mais pour en éclairer l'origine.

En effet, sa pensée ne se développe pas selon les formes d'une dialectique où tous les contours s'arrondissent ; le mouvement dialectique, chez lui, ouvre la profondeur. Les contradictions prennent alors leur plus forte tension. Elles ne s'abolissent qu'au niveau du suprasensible, ou dans la contemplation du beau, ou dans la tension infiniment organisée du vivant, et dans tous ces cas, jamais pour notre savoir, mais pour le « jugement réfléchissant ».

2. *La foi politique de Kant.* Kant attend et espère le progrès à venir, et il y contribue activement par sa pensée. Bien qu'il n'en possède aucun savoir théorique, il en est certain pour des motifs moraux, sur le plan pratique. « Comme le genre humain est constamment en progrès du point de vue de la civilisation, j'ai bien le droit d'admettre qu'il progresse également quant à la fin morale de son existence. Je me fonde ici sur le besoin inné en moi d'agir sur la postérité de façon qu'elle devienne toujours meilleure (ce qui m'oblige donc aussi à en admettre la possibilité). » On peut, certes, élever des objections contre cette foi ainsi pratiquement fondée, et la manière dont Kant les réfute fait mieux comprendre ce qu'il veut dire.

a) Les faits qui constituent l'histoire — le cours zigzagant et vide de sens des événements — démentent la foi au progrès. Kant répond : ce n'est que s'ils pouvaient se fonder de façon démonstrative sur les faits historiques « que les doutes qui combattent l'espérance pourraient m'inciter à abandonner un travail qui paraîtrait vain. » « Tant que cette démonstration ne pourra être faite avec certitude », je n'échange pas le devoir de contribuer au progrès « contre la règle de bon sens qui enseigne à ne pas travailler pour rien ». « Si incertain que je puisse rester quant au progrès du genre humain, cela n'entame en rien la maxime qui ordonne de faire son possible en vue de ce but. »

b) La foi n'est pas un savoir ; c'est pourquoi celle qui s'exprime par des constructions d'ensemble de l'histoire ne fournit aucun savoir utilisable dans la réalité politique. — Kant répond : Dans notre condition humaine, nous ne pouvons ni comprendre théoriquement, ni planifier pratiquement le cours entier de l'histoire. Il n'a de présence pour nous que dans l'Idée. La réflexion qui supporte la foi ne tend pas à une application pratique, mais à un affermissement moral. Elle n'a pas l'utilité d'un savoir techniquement utilisable, mais elle agit sur mon attitude entière, d'où naissent alors les pensées et les actes politiques concrets.

Kant appelle sagesse « la raison pratique, en tant que ses règles correspondent entièrement à la fin finale de toutes choses, le bien suprême. » Mais cette sagesse n'existe qu'en Dieu. La sagesse humaine ne peut que s'abstenir de toute action contraire à l'Idée. Cette sagesse même, cependant, qui n'est qu'une défense contre la folie, « est plutôt un trésor dont nous voudrions nous saisir qu'une propriété dont nous soyons assurés ». Car l'histoire montre combien changeants, « souvent absurdes, sont les desseins humains », si bien qu'« on peut avec raison s'exclamer : Pauvres mortels, chez vous il n'est rien de stable que l'instabilité ».

Nous agissons. Mais quand nous faisons des projets, « nous ne pouvons commencer que par les parties ». Quant au tout, « trop grand pour nous », nos Idées, certes, le désignent, mais notre influence ne s'étend pas jusqu'à lui. « Un succès qui irait au tout, et de là aux parties », nous ne pouvons l'attendre que de la « Providence ». Cela signifie qu'au-delà de nos plans et de nos actions, nous devons laisser ouvert le cours général de l'histoire. On commet souvent l'erreur « de tenir le plan actuel pour le meilleur » et « la situation actuelle pour l'éternité », « comme si l'éternité, et avec elle la fin de l'histoire, pouvait s'être produite dès maintenant ». Aussi faut-il conseiller aux hommes « d'abandonner à la Providence le succès de leurs actions ». Car « leurs résultats, dans le cours naturel des événements, restent toujours incertains ».

c) Le progrès affirmé par Kant dans la moralité des hommes, et non pas seulement dans leur possession de biens de civilisation et de formes étatiques et juridiques, est en contradiction avec le sens même de la moralité, qui a un caractère intemporel.

— Si bien des phrases de Kant affirment qu'il existe un progrès dans la moralité, il faut pourtant les interpréter à la clarté de la phrase suivante : le progrès « n'est pas un accroissement quantitatif de moralité dans l'intention, mais une multiplication des produits de sa légalité par des actions conformes au devoir ». Lorsque la violence diminue du côté des puissants, que l'obéissance aux lois s'accroît, lorsqu'on peut compter davantage sur la parole donnée, et que tout cela finit par gagner jusqu'aux relations extérieures des peuples entre eux au point de constituer une société civile universelle, « le fondement moral dans le genre humain ne s'en trouve nullement agrandi ; pour qu'il le soit, il y faudrait d'ailleurs une sorte de nouvelle création (une intervention surnaturelle) ». Il faut interpréter le progrès moral dans son ensemble comme un progrès dans la légalité, dans les ordonnances et les formes de la vie, dans les voies que la situation générale offre à l'individu. Le progrès moral s'accomplit dans chaque être humain, en tout temps et sans cesse à nouveau, originellement, par la « révolution du mode de penser ».

d) On peut reprocher à Kant de n'avoir pas seulement un optimisme sans fondement au regard de l'avenir (à la façon des Lumières), mais encore de renier, par la valeur qu'il reconnaît au but visé, ce qu'il avait pourtant si profondément compris : la phénoménalité de l'existence temporelle.

— A cela, il faut répondre : Kant ne fonde son optimisme que sur un motif pratique, le devoir d'agir pour un avenir meilleur. Sa pensée porte le sceau de l'absolu du devoir, éprouvé dans la liberté, et du courage qui s'y enracine malgré le non-savoir. Dans tout ce qui, du sein de la réalité positive, parle contre la possibilité d'actualiser la raison, on ne saurait trouver aucune preuve d'une telle impossibilité. Quelle que soit la situation, il reste le « malgré tout », et non pas seulement le regard vers la transcendance, mais aussi celui qui se tourne vers l'avenir temporel.

Il faut encore tenir compte de ceci : Kant ne parle pas de la possibilité d'une corruption totale de l'homme et de la fin du monde comme le fait la pensée hindoue, ou comme l'entendaient Jésus et les premiers chrétiens, dans l'attente de la fin prochaine du monde, ou encore au sens où de nos jours les conséquences de la bombe à hydrogène menacent l'existence humaine dans sa réalité concrète. Devant de telles éventualités, Kant réaffirmerait certainement sa prise de position fondamentale. Il exigerait, malgré tout et sans restriction, que nous agissions — bien que les conséquences de nos actes restent dans leur totalité inconnaissables — parce que c'est ainsi seulement qu'une existence raisonnable peut garder un sens. Mais, confronté avec une pareille situation, Kant distinguerait peut-être avec plus de netteté encore : l'espérance future comme attente temporelle réelle, et le sens dont l'homme s'assure lorsqu'il dépasse transversalement le temps (*quer zur Zeit*). Son espérance future se limiterait à l'Idée fondamentale d'une organisation fédérative universelle commandée par la notion du droit, la seule Idée qui ouvre dans le monde une possibilité de trouver la paix et d'éviter la guerre et la ruine totale, la seule qui permette de réaliser un univers humain n'impliquant pas la destruction même de l'homme. Si cette espérance échoue, il ne reste plus que ce « dépassement du temps » (*quer zur Zeit*), qui se manifeste aussi dans le caractère chiffré des postulats kantiens. Mais si l'espérance active réussit à assurer temporellement la paix, cette réussite même ne doit sa valeur qu'à la présence éternelle de ce qui, dans le temps, surmonte le temps. Seul peut vaincre la catastrophe destructrice l'homme dont la vie donne un contenu à ce sens-là. Si elle ne le fait pas, elle ne vaut plus rien. « Si la justice disparaît, le fait que des hommes vivent sur la terre n'a plus de valeur. « Mais a-t-elle ou non disparu ? Kant ne reconnaîtrait à aucun être humain le droit de porter là-dessus un jugement d'ensemble. A supposer que cet effroyable jugement parût possible, la question se poserait encore : qu'en est-il des dix justes, des deux justes, de Sodome et de Gomorrhe? Kant ici ne donne pas de réponse de même qu'il refuse tout jugement total.

G) Comparaisons.

Lessing s'était un jour représenté l'histoire comme un processus d'éducation à travers lequel les âmes finissaient par arriver à la pureté et à la parfaite raison. L'histoire apparaissait comme un processus total auquel chaque âme peut participer grâce à une série innombrables de renaissances. Kant, au contraire, se représente l'ordre légal fondé sur la constitution politique et l'alliance des peuples comme un but situé à l'infini, dont l'Idée commande une amélioration des conditions de vie, non de l'intention morale.

Hegel conçoit la marche de l'esprit dans l'histoire comme le mouvement de la totalité, dont le sens est, à ses yeux, un unique « maintenant », actuel, sans passé et sans avenir. Pour Kant le développement de l'histoire est essentiel en tant qu'il produit la constitution civile, sur laquelle se fonde l'épanouissement possible de toutes les dispositions naturelles de l'homme, alors que l'espèce humaine reste la même.

Le « dessein de la nature » de Kant, qui fait sortir des actions finalisées des hommes autre chose que ce que ceux-ci avaient d'abord en vue, devient chez Hegel « la ruse de l'Idée », qui utilise les hommes et leurs passions comme des moyens. Sa manière de voir découle d'un *oui* inconditionnel dit une fois pour toutes à tout ce qui est en fait arrivé et qui arrive encore. Kant ne tire de cette idée aucune connaissance du cours total de l'histoire ; en indiquant que, peut-être, certaines traces apparaîtront à qui contemple l'histoire, quelque chose qui vient ici à la rencontre du vouloir humain, il ne cherche qu'un encouragement à agir, sans rien perdre de la sévérité de son jugement sur les faits.

Hegel construisit une histoire universelle grandiose, remplie de réalités concrètes. Kant n'a donné de l'histoire aucune vision d'ensemble s'appuyant sur des faits. Il n'a fait que proposer une tâche : celle de découvrir, en se laissant guider par la raison, les traces d'un dessein de la nature dans le déroulement positif de l'histoire. La tâche proposée par Kant n'a pas été accomplie par Hegel. Car dans l'exposé de Hegel, le caractère de tentative critique a disparu. Il manque aussi chez lui l'avenir et l'appel à la liberté.

Marx paraît plutôt semblable à Kant, mais il s'oppose à lui sur trois points décisifs : *d'abord*, il se limite à la dialectique économique, considérée comme connue ; — *ensuite*, il sacrifie en histoire la méthode scientifique (qui recherche, parmi les faits historiques, des exemples contraires à ses hypothèses du moment), se contentant de collecter les confirmations empiriques de sa conception de base en négligeant tous les autres faits ; — *enfin*, il appelle de ses vœux un bouleversement violent, se produisant en une fois (dictature du prolétariat), qui doit avoir pour effet, par un processus magique de réalisation, la perfection de la condition humaine dans le temps. Il est vrai que le lien du savoir et du vouloir est commun à Kant et à Marx ; mais Kant se distingue radicalement, par l'autolimitation critique du savoir, et avec elle par celle de la portée de toute planification volontaire, du savoir total et de la planification totale qui caractérisent la pensée marxiste. L'élément révolutionnaire trouve son sens, chez Marx, dans une explosion de violence intentionnellement provoquée et attendue comme nécessaire, et dans le régime de dictature totalitaire qui lui succède ; chez Kant, dans un renversement du mode de penser qui, recommencé sans cesse dans l'individu, entraîne peu à peu (par évolution) un progrès à l'infini.

Kierkegaard, qui exprima en même temps que Marx la prise de conscience de la crise contemporaine, écarte toute philosophie de l'histoire lorsqu'il s'agit de l'action. Car elle détourne de la tâche d'être soi-même. Marx et Kierkegaard, tous deux à partir de Hegel, suivent des voies divergentes. Marx trouve le salut de l'homme dans la société, Kierkegaard dans l'individu. La pensée de Kant contient les deux possibilités. Le regard qu'il portait sur l'ensemble des événements et son exigence de décision morale trouvent tous deux la plénitude de leur sens en restant soumis à la limitation critique. Ceux qui vinrent ensuite (Kierkegaard, Marx, d'autres encore) ont perdu, dans l'éclat de leurs inventions spirituelles — dont les significations fusent pour ainsi dire en des directions diverses — l'attitude fondamentale de la raison critique, condition de stabilité dans la construction des réalités humaines.

La pensée si claire de Kant, ouverte dans toutes les directions, capable de comprendre comme aussi de limiter la certitude du savoir, a donné lieu dans le domaine de la philosophie de l'histoire et de la politique comme dans les autres, à des malentendus contradictoires.

W. von Humboldt a écrit à Schiller au sujet de Kant : « Un démocratisme au regard parfois réellement trop perçant n'est guère de mon goût; aussi peu, certainement, que du vôtre. » Les marxistes, en revanche, rejettent Kant comme penseur « bourgeois », qui, conservateur sans courage, fidèle au roi, infléchit la pensée révolutionnaire vers l'évolution.

L'un dit que Kant est contre l'élite et sous-estime les différences entre les hommes; l'autre, que la pensée de Kant est tout entière orientée vers l'efficacité d'en haut et méprise le niveau moyen de la population.

VII

CRITIQUE DE KANT

Personne n'assimile Kant sans le contredire sur des points essentiels. Personne ne l'a compris sans tenter de corriger certaines de ses phrases. Comprendre Kant, cela comporte sans doute un accord incomparable en profondeur, mais, sur un plan plus superficiel, une interprétation critique. Cette critique s'accomplit à partir d'une prémisse : on admet que dans l'ensemble Kant a suivi un chemin vrai et nouveau. Celui qui critique a répété en lui-même la révolution kantienne du mode de penser ; il en est devenu autre, et il se demande maintenant comment il doit comprendre chaque phrase à partir de l'origine que Kant lui-même lui a fait atteindre.

Avant de tenter une telle critique, jetons un regard sur celle qui manque son objet. Nous la trouvons d'abord chez ceux qui ont rejeté Kant dans sa totalité comme quelque chose de tout à fait étranger.

On peut citer comme un des ennemis de Kant, tels qu'il en existe encore aujourd'hui, Friedrich Schlegel. La pensée de Kant, dit-il, manque de système, elle est embrouillée et confuse. C'est « un homme oscillant, vaniteux, dépourvu de la force impétueuse d'un Spinoza ou d'un Fichte ». Il y a en lui « quelque chose d'éclectique », « il colle et rapetasse des morceaux », il est partout « resté à mi-chemin ». Sa critique n'est qu' « une prudence scolarisée » et lui-même « un génial pédant ». Il manque de sens politique et esthétique; quant à la morale, il la traite en « algébriste ».

Lorsqu'un critique de Kant lui est foncièrement hostile, il est poussé par un motif inavoué : il lui faut détruire Kant s'il ne veut être détruit lui-même. Cela signifie qu'il existe des forces, des formes de vie, des modes du savoir fondamental, qui excluent une assimilation de la quête philosophique kantienne. Voici quelques-unes des objections incompréhensives qui peuvent être formulées sur ce plan :

1. On appelle Kant un « rationaliste » et on déclare qu'il n'accorde de validité qu'à ce que saisit l'entendement, qu'il reste pris dans les liens des lois logiques, tout en s'embrouillant dans des contradictions qui anéantissent sa pensée par son propre principe. On invoque contre lui le droit de l'intuition, des visions, le savoir total, le sentiment et le génie.

Contre une telle attitude, Schiller, à l'occasion d'une critique mal fondée et méchante faite à Kant par Schlosser, écrivit à Gœthe (9 février 1798) : « Nous savons bien aussi, vous et moi, que l'homme dans ses plus hautes fonctions agit toujours comme un tout lié. Il ne nous viendrait pourtant jamais à l'esprit de méconnaître le rôle de l'analyse et de l'analogie sur lesquelles repose toute recherche en philosophie, aussi peu que de faire la guerre au chimiste du fait qu'il provoque artificiellement les synthèses de la nature. Or ces messieurs Schlosser prétendent traverser la métaphysique elle-même avec leur flair et leur sentiment, ils veulent partout connaître synthétiquement, mais sous cette richesse apparente se dissimule à la fin le vide et la platitude la plus misérable; et l'affectation que mettent ces messieurs à toujours affirmer l'homme dans sa totalité, à spiritualiser ce qui est physique et à humaniser ce qui est spirituel, n'est qu'un lamentable effort pour sauvegarder heureusement leur pauvre moi dans sa confortable obscurité. »

2. On appelle Kant un « rigoriste » et on dit qu'il exige l'impossible. Il ne connaît, déclare-t-on, que le devoir d'obéissance et de service, il étouffe la richesse des forces vives au profit d'un agir formel. Sa philosophie s'achève sur une tâche infinie, elle en reste au devoir. En prétendant dépasser le monde de l'entendement, considéré comme le seul à être objectivement à notre portée, Kant ne nous donne que la conscience de nos limites et nous laisse dans un vide complet. Sa philosophie nous maintient loin de l'être, nous sépare de tout accomplissement, réduit l'existence à la vanité d'un progrès sans fin.

A cela il faut répondre : Kant sépare, mais il montre l'accomplissement tel qu'il est possible dans la condition temporelle d'êtres doués de raison, mais finis et sensibles. Car l'accomplissement est vécu déjà alors qu'on est en route, et cela dans le domaine théorique dans le domaine pratique et dans le domaine esthétique. Dans le savoir théorique, l'Idée représente une tâche infinie dont l'approche est déjà, à chaque pas, expérience d'un accomplissement. Il n'y a pas d'un côté le vide de la pure correction formelle, et de l'autre le but qui n'est jamais atteint. Il y a bien plutôt entre les deux l'accomplissement de l'expérience dans le monde : la prise de conscience de la signification objective de l'Idée dans le progrès méthodique. En morale, la tâche infinie réside dans l'obéissance au devoir tel que le sujet le reconnaît lui-même. Mais chaque action morale apporte dans la finitude la certitude de l'appartenance au royaume des esprits. Dans l'action même réside déjà la réalité suprasensible qui, il est vrai, perd sa certitude dès qu'elle devient objet de la réflexion et qui, comme bien suprême, dans l'intuition temporelle, n'est qu'espérance. La condition temporelle ne saurait être dépassée par la connaissance de quelque chose que je posséderais désormais, mais dans l'action même, qui, comme liberté dans l'historicité de l'instant, abolit le temps. Dans l'Idée esthétique enfin, je fais par anticipation l'expérience de la perfection dans une intuition actuelle, mais seulement par jeu.

3. On dit que Kant promet et déçoit. Des métaphysiciens dogmatiques affirment qu'il prend tout et ne donne rien. Des positivistes dogmatiques disent qu'il recule devant sa propre radicalité : ce qu'il a reconnu de libérateur dans la *Critique de la raison pure*, il le retire dans la *Critique de la raison pratique* et se laisse ligoter de nouveau par les anciens liens. D'une façon générale, il n'a pas le courage d'assumer les conséquences de ses propres pensées.

A cela il faut répondre : lorsqu'on méconnaît l'admirable dialectique conceptuelle qui ne déchire que pour mieux l'éprouver le lien avec le suprasensible dont les signes sont reconnaissables dans la réalité même de la raison, on perd l'essentiel de la quête philosophique kantienne. En isolant certaines constructions particulières et achevées, en prétendant trouver là ce qui importe, le sens véritable, en détachant ce qui est superficiel de la profondeur d'où lui viennent sa cohésion et son sens, on cesse d'être chez Kant.

4. En se plaçant au point de vue d'une neutralité traditionnelle, philosophiquement insignifiante, et en admettant qu'il existe une philosophie scientifique apodictique, on argumente parfois ainsi : là où des contradictions apparaissent, Kant s'est trompé; là où la science moderne n'est plus d'accord avec ses jugements, Kant est dépassé. Il semble que l'on procède alors tout à fait selon la méthode

kantienne : on accepte la réfutation par la contradiction ou par l'expérience. Le résultat, c'est l'opinion moyenne qui règne aujourd'hui dans le monde parmi les professionnels de la philosophie : selon eux, Kant a perdu sa valeur.

Ces critiques de Kant appliquent la logique formelle à la logique transcendantale. Un tel procédé ne semble pas d'abord aller à l'encontre de l'intention de Kant. Il a considéré à bon droit la logique formelle comme une condition *sine qua non* de la correction de toute pensée intellectuelle, bien qu'insuffisante quant à la vérité des contenus de cette pensée. L'exigence selon laquelle aucune contradiction ne peut simplement subsister, mais doit être résolue, est donc elle-même kantienne.

Pourtant, lorsque Kant apprit que les critiques relevaient chez lui de nombreuses contradictions, il pressentit ce qu'il y a de particulier dans le contradictoire en philosophie, sans toutefois l'élucider systématiquement. « Il y a dans tout exposé philosophique des points où l'on peut le prendre en défaut. » Et il indique la perspective d'ensemble : « On peut dénicher dans tout écrit des contradictions apparentes quand on confronte entre eux des passages isolés, arrachés à leur contexte; mais elles sont très faciles à résoudre pour quiconque s'est approprié l'idée d'ensemble. »

Dans cet exposé, nous avons attiré l'attention sur certaines contradictions, leur sens et leur caractère inévitable. La réflexion transcendantale ne peut se communiquer sans poser des contradictions dans l'emploi qu'elle fait des mots et dans la signification immédiate des phrases. Il importe de comprendre comment la contradiction se résout. Elle se résout dans la réflexion transcendantale, selon la méthode de Kant, et non par pure opération logique. Une telle solution présuppose des concepts du suprasensible qui, bien qu'ils n'aient pas de sens objectif, ont cependant une signification substantielle.

Par exemple, lorsqu'il s'agit de résoudre les antinomies : les jugements contradictoires, et apparemment démontrés des deux côtés, sur la totalité du monde (infini — fini, commençant dans le temps — sans commencement dans le temps, entièrement régi par la nécessité causale — admettant des commencements originels par la liberté) se révélaient, dans la solution kantienne, tous deux faux ou tous deux vrais. Tous deux faux, quand il s'agit du monde qui, en tant que monde n'est pas objet, ni fini, ni infini, mais une Idée, sous la conduite de laquelle nous avons le devoir d'avancer sans fin, sans vouloir que le monde s'achève en lui-même pour se livrer à notre savoir. Tous deux justes lorsqu'on applique la causalité aux phénomènes, la liberté au suprasensible. Selon le principe de contradiction, si deux jugements sont contradictoires et forment une disjonction complète, l'un doit être faux et l'autre vrai. Ici, cette alternative est dépassée à l'aide de concepts désignant ce qui n'est plus objet. La certitude est encore aux yeux de Kant apodictique, mais seulement pour celui qui accomplit l'acte transcendant.

Il en va ainsi de toutes les opérations exigées par la méthode transcendantale. On pose des concepts qui, étant à la fois objectifs et non objectifs, ont inévitablement un double sens. Ces concepts ne se laissent pas traiter comme des blocs univoquement définissables, se prêtant à une opération rationnelle au cours de laquelle ils conserveraient le même sens. Au contraire, ce qui importe, ce sont les processus mêmes qui rendent leur substance présente à la pensée, ou bien c'est l'intuition qui leur donne leur sens — ou encore, pour reprendre les termes de Kant, ce qui importe, c'est que l'entendement soit guidé par les Idées de la raison. En revanche, les opérations logiques purement formelles, qu'elles soient contradictoires ou qu'elles dénoncent des contradictions, perdent leur vérité dans le langage philosophique kantien, parce que les concepts n'ont pas ici, du point de vue de la logique formelle, l'univocité nécessaire. Si l'on opère ainsi, on pratique, au lieu de la substantielle réflexion transcendantale de Kant, un vain jeu de substitution conceptuelle.

Il y a une autre manière impropre de critiquer Kant, qui a eu une grande importance historique, celle des idéalistes allemands depuis Fichte. Ils commencent par la plus vive admiration, se laissent enthousiasmer, utilisent les schèmes de la pensée kantienne, mais ils veulent être eux-mêmes quelque chose de tout différent. Ils sont d'emblée si peu d'accord avec l'attitude fondamentale de Kant qu'ils ne la comprennent même pas. Ils découvrent chez lui des difficultés parce qu'ils déclarent absolus leurs propres principes et « dépassent » Kant.

Prenons Fichte comme exemple. Il est d'abord saisi, puis il remarque : « Il n'y a rien de plus difficile que d'exposer avec netteté les idées de Kant » (27 septembre 1790). Et il interprète ainsi son incompréhension et l'origine différente, en fait, de sa propre pensée.

« Mon intime conviction est que Kant n'a fait qu'indiquer la vérité, qu'il ne l'a ni exposée, ni prouvée. » Il témoigne de « son extraordinaire vénération pour l'homme tout à fait unique qu'après tant de millénaires notre époque devait produire ». Pourtant, « selon ma conviction, Kant n'a pas exposé le système; mais il le possède ». Aussi faut-il que quelque chose de neuf se produise : « Je suis arrivé à la conviction que c'est seulement en se développant à partir d'un principe unique que la philosophie peut devenir une science... Je crois l'avoir découvert et l'ai trouvé fondé. » Mais pourquoi, se demande Fichte, Kant n'a-t-il pas communiqué la vérité? « Ou bien cet homme extraordinaire, unique, possède un sens divinatoire de la vérité sans en saisir lui-même consciemment les fondements; ou bien il n'a pas tenu son époque en assez haute estime pour la lui communiquer; ou bien il a craint d'attirer sur lui de son vivant la vénération surhumaine qui eût été son lot tôt ou tard, ou bien il a laissé à son époque l'honneur d'une recherche assidue et voulu se contenter du mérite modeste de lui avoir montré le chemin. Personne encore ne l'a compris. Personne ne le comprendra sans être arrivé par sa voie propre aux résultats kantiens » (octobre et novembre 1793).

Fichte publie ses œuvres. Kant perçoit l'esprit, pour lui étranger, manquant de vérité, contraire à la raison, de ces spéculations. Il ne peut plus les examiner dans le détail. Mais puisque Fichte et l'opinion publique donnent pour un développement de la philosophie kantienne ce que Kant considère comme un non-sens et comme funeste sur le plan pratique, le vieillard éprouve le besoin de faire une déclaration publique qui donne à réfléchir (1799) : « C'est assez pour qu'on me décharge de toute participation à cette philosophie. » Pour protéger son œuvre et surtout pour affirmer le sens de la quête philosophique elle-même contre le nouveau mode de penser, qui en fait se retournait contre elle, Kant déclare « qu'il faut, bien entendu, comprendre la *Critique* à la lettre et la considérer seulement du point de vue du sens commun, pourvu que celui-ci soit assez exercé à des recherches abstraites de ce genre ». Se référant à l'œuvre qu'il avait produite, de façon suivie, comme un tout, par le travail consciencieux de tant d'années, en assumant pleinement sa responsabilité philosophique, il oppose aux écrits des jeunes gens — écrits éruptifs, hâtifs, instables, bientôt transformés et présentés avec des prétentions au génie — sa conviction que « le système critique, reposant sur une base complètement assurée, se trouve consolidé pour toujours et restera au cours des époques futures indispensable aux fins suprêmes de l'humanité. »

Fichte n'a pas répondu publiquement, mais il dit dans une lettre du 28 juillet 1799 : « C'est une loi juste et sage qui veut que des hommes, qui se sont acquis par des demi-mesures une certaine considération auprès de leurs contemporains, doivent encore à la fin se prostituer un bon coup. C'est ce qui arrive maintenant à Kant. Qu'il ne soit après tout qu'un trois quarts de grand homme, c'est ce qui apparaît clair comme le jour dans sa récente déclaration. »

Nous essaierons à présent, à partir de l'attitude fondamentale que nous avons caractérisée au début, notre propre critique de Kant.

Il y a chez lui trois thèses, fondées sur la nature même de sa pensée et qu'il maintient avec une grande énergie. Elles apparaissent problématiques, car on y trouve bien la vérité, mais non une vérité univoque. En tout cas, il s'y trouve des difficultés non résolues.

1. La philosophie de Kant affirme qu'elle a le caractère d'une science et se prétend apodictique pour chacun, comme le sont les connaissances mathématiques ou physiques.

2. Cette recherche philosophique croit acquérir des connaissances fondamentales a priori dans la matière même des sciences de la nature, et des connaissances cogentes quant au contenu de la loi morale (*Métaphysique de la nature* et *Métaphysique des mœurs*). Kant appelle ces connaissances « doctrine» par opposition à la « critique », et c'est elles qu'il a en vue lorsque, ayant terminé sa troisième et dernière *Critique*, il écrit : « Je vais sans tarder passer à la doctrine. »

3. Cette recherche philosophique prétend aboutir à un système complet ; elle est imprégnée d'une pluralité de structures systématiques.

Quiconque entreprend la critique de Kant en se plaçant sur son propre terrain, peut s'appuyer sur son exigence à l'égard du lecteur, capable « de comprendre l'auteur mieux qu'il ne se comprend lui-même, du fait que ce dernier poursuivait encore ses idées et parfois les manquait », alors que le lecteur peut désormais les saisir plus facilement et plus sûrement grâce à l'œuvre qui se trouve tout entière devant lui. Si un critique qui s'inspire de cette attitude philosophique se met à contredire, c'est dans l'intention de trouver, dans la pensée même de Kant, la modification à apporter aux formules dont il s'est servi. Même là où notre objection paraît s'en prendre aux racines du système kantien, il s'agit de trouver une interprétation positive de ce qui se cache dans des phrases peut-être déviées de leur sens.

A) Le caractère scientifique.

Kant prétend avoir donné, pour la première fois, à la philosophie « la démarche sûre d'une science ».

Il compare sa nouvelle méthode au saut par lequel on passa un jour de tâtonnements divers aux mathématiques comme science, d'observations éparses à la science moderne de la nature. A partir de là, le premier saut rend possible désormais le progrès continu de la science, alors que jusqu'ici on voyait simplement alterner des opinions confuses. Dans ce sens, Kant est convaincu de créer « une science toute nouvelle ». Il compare sa méthode (lorsque les antinomies du monde pensé dans sa totalité se résolvent pour lui par la reconnaissance du caractère phénoménal des choses dans l'espace et le temps) à la méthode expérimentale des physiciens. Le caractère scientifique réside dans la solution de toute contradiction. « Ne mérite le nom de science proprement dite que celle dont la certitude est apodictique. » Et cette certitude, il la revendique pour sa philosophie. Il l'a répété maintes fois : « La métaphysique doit être une science, sinon elle n'est rien. » Ici, les suppositions sont sans valeur. Sa nouvelle « métaphysique de la métaphysique » serait vaine si elle tendait à « modérer des tentatives stériles en se plaignant des limites de notre raison et en réduisant ses dires à de simples suppositions ». Car si l'impossibilité de ces tentatives n'est pas exposée nettement, et si la connaissance de la raison par elle-même ne devient pas une véritable science, de sorte que le domaine où l'usage en sera insignifiant et stérile apparaisse délimité pour ainsi dire avec une certitude géométrique, on ne réussira jamais à mettre un terme à ces vains efforts. » Mais cette science, positivement, met en lumière l'usage entier de la raison.

Je voudrais, dans mon interprétation, comprendre Kant « selon la lettre », et en même temps par la « structure » d'ensemble de sa philosophie. Lorsqu'on y réussit, on cesse de diviser son œuvre en jugements justes et en jugements faux et le sens du tout s'impose. Il ne peut s'agir que d'une interprétation positive : par la mise au jour du contenu de chaque jugement (et non pas négativement, par l'exclusion d'un grand nombre d'entre eux au profit d'une seule ligne de pensée séparée du reste et en fait toujours superficielle).

Un tel principe d'interprétation irrite tous ceux qui veulent, en philosophie comme en science, posséder un savoir objectif et déterminé. Il parait s'opposer à Kant lui-même, qui revendiquait pour sa philosophie l'apodicticité d'une science. Alors que nous voulons accepter tout ce que Kant a dit, nous paraissons le contredire sur ce point si essentiel. Cette apparence est d'abord fondée, mais peut-être pouvons-nous la dépasser en montrant de quelle façon très particulière Kant définit sa philosophie comme science.

La philosophie, selon lui, prouve qu'elle est une science par sa « méthode et son système ». « Elle ne peut pas se constituer morceau par morceau; au contraire, son germe doit se trouver entièrement préformé dans la critique. » C'est une science « d'un genre si particulier qu'elle peut être amenée d'un seul coup à sa forme complète et à un état définitif, à tel point qu'on ne peut plus la développer le moins du monde, ni l'accroître ou la corriger par aucune découverte ultérieure ».

La manière de travailler de Kant, méthodiquement progressive, pouvait lui paraître accordée à la recherche scientifique. Ce n'était pas la présence originelle et substantielle du contenu, mais sa traduction en termes clairs dans la pensée, qui exigeait, à travers essais, rejets, nouveaux essais, la continuité de l'effort constructeur. Car il ne se contentait pas de la formule heureuse condensant un aperçu profond, chère aux philosophes qui pensent par aphorismes. Il lui fallait la clarté de tout un édifice de pensée, tel qu'en le pénétrant, une fois fini, de part en part au moyen d'opérations intellectuelles, on fût conduit à actualiser en soi, dans sa totalité, la conscience de l'être. Pour une telle œuvre, un travail de longue haleine, reliant tout à tout, était indispensable; de même qu'ensuite le lecteur, pour comprendre, doit à son tour travailler lontemps. Le fait que Kant ait été d'emblée conscient du sens dans sa totalité a eu pour conséquence qu'il s'est imaginé pendant des années être tout près d'achever son œuvre. Le fait, d'autre part, que le développement, sous la conduite de l'Idée, se réalise progressivement, par l'effort de la pensée, dans l'architecture de l'œuvre, lui a donné l'illusion de se livrer à l'étude scientifique d'un véritable objet.

Kant vivait encore dans la tradition millénaire selon laquelle pensée et connaissance passaient pour scientifiques pour peu qu'on eût recours à une méthode. Le prodigieux travail de pensée accompli par la philosophie s'était appelé « science » en tant qu'activité rationnelle en général. Celle-ci revendiquait toujours l'apodicticité pour tous, se présentait comme la seule vérité. Or justement, la pensée de Kant a fait la première apparaître clairement les exigences impitoyables qui, après lui (et nullement en vérité avec Descartes déjà), ont provoqué la prise de conscience de la science moderne, et par là une transformation de la conscience méthodologique dans la philosophie également. Philosophiquement, Kant se tient sur une frontière de l'histoire universelle. Aussi appartient-il encore à l'ancien monde philosophique au moment où il fonde le nouveau.

Lorsqu'on pose des alternatives, comme par exemple science ou discours édifiants, science apodictique ou opinion gratuite, Kant n'a sa place ni d'un côté ni de l'autre, ni entre les deux.

La philosophie dont la méthode est transcendantale n'est pas une science comme les autres, parce que cette méthode n'a pas d'objet et qu'on n'y trouve pas accès par un procédé défini dont il existerait une recette. Mais elle a un caractère comparable à celui de la science, du fait que l'évidence qu'elle atteint ne prétend pas seulement être cogente, mais qu'elle est encore réellement éprouvée comme telle par celui qui la comprend, dans un sens qu'il faut peut-être déterminer.

Ce sens, nous avons tenté de le montrer en exposant ce qu'est l'élucidation kantienne de la connaissance. Comme il n'y a pas d'objet à saisir, il s'ensuit un échec forcé du simple entendement; dans la diversité des démarches intellectuelles et des représentations (psychologiques, logiques, méthodologiques, métaphysiques, — sous forme de tautologies, de cercles et de contradictions, à travers développements phénoménologiques, constructions et argumentations), cet échec se manifeste par une intrication où se lit la vérité de la pensée originelle. Celui dont la pensée refait ce chemin se trouve par cette opération tiré « de force » hors de la prison qu'est la phénoménalité de l'existence. L'opération, certes, n'a pas l'évidence contraignante que comporte la connaissance d'une chose, mais elle est vécue comme contraignante en tant qu'elle éclaire la pensée et fonde ainsi une nouvelle conscience de l'être. En revanche, ce vers quoi on est ainsi tiré de force n'est contraignant d'aucune des deux manières. Dans chacun des deux cas, le contenu qui vient remplir la raison a d'autres sources que la raison elle-même : dans les sciences, il provient d'expériences méthodiques ou de constructions intuitives; dans l'action qui applique la loi morale et dans la contemplation du beau, du suprasensible.

La méthode kantienne de l'acte transcendant présente avec la science apodictique cette analogie qu'elle s'accomplit conformément à son sens propre, sans enjeu personnel, en tant que pure fonction raisonnable de la raison qui se comprend elle-même, hors de toute historicité. Des raisonnements de caractère général, qui, étant posés dans leur pure forme, sans contenu particulier, s'adressent exclusivement comme raison à la raison, créent ici une possibilité d'établir entre les hommes, ces êtres raisonnables en condition de finitude, le lien d'une compréhension réciproque, impersonnelle et étrangère à l'histoire, — ceci grâce à une prise de conscience formelle des limites humaines. Cette pensée générale s'accomplit, dirait-on, comme celle qui, dans les sciences, est dirigée sur des objets. Pourtant le mode et le champ de la communication que nous y trouvons avec les autres se situent à un niveau plus profond que tout lien pouvant s'établir par la connaissance scientifique.

Malgré tout, il nous semble impossible de ne pas reconnaître que lorsque Kant revendique le caractère d'une science pour sa philosophie transcendantale, sa position n'est pas tenable, si l'on entend le terme « science » au sens de ce que veut et réalise avec succès la science moderne : la connaissance méthodique, apodictique, cogente, d'objets particuliers. Extérieurement déjà, il y a contre la prétention de Kant le fait que l'évidence qu'il a cru saisir ne s'est nullement imposée comme valable à tous, comme il arrive pour toute connaissance scientifique.

B) La voie vers la doctrine.

Le caractère scientifique de la philosophie de Kant suscite une seconde ambiguïté lorsqu'il s'agit de passer de la « critique » à la « doctrine ».

1. Kant appelle sa critique « traité de la méthode », et non système de la science elle-même. Elle est une « propédeutique » à un « système futur de métaphysique ». Aussi distingue-t-il entre critique et doctrine, et il écrit dans la préface à la troisième *Critique* (*Critique du jugement*) : « J'achève ici toute mon entreprise critique. Je vais passer sans tarder à la doctrine. » Pour la doctrine, il y a deux domaines, la *Métaphysique de la nature* et la *Métaphysique des mœurs*.

Qu'est-ce que la doctrine? Selon Kant, c'est le développement des connaissances qu'il est possible d'acquérir a priori dans le domaine de la nature et de la moralité. Kant vise « une connaissance a priori, et par là une métaphysique » des objets, pour autant qu'ils nous sont donnés a posteriori, où « nous n'empruntons rien de plus à l'expérience que ce qui est nécessaire pour nous donner un objet », pour notre sens externe le concept de matière, pour notre sens interne la représentation empirique d'un être pensant. En fait ce passage à la doctrine n'est pourtant que le dernier d'une série qui commence déjà lorsque Kant découvre, à partir de l'origine du « je pense » (de l'aperception transcendantale), les articulations en catégories et en principes.

Ces articulations sont diverses et chacune a une importance considérable : les « facultés de l'âme » (pensée, volonté, sentiment), les formes de l'intuition (espace et temps), la table des jugements et des catégories, les trois Idées, le système des schèmes temporels et des principes, le système des concepts réflexifs.

Les principes qui, selon Kant, sont valables a priori pour toute connaissance de la nature, sont par exemple les suivants : Toutes les intuitions sont des grandeurs étendues. — Dans tous les phénomènes, ce qui est en fait objet de la sensation a une grandeur intensive, c'est-à-dire un degré. — La substance subsiste à travers tous les changements de phénomènes. — Tous les changements se produisent selon la loi du lien de la cause et de l'effet.

2. Or, voici quelques faits curieux. Dans sa vieillesse, Kant s'est donné beaucoup de peine pour esquisser sa « doctrine ». Après avoir écrit la *Métaphysique de la nature*, il rechercha, dans de nombreuses notes (de l'*Opus postumum*), une « transition » entre cette métaphysique de la nature et la physique. Mais cet effort considérable n'a jamais suscité, en comparaison des œuvres critiques, qu'un médiocre intérêt. Dans les œuvres critiques déjà, le nombre des catégories, la pluralité des principes n'ont jamais comme tels retenu personne. On en extrayait l'un ou l'autre (comme les principes concernant la substance et la causalité), mais on ne prenait pas la série entière au sérieux.

D'un point de vue tout extérieur, il y a contre Kant le fait que ses efforts en vue d'établir une métaphysique doctrinale ne sont pas reconnus comme valables par les sciences de la nature. Quant à leur signification philosophique, elle ne pèse guère quand il s'agit d'assimiler la philosophie kantienne de la raison. Ses efforts se sont donc révélés vains des deux côtés. Seule la critique peut éclairer par l'œuvre de Kant le sens de cet état de fait. Si elle y réussissait, elle sauverait du même coup la substance de cette philosophie des tentatives modernes, qui visent, en mettant au jour des erreurs particulières, à anéantir cette pensée dans sa totalité.

3. Lorsqu'il passe de l'a priori à l'a posteriori, Kant recourt à un « moyen terme ». Lorsqu'il s'agit de passer des catégories

à l'expérience pour laquelle les principes sont valables (ou des formes pures à l'expérience par la sensibilité), le moyen terme est le « schème de l'imagination », qui est soumis aux formes intuitives du temps; le dernier moyen terme, c'est la représentation du donné comme matière en général.

Les articulations ne sont pas possibles sans un élément d'a posteriori. Kant déclare qu'on se heurte ici à des limites de la déduction et que la question de savoir pourquoi il y a justement telles formes et en tel nombre reste un mystère. Nous pouvons exprimer cet état de fait fondamental comme suit : dans toute connaissance particulière et déterminée il y a un élément d'a priori, mais inversement il y a, dès la première articulation (à partir de l'unité de l'origine a priori), un élément d'a posteriori.

4. Kant a conscience du caractère problématique de toute déduction transcendantale du particulier à partir du général. Il veut y remédier en établissant une distinction entre sa pensée transcendantale, qui, alors même qu'elle explore les conditions de l'objectivité, implique déjà en elle des traits essentiels du contenu de cette objectivité, et la pensée simplement logique, qui ne peut pas trouver le particulier à partir du général, mais seulement subsumer le donné sous le général. Kant dit que la pensée transcendantale se distingue par une « manière toute spéciale d'opérer », et non pas seulement « par un degré de généralité ».

La seule généralité ne permettrait pas de distinguer nettement l'a priori de l'empirique. Dans une série ainsi hiérarchisée (« où l'on ne distingue pas entre ce qui est connu entièrement a priori de ce qui n'est connu qu'a posteriori »), où faudrait-il « placer la coupure entre les termes supérieurs et le dernier?... Le concept d'étendue appartient-il à la métaphysique?... ainsi que celui de corps?... et celui de corps liquide?... En continuant ainsi, on finit par tout inclure dans la métaphysique ». Aussi est-il impossible de déterminer une limite par le degré de subordination du particuler au général, mais seulement par « le caractère totalement hétérogène et différent de l'origine ».

Cette hétérogénéité totale de l'origine une fois admise, Kant croit pouvoir précisément, à partir de celle-ci, développer une « métaphysique » en tant que doctrine, où la question de la coupure entre a priori et a posteriori cesse de se poser. La critique kantienne ne se contentera pas ici de la réponse de Kant, selon laquelle la spécificité de la réflexion transcendantale rend cela possible, alors que la hiérarchie allant du général au particulier, du fait qu'on n'y trouve aucune coupure entre a priori et a posteriori, ne le permet pas.

Il est déjà remarquable d'emblée qu'au cours de ce développement, Kant réintroduise comme allant de soi les anciens concepts des disciplines philosophiques dans sa propre métaphysique doctrinale, qu'il se propose cependant d'édifier sur la base de la critique. Ainsi, par exemple, lorsqu'il s'agit de développer les concepts « qui se rapportent aux objets en général, sans admettre des objets qui seraient donnés », il emploie le terme d'ontologie (qu'il avait pourtant rejeté comme plein d'orgueil et de prétention); pour les concepts qui se rapportent à la nature en tant que somme des objets donnés, le terme de physiologie rationnelle, etc.

Mais il y a autre chose à dire sur le fond. Lorsque Kant considère tout ce qui est objectif comme soumis à la condition de possibilité du « je pense » de l'aperception transcendantale, l'a priori se sépare pour lui, dans tout le connu, de l'a posteriori. Mais lorsque ensuite, il tire du « je pense » d'abord la catégorie, puis les principes de la connaissance de la nature, on voit se nouer deux démarches intellectuelles dont le sens est différent : d'une part la mise en lumière du caractère phénoménal de l'objectivité, au sens de la déduction transcendantale, à l'aide de représentations objectives servant de fil conducteur, et d'opérations servant de moyens à l'actualisation, — d'autre part la déduction de principes déterminés de la connaissance de la nature, déduction qu'on suppose accomplie de façon univoque et apodictique.

La démarche intellectuelle transcendantale éclairant la situation fondamentale de la conscience en général et les modes de l'objectivité est convaincante philosophiquement. Mais la thèse convaincante selon laquelle toute objectivité est conditionnée par les formes subjectives du « je pense » en général ne fonde pas la déduction déterminée et le système complet de ce qui se présente dans l'expérience. Kant le dit lui-même : nous nous assurons des formes de l'a priori, non par l'expérience, mais à l'occasion de l'expérience. D'où il suit ce que Kant pourtant ne dit pas : qu'à l'occasion d'une expérience à venir, on pourra encore prendre conscience de nouvelles formes a priori. Là où l'occasion de l'expérience ne s'est pas encore présentée, il est en fait impossible que l'a priori soit déjà connu.

Si, l'expérience s'étant produite, on tente encore de faire une déduction, l'élément d'a posteriori qui donne un contenu aux formes reste malgré tout constamment présent. Kant a travaillé en se laissant guider par la physique newtonienne. Il y a aujourd'hui une physique beaucoup plus vaste, dont celle de Newton n'est qu'un élément.

Inversement, lorsqu'on remonte aux premières catégories et aux premiers principes, on n'atteint jamais le « pur » absolu, c'est-à-dire ce qui n'est qu'à priori. En effet, de même qu'il y a dans tout concept empirique un a priori, il y a aussi, dès la première articulation du « je pense », un a posteriori. Les premiers pas conduisant du « je pense » au concret et au particulier ne sont pas connus par la seule élucidation de la raison par elle-même; c'est à l'occasion de l'expérience qu'ils se trouvent élaborés en pures formes a priori.

C'est pourquoi la philosophie kantienne continue, même lorsque son évidence essentielle s'est imposée pleinement à notre conviction, à donner prise aux corrections et aux réfutations par les particularités contenues dans ses déductions doctrinales, et cela sans que l'évidence philosophique essentielle s'en trouve atteinte.

Pour Kant, qui a renvoyé les hommes avec tant de sévérité à la science empirique, qui sait qu'aucune connaissance ne peut avoir de portée objective sans intuition, qu'il n'y a jamais connaissance du réel sans qu'une intuition sensible soit donnée, qui nous a montré ce quelque chose d'autre que nous ne produisons pas, mais qui vient à notre rencontre, — pour lui, pourrait-on croire, toute doctrine devrait rester soumise aux conditions des sciences empiriques, tandis que la philosophie se limiterait à la critique.

Telle n'a pas été la position de Kant. Il a laissé tomber une ombre sur sa philosophie, dans sa vieillesse plus qu'auparavant, du fait qu'il a développé une vaste doctrine par une construction a priori. Il lui vient de la critique, telle qu'il la conçoit, des connaissances déterminées et concrètes concernant la nature et notre devoir. La critique, dès lors, n'est plus seulement une manière d'éclairer notre conscience de la phénoménalité du réel empirique, ni de nous aventurer aux limites et aux origines de ce qui, pour nous, est l'être. Kant tire d'elle des jugements qui, au lieu d'une fonction éclairante, revendiquent celle d'une connaissance objective, et ces énoncés qui concernent l'expérience prétendent ne pouvoir être refutés par aucune expérience, parce que c'est elle qui est censée se fonder en eux. Les lois générales qu'en tant que sujets en général nous prescrivons à la nature doivent constituer la doctrine philosophique, les lois particulières qui ne peuvent être trouvées que par l'expérience sont l'affaire de chacune des sciences empiriques. Mais en fait, toutes les lois de caractère théorique sont des hypothèses sur la voie sans fin de la recherche, et seule l'expérience peut leur donner leur validité. Il reste toujours possible de les remettre en question à l'infini (de les conserver, de les limiter et de les mettre en valeur) en les intégrant à une explication plus vaste, empiriquement vérifiée. D'après les réflexions doctrinales de Kant, il serait absurde que Gauss ait voulu s'assurer par des mesures géodésiques que dans la réalité les trois angles d'un triangle sont vraiment égaux à deux droits, ou que des chimistes du XIXe siècle aient fait des expériences extrêmement difficiles pour vérifier si la substance restait, quant à sa masse, toujours égale ou non. Comme toutes ces expériences n'ont fait d'abord que confirmer les principes kantiens, la croyance à la possibilité d'une déduction a priori, répandue par Kant, se trouva renforcée. Mais il apparut par la suite que ces recherches contraires aux conceptions kantiennes étaient, quant à la méthode, justifiées. Aujourd'hui en effet, ces lois soi-disant absolues n'ont plus aucune validité absolue. Elles sont valables à l'intérieur de certains domaines déterminés de l'expérience; lorsqu'on élargit ceux-ci vers l'infiniment petit et l'infiniment grand, elles cèdent la place à d'autres. La philosophie critique de Kant s'est révélée d'une vérité englobante en comparaison de ses constructions doctrinales. Elle continue toujours à avoir raison contre ceux qui veulent ériger des connaissances particulières de la nature en absolu, que ces prétentions soient le fait de savants, ou de Kant lui-même lorsqu'il suit son chemin doctrinal.

5. On peut le montrer encore un peu plus nettement. Alors que les constructions de Kant concernant la matière et la force sont dépassées, on n'a nullement dépassé la manière dont il a conçu philosophiquement l'Idée du monde et les antinomies. Les savants qui étudient sa philosophie ont raison lorsqu'ils en critiquent des affirmations particulières, mais ils ont tort s'ils rejettent du même coup l'attitude fondamentale de sa pensée en face du monde. Lorsque Kant rejette des jugements tels que « le monde est fini », « le monde est infini » en faveur de celui-ci : nous devons poursuivre à l'infini notre recherche scientifique dans le monde, le monde dans sa totalité n'est pas un objet, mais une Idée, — il continue à avoir raison. Lorsqu'on oppose à cela l'univers fini et mesurable d'Einstein ou le commencement du monde voici cinq milliards d'années, l'exigence kantienne persiste à bon droit chez tout être pensant : questionner et chercher par-delà.

Quand la représentation d'une marche en avant vers l'infini, dans un espace euclidien, se trouve dépassée, la direction du « vers l'infini » change, — elle est relayée, par exemple, par la représentation dont on se sert aujourd'hui, celle d'un univers en expansion. Lorsque le commencement est fixé à un certain moment dans un temps fini, il reste à s'interroger sur « l'avant » ou sur les prémisses ou conditions du commencement (ou bien alors on conçoit, dans un sens foncièrement différent, une métaphysique de la création de style augustinien, et l'on repousse la question en recourant à la thèse : avant le commencement, il n'y avait pas de temps, il n'y avait rien). Par delà un espace fini, par exemple, on pourra rechercher des espaces pluridimensionnels, par delà la causalité et la statistique, d'autres relations plus compréhensives. Mais de nouveau, au sens de Kant, lorsqu'il s'agit de connaître le monde, les spéculations sont sans valeur, qu'elles soient métaphysiques ou mathématiques. L'invention d'hypothèses spéculatives n'a de portée que dans la mesure où celles-ci fournissent l'occasion et les moyens de faire des observations déterminées et de contribuer ainsi au progrès de l'expérience. Elle n'a jamais en elle-même la valeur d'une connaissance scientifique (même pas lorsque Einstein, à la fin de sa vie, développe mathématiquement une sorte de formule universelle ne pouvant conduire ni à des observations, ni à des vérifications), et jamais elle ne peut aboutir à une connaissance de l'univers total.

6. *Nous résumons :* a) La conception de la critique kantienne comme élucidation universelle de la raison — comme ayant par conséquent un but différent de celui de la doctrine, à savoir la transformation philosophique de la conscience — n'a pas été formulée par Kant lui-même et il ne s'y est pas tenu, — bien qu'il se trouve parmi ses remarques concernant la philosophie des phrases décisives allant dans ce sens,

b) La doctrine commence déjà dans la critique et va même jusqu'à pénétrer dans ses origines premières. La critique kantienne est d'autant plus pénétrante en profondeur qu'elle repose moins sur les articulations qui constituent le début de la doctrine.

c) Chacun des modes de la critique éclairant notre conscience de l'être contient des amorces qui ont forcément des effets sur notre manière d'assimiler les sciences. Même si aucune doctrine anticipatrice ne découlait de la critique, le sens de la science, ses limites et les principes qui en elle régissent la pensée seraient déterminés par la critique, et ne cesseraient jamais de croître et de se déployer en même temps qu'elle.

d) Si l'on prend pour norme la portée de la déduction transcendantale (ici, il n'est pas question de catégories déterminées;

nous y trouvons l'interrogation la plus vaste, car elle porte sur la possibilité d'être objet et de toute expérience en général), on constate qu'il se produit aussitôt un double rétrécissement : de la connaissance objective en général à l'objectivité des sciences de la nature, et de celles-ci à la science mathématique de la nature.

Au sens de sa déduction transcendantale, Kant accomplit une opération bien plus compréhensive — quant aux formes possibles a priori et aussi à l'intuition possible — que celle qui s'en tient étroitement à la science mathématique de la nature sous la forme de la physique newtonienne. Lorsqu'on cherche à assimiler Kant, il faut certes d'abord se tenir avec lui à ce fil conducteur, tel qu'il le comprend, mais pour acquérir par là cet espace qu'il nous a ouvert.

7. Kant et Hegel, dont les intentions, dans la quête philosophique, sont inconciliables, ont pourtant en commun une attitude non critique. Chez Hegel, celle-ci s'affirme d'emblée pour la totalité (chez lui, critique et doctrine ne font qu'un); chez Kant (qui veut séparer critique et doctrine), elle intervient au moment où il passe à la doctrine, sans parvenir cependant à la clarté qui donne la force de convaincre. Il est possible de comprendre la philosophie de Hegel comme le déploiement d'une critique originelle de l'être que vient remplir le concret du monde. La philosophie de Kant ne se contente pas d'être une critique, elle se rapporte à une construction du réel, pénétrant dans tous les domaines de l'existence. Le dessein qui était le sien : montrer à la recherche scientifique son étendue, ses limites et son sens, se trouve complété et faussé par l'élaboration de fait d'une doctrine qui commence avec la métaphysique de la nature et la métaphysique des mœurs. Mais alors que chez Hegel la doctrine, c'est-à-dire un enseignement concret rempli par la totalité du monde, règne d'emblée, chez Kant la critique reste au premier plan, et son efficacité philosophique persiste, alors que la doctrine qu'il a développée ne réussit pas à prendre une importance essentielle.

C) L'EXIGENCE DU SYSTÈME.

Le caractère scientifique de la philosophie se trouve mis en question encore une fois quand il s'agit d'examiner le sens du « système ».

1. Kant parle de la « structure » de l'ensemble et demande au lecteur de l'avoir présente à l'esprit lorsqu'il réfléchit à un point particulier. On ne peut atteindre la pensée kantienne sans percevoir l'unité qui s'assure d'elle-même dans la structure du tout. Il faut, pour ainsi dire, s'élever d'un élan jusqu'au tout de l'éclairement kantien de la raison pour saisir le sens de chaque pensée isolée dans son rapport à ce tout.

« La raison pure est une sphère si parfaitement liée à elle-même que l'on ne peut toucher aucune de ses parties sans toucher toutes les autres. » « Elle est seule à pouvoir rectifier du dedans notre jugement. » Comme dans la structure d'un corps organisé, « la fin de chaque membre ne peut être dérivée que du concept complet de la totalité ». C'est pourquoi une critique de la raison « n'est jamais assurée tant qu'elle n'est pas totale et complète jusqu'en ses éléments les plus minimes ». Dans cette sphère, il faut « déterminer tout ou rien ».

Cette complétude du tout, Kant y tend d'emblée. Le champ de la raison « doit pouvoir être embrassé du regard, parce qu'il réside en nous-mêmes a priori » (24 novembre 1776). Kant remarque comment, dans son expérience, des pensées nées des occasions et des origines les plus diverses s'organisent entre elles de façon étonnante, se complètent, se confirment et se supportent les unes les autres. C'est seulement en élaborant la nouvelle science, dit-il, qu'il constata son ampleur; « elle exigeait une grande variété de divisions et en même temps, chose surprenante, elle était capable de déduire et d'énumérer à partir de leur nature même, en prouvant que l'énumération en est complète, tous les objets auxquels elle s'étend » (17 août 1783). (Dès les années qui suivirent 1770, Kant crut dominer du regard la totalité de son œuvre et pouvoir publier son livre en trois mois. Mais neuf ans s'écoulèrent encore avant l'apparition de la première *Critique*, et vingt jusqu'à l'achèvement de la troisième et de ce qui pourtant se trouvait alors déjà esquissé dans son ensemble.)

2. Or nous nous interrogeons maintenant sur l'œuvre de Kant tout entière, pour voir comment il en a mis en valeur l'unité d'ensemble, montré la structure, construit le système. Il faut répondre : Kant a esquissé des systématiques, il les a maintenues, mais il ne les a pas dérivées d'un principe unique, ni tissées entre elles.

Il est possible de distinguer, dans la systématique, des niveaux différents : les subdivisions de son œuvre ne coïncident pas avec le système plus profond (par exemple les divisions dichotomiques de la *Critique de la raison pure* : théorie des éléments, théorie de la méthode, esthétique, logique et analytique, dialectique, ne coïncident pas avec la structure essentielle de la connaissance comprenant trois niveaux : formes de l'intuition, catégories, Idées). On peut juxtaposer les divers éléments de ces classements, montrer l'usage qui en est fait. On peut, accordant un privilège à la dernière *Critique*, préférer un schème essentiel pour Kant : nature, liberté, et le moyen terme du « jugement réfléchissant » dans la contemplation du beau et la connaissance biologique. On peut considérer l'ordonnance des sytématiques kantiennes du seul point de vue de l'exposition. On constate la satisfaction manifeste que lui donne toute mise en ordre particulière, ou à plus forte raison la complétude du système. Mais « le système », on ne le conquiert jamais. C'est un fait. Il nous paraît d'une importance décisive de le reconnaître et de ne pas l'oublier à cause de telle ou telle systématique particulière, afin de ne pas perdre l'ampleur et la profondeur de la pensée kantienne, et de ne pas sacrifier la grandeur qu'elle donne à la raison. Mais Kant lui-même n'a pas érigé ce fait en principe. Il est du plus haut intérêt d'étudier la volonté de système de Kant à travers la pluralité de ses systématiques. Leur maîtrise est l'un des bénéfices que procure l'étude de ses œuvres; mais ensuite, cette maîtrise même doit permettre de parvenir à l'expérience incomparable de la pensée kantienne proprement dite, au cours d'une lecture libérée, seule capable de faire comprendre par sa continuité la présence, avec toute la richesse de ses rapports, de ce que Kant a fondamentalement découvert.

3. Aucune des formes particulières qu'elle adopte ne livre la structure achevée de la pensée kantienne. Mais l'Idée de structure en général, autour de laquelle Kant « tourne », pour ainsi dire, n'en reste pas moins valable. Comme toutes les Idées kantiennes, celle-ci non plus n'est pas donnée, mais proposée comme une tâche. Sa réalisation est au bout d'un chemin qui va à l'infini. Mais ici, pour le système de la raison, Kant veut l'achever et croit l'avoir achevée. La conviction d'avoir saisi pour toujours et inébranlablement la vérité de l'Idée se transforme en lui et devient l'opinion selon laquelle la forme déterminée de la structure qu'il a élaborée en réfléchissant à la raison est désormais achevée et définitive. Mais l'Idée ne conduit jamais — même par l'éclairement transcendantal du tout de la raison — à travers chaque mise en forme, qu'à un schème, le long du chemin. Elle reste en quelque sorte en suspens dans ses cercles, elle permet de s'élever, elle permet de pénétrer dans la profondeur. Mais elle ne s'achève sous aucune forme. Les divers exposés conceptuels particuliers restent sujets à révision au fur et à mesure que se poursuit l'expérience de la connaissance, de l'action, de la contemplation, cette expérience par laquelle la raison, en avançant dans le temps, s'assure d'elle-même en son origine intemporelle et éternelle. Nous dirions : l'Idée est vraie à jamais, — c'est là en fait que se pose l'alternative radicale tranchée par la conviction —, mais la mise en forme de l'Idée reste soumise à la discussion. La conviction commune ancrée dans l'Idée constitue la condition préalable, dont il n'est pas possible d'ailleurs de donner une formulation adéquate, de toute discussion ayant un sens ; et c'est cette conviction qui rend possible une transformation sans fin de tout ce qui reste à la surface, de toutes les particularités et de tous les schèmes servant à lui faire prendre forme.

Aucune des systématiques explicites de Kant ne peut atteindre la totalité de la raison. Ce sont des formes de cristallisation provisoires qui, brisées à leur tour, ont à nouveau besoin d'être complétées. Ce sont des schèmes dont l'utilisation peut ouvrir de nouvelles perspectives sur la certitude et de nouvelles voies vers elle.

C'est pourquoi il est impossible d'exposer le « système » kantien sans perdre en route des pensées essentielles qui ne cadrent pas avec la forme de système choisie. Chez Kant, il s'agit constamment de systématique, non du système absolu. Ce trait passa aux yeux des idéalistes qui vinrent après lui pour son grand défaut, qu'ils cherchèrent à corriger en construisant un système unique, embrassant tout à partir d'un seul principe. Nous voyons au contraire un signe de la supériorité de Kant dans le fait que, loyal, il a accompli effectivement ce qu'exigeait la nature de son entreprise. Mais pour Kant lui-même, au fur et à mesure que grandissait son œuvre, cette exigence s'est obscurcie. Il ne connaissait pas encore l'adversaire à qui il avait lui-même frayé un chemin. Quand il fut très vieux, il en vint à confondre le caractère définitif de l'attitude fondamentale de sa raison avec celui qu'il prêta dès lors à la forme conceptuelle de sa philosophie. Sa force, qui s'épuisait déjà, détruite par l'âge, lui permit seulement de crier encore son refus au puissant adversaire qu'il pressentait dans la jeunesse dont l'admiration montait vers lui : « Que Dieu nous garde de nos amis; nous nous chargerons de nos ennemis. » Mais Kant ne fut plus capable de faire rayonner une dernière fois dans tout son éclat la vérité de sa cause, en une polémique à la mesure de là force d'enchantement qu'il y avait dans l'esprit de cette géniale jeunesse.

D) Limites de la philosophie kantienne.

La philosophie kantienne ne déploie aucune vision du monde. Elle ne crée pas de symboles. Elle est d'une insurpassable sobriété. C'est ce renoncement qui met en valeur l'efficacité sans égale que prend ici l'élément formel, pour faire jaillir les sources de l'origine, ouvrir des voies, rendre agissantes les normes suprêmes, et possibles toutes les autres.

Cette philosophie ne se rapproche jamais de la poésie (à condition de ne pas considérer comme poésie des comparaisons explicites qui ne prétendent pas à être des pensées). Elle est critique, ce qui signifie qu'elle fixe des limites en introduisant des distinctions; par là, elle libère l'espace; elle confirme et justifie ce qui existe aussi sans elle, mais dont elle permet et encourage une prise de conscience plus nette.

C'est pourquoi elle ne se suffit pas à elle-même (comme le fait un poème dont mainte philosophie, par exemple celle de Schopenhauer, tente d'être l'analogue). La pensée, ici, ne satisfait pas par elle-même, mais elle interroge, purifie et prépare. La philosophie critique est une philosophie transcendantale, non une philosophie de la transcendance.

Les limites que pose cette philosophie font l'objet de sa réflexion. Les limites sont limites des formes. Kant renonce à la plénitude des contenus parce qu'il veut amener à la conscience les « formes » à l'état pur. Les formes sont supérieures à toute philosophie concrète du fait que celui qui les pense produit lui-même en les pensant ce qui agit sur lui à travers elles. Elles exercent une influence sur l'intériorité inobjectivable, sur la liberté. Elles possèdent une force d'éveil. Étant des structures de la pensée, elles ont besoin d'être complétées par la réalité : par l'existence de l'individu, puis par la recherche scientifique, par l'intuition historique, par l'actualisation contemplative, de la poésie et de l'art. Sur le chemin de notre devenir historique, les pensées philosophiques inspirées par la foi de la raison nous permettent de nous orienter, de rechercher des certitudes et de nous livrer à l'examen critique, mais elles ne nous livrent pas de programmes concrets.

La grandeur qu'il y a dans la pensée des limites et la force de la forme ont le sens suivant: cette force n'appartient qu'à la raison de Kant, non à un savoir qu'on pourrait acquérir en apprenant les concepts kantiens. La scolastique kantienne est plus pauvre que toute autre.

Saisir la grandeur de cette pensée présuppose une décision foncière de l'existence même. Bien des gens sont déçus par Kant comme s'ils n'avaient reçu de lui aucune nourriture et comme s'il avait même raréfié l'air autour d'eux. Ils ne sont pas prêts à vivre réellement par la raison kantienne, avec le

Dieu sans image. Ils cherchent un contenu corporel, concret, qu'ils voudraient saisir comme suprasensible, — ils abandonnent Kant et se retournent, pleins de colère, contre lui.

Il pourrait pourtant subsister, dans ce genre de critique, la trace d'une vérité qui se méprend sur elle-même du fait que la véritable pensée de Kant est ici perdue de vue. Recherchons cette vérité.

Découvrir les limites, c'est ouvrir l'espace; mais c'est borner la pensée si l'espace ne reste pas ouvert. La vigueur exceptionnelle avec laquelle les limites et la forme du raisonnable sont ici établies peut aussi, à travers l'élaboration de l'œuvre philosophique, faire manquer justement ce que la philosophie est capable d'atteindre au-delà. Lorsque Kant exige, dans l'ensemble de son œuvre, le complément d'un contenu réel, on peut avoir l'impression, par comparaison avec d'autres philosophies, que celle-ci renonce à l'abondance du monde, aux symboles. Entre le Dieu sans image, l'étendue de l'expérience possible et la contemplation du beau, il y a le monde incommensurable du langage chiffré et, en lui, la lutte pour le sens historique de chaque existence propre. Il y a les possibilités ouvertes par l'éclairement de l'existence, et celui-ci dépasse l'éclairement de la raison, sans pour autant l'abolir ou même le borner. Chez Kant, on rencontre des limites de fait, distinctes de celles qu'il rend évidentes à l'aide de sa raison. On est ainsi rendu attentif à quelque chose qui ne se trouve pas chez lui; quand on l'a trouvé ailleurs, Kant n'est pas de ce fait réfuté, mais bien complété, et cela à l'aide de la raison purificatrice qui commande sa propre pensée.

1. *La conscience historique* de Kant n'est pas explicite. Il paraît toujours ne poursuivre que l'intemporel, sous forme de loi de la nature ou de loi de la liberté, sous forme de génie produisant l'intemporel en créant des œuvres d'art, sous forme de substrat intemporel de l'humanité.

Mais les lois de la nature et de la liberté s'appliquent à l'apparence temporelle. La création des œuvres de poésie et d'art n'est pas seulement le résultat d'un don naturel du génie qui serait toujours le même quant à son essence. Cet élément naturel est bien plutôt l'origine à partir de laquelle un homme, dans son temps historique propre, cherche à se comprendre lui-même à travers le jeu des images qu'il a créées ; il naît de l'historicité de l'humanité et de celle de chaque individu particulier.

La conscience du fait que dans le temps quelque chose d'éternel se décide, les paradoxes de la conscience historique, tout cela, certes, est sensible chez Kant, mais ne se dégage pas en phrases permettant à cette conscience de devenir consciente de soi.

Kant s'intéresse à la richesse du concret historique, aux faits qui lui sont révélés par des descriptions de voyage, des récits, des livres d'histoire. Mais dans ses écrits sur la philosophie de l'histoire, dans son anthropologie, Kant apparaît de nouveau tourné vers l'intemporel : il a en vue la marche totale de l'histoire, et en elle, l'avenir plutôt que le passé ; à travers la multiplicité des apparences, l'essence permanente de l'homme.

Il ne pressent pas le puissant développement des conceptions et de la science de l'histoire, qui va se produire depuis Hegel et l' « école historique », et qui concerne exclusivement le passé. Lorsque ce savoir historique dégénéra au point de devenir purement objectif, contemplation esthétique du passé et vision d'un panorama haut en couleurs, la réaction contre cet « historisme » se produisit avec Kierkegaard et Nietzsche. Kant aurait pu être un allié dans la défense de l'existence contre la gratuité du regard qui embrasse indifféremment le passé en tous lieux et en tous temps. Mais ce qui a pris dans les sciences historiques une actualité bouleversante et qui, en relation avec l'historicité individuelle, a soulevé des questions philosophiquement et existentiellement encore posées aujourd'hui, tout cela est resté hors de l'horizon kantien.

2. L'énigme du « *je pense* » (que je sois pensant) se trouve au centre de la quête philosophique kantienne, mais demeure sans solution. Le « je pense » de Kant qui « doit pouvoir accompagner toutes nos représentations », n'est encore en aucune manière, le « je suis » de la conscience existentielle (mais seule-

ment celui de la conscience en général), et n'est pas non plus le « je suis » empirique dans la diversité de son apparence.

Lorsque Kant a trouvé dans la personnalité libre agissant moralement la voie d'accès au caractère intelligible, ce dernier n'était encore que l'être impersonnel, général, de la bonne volonté raisonnable.

Quand il attribua, ensuite, une réalité à l'être du « je pense », ce fut soit une réalité précédant toutes les catégories (et il ajoutait que la réalité de ce « je pense » n'est pas encore catégorie de la réalité), soit une réalité empirique comme phénomène (et il ajoutait que le pur « je pense » ne contient pas encore cet être comme réalité).

C'est seulement dans le langage dont Kant se sert pour sa quête philosophique, et non dans la substance de sa pensée, qu'on trouve la vieille distinction du général et de l'individuel (de l'intuition); il manque celle du général et de ce qui est historiquement personnel (de la loi et de l'existence). Aussi Kant parle-t-il du général avec un accent passionné qui vient de ce que le général coïncide, parfois explicitement, avec ce qui est personnel. Ce point béant du « je pense », centre le plus abstrait et le plus essentiel de la critique de la raison, peut, à la suite de déviations diverses, se refermer en étroitesses rationalistes.

3. Il n'est pas question de *l'amour*, chez Kant, et s'il en parle, c'est de façon inadéquate. Il semble éclairer et éprouver la raison dans toute son ampleur, mais sans dire dans quel sens la raison est amour, et comment elle agit dans l'amour. Ces questions restèrent philosophiquement hors de son champ visuel.

4. On peut voir Kant aller à l'encontre de ce que fut presque en entier sa quête philosophique, en portant des jugements sur le tout de notre vie, par exemple, dans ses réflexions sur « L'échec de toutes les tentatives philosophiques dans la théodicée » (1791). Ces réflexions, nées de la volonté loyale de ne pas tenter de comprendre par la raison ce qui est au-delà de toute raison, de ne pas se laisser aller à un faux savoir et à de vaines interprétations, contiennent cependant des jugements que la

raison n'impose nullement comme nécessaires et qui ressemblent plutôt à l'aveu involontaire d'une très profonde insatisfaction.

Kant réfute les arguments anciens dont on s'est servi pour justifier Dieu des accusations contestant sa bonté : réalités funestes telles que le mal, le malheur et l'injustice dans le monde.

a) On a dit : c'est à tort que l'on prétend que le mal l'emporte sur le bien, puisque malgré tout, n'importe quel homme, si malheureux qu'il soit, préfère la vie à la mort. — Kant réplique à cette « sophistique » : tout homme doué de sens commun, ayant vécu assez longtemps et réfléchi à la valeur de la vie, à qui on demanderait s'il a envie de jouer encore une fois le jeu, répondrait que non.

b) On a prétendu que si les affections douloureuses l'emportent sur les affections agréables, cela tient à la nature de l'homme en tant qu'il est une créature animale. — Kant réplique : pourquoi donc l'auteur de notre existence nous a-t-il appelés à la vie si elle n'est pas souhaitable pour nous?

c) On a affirmé que la béatitude surabondante qui nous attend dans l'avenir devait être précédée par la phase pénible et tourmentée de notre vie actuelle, afin que, luttant contre les obstacles, nous devenions dignes de cette gloire future. — Kant réplique : on ne voit absolument pas pourquoi cette période d'épreuve, où la plupart sont vaincus et où les meilleurs même ne sauraient se satisfaire de leur sort, devrait être la condition nécessaire des joies promises pour plus tard. En se référant ici à la sagesse suprême, on ne défait pas le nœud de la difficulté, on le tranche purement et simplement.

Parlant des théodicées dans leur ensemble, Kant dit que la raison est absolument incapable de voir quel peut être le rapport du monde intolérable, connu par l'expérience, avec la sagesse suprême. Aucun mortel ne peut jamais comprendre comment la sagesse artistique *(Kunstweisheit)* (par exemple dans les organismes vivants) peut se concilier avec la sagesse morale chez l'auteur de l'univers. C'est chez Job que Kant trouve, allégoriquement formulée, l'ultime parole que l'on puisse prononcer à ce sujet : arrêt sans appel de la raison pratique, impossiblité de comprendre la foi, et fondement de celle-ci sur la moralité; Dieu approuve la loyauté de Job, alors qu'il rejette la justification abusive, dépassant tout savoir humain, que les amis de Job, en théologiens, prétendent fournir de Dieu.

Kant ne songe pas un instant à mettre en question la loi morale et Dieu, du fait que ni l'une ni l'autre ne se fondent sur la raison théorique, mais sur la raison pratique. Mais si, dans sa probité, il rejette à bon droit tous les éléments d'une théodicée, il en vient — sans qu'il y ait là de lien nécessaire — à porter sur le consentement de l'homme à la vie des jugements où se trouve omise la puissante expérience de l'amour.

5. Kant a compris *le temps* comme forme intuitive de toute la conscience que nous avons du monde et, empiriquement, de nous-mêmes, et il a saisi par là le caractère phénoménal de notre condition. C'est pourquoi il a conçu notre être véritable comme une liberté qui transcende le temps. Cependant, lorsqu'il développe cette pensée, il fait intervenir l'immortalité comme postulat servant à corriger l'incomplétude de cette vie-ci, ou comme nécessité devant permettre l'adéquation de la vertu et du bonheur; et son dernier mot touchant la réalisation parfaite de la vie collective ici-bas situe celle-ci dans l'avenir, grâce à une approximation constante de l'Idée. Cela conduit à des équivoques. Certes, Kant dit bien que nous ne pouvons en aucune façon nous représenter l'immortalité, alors que la raison pratique, se fondant sur l'action morale, ne la met pas en doute. Mais l'immortalité est pensée comme future, et par là représentée. Le caractère distinctif d'un postulat rationnel, d'un signe chiffré, d'un processus méthodiquement conscient soulevant la pensée au-dessus du temps, de telle sorte que tout ce qui s'appelle avenir et passé devienne symbole d'une autre dimension, Kant ne le maintient pas (c'est sans doute inévitable) à chaque instant dans ses phrases; et pourtant tel est bien le sens de sa pensée. Certes, il parle de progrès, non de la moralité, mais de la légalité. Cependant l'Idée à laquelle nous avons le devoir d'ordonner notre action politique ne reste pas à chaque instant Idée seulement; quelque chose transparaît, un futur réel dans le temps. Il pense, il est vrai, à « la fin du monde », regagne une visée qui « transcende le temps ». Mais la représentation du point final réel dans le temps et celle du point final intemporel de n'importe quel temps se mêlent. On peut se demander, d'un point de vue critique, si

le fondement kantien de la bonne volonté, inaliénable et vrai, n'a pas besoin d'être complété par ce qui, étant amour, n'est pas seulement « penchant », mais en soi-même « immortalité », raison et force de toute raison.

Les bornes de la quête philosophique kantienne que nous avons montrées en dernier lieu ne tiennent pas à la signification de sa pensée, mais à sa réalisation à travers une personnalité avec ses limitations inévitables. Il faut compléter Kant, mais de façon à mettre pleinement en valeur la vérité et la force de sa philosophie.

E) Climat de la pensée kantienne.

Kant est probe, et pour cette raison, scrupuleux sur le plan de l'expérience comme aussi dans l'idée qu'il se fait de l'apodicticité des affirmations. Sa volonté de savoir tend à une science se développant selon une méthode rigoureuse, exacte (pour l'entendement) et lourde de sens (par l'Idée de la raison).

La joie qu'il trouvait à connaître la nature, le monde et l'histoire reste indissolublement liée à la conviction morale et métaphysique qui s'assure du suprasensible.

Il veut agir dans le monde en tant qu'il est le seul lieu accessible à l'homme. Il ne se met pas hors du monde, ni comme un sage, ni comme un saint. Lorsqu'il corrige avec application les « Actes » de la philosophie d'école, ce n'est que pour servir la philosophie universelle. Il ne se satisfait d'aucun problème marginal; il lui faut cela même qui permet à la philosophie d'aider le genre humain à accomplir sa tâche, d'aider chaque homme en tant qu'il est un homme.

La communicabilité est selon lui la condition indispensable à la valeur du spirituel. Elle est déjà en elle-même infiniment précieuse. Ce qui lui tient à cœur, c'est la compréhension, la communication, la paix, mais dans le mouvement de la vie, non dans le contentement du bétail au pâturage, non dans le calme « croupissant » d'une humeur pacifique. Ce qui importe au contraire, c'est la coordination et le déploiement de toutes les possibilités humaines dans la raison qui les embrasse, cette raison dont Kant a forgé une notion ne se retrouvant nulle part ailleurs à l'époque des Lumières.

L'attitude intime dont proviennent ces thèmes et qui leur a donné naissance peut se caractériser ainsi :

Kant possède une sérénité qui lui permet de maintenir à la fois toute la mobilité de la pensée, la souplesse de l'expression et la tension de facteurs appartenant à des pôles opposés. Dans sa loyauté, il essaie consciemment de se placer au point de vue de tout autre être humain. Ses certitudes existentielles ne se sont pas fixées en formules rigides. Elles témoignent bien plutôt, dans leur déploiement mobile, du sens permanent qui le fait vivre et penser.

Il est tellement ouvert au monde qu'il s'intéresse aussi aux choses les plus lointaines. Le sens qu'il a de tout ce qui est esprit et qualité fait qu'il respecte même ce qui lui est le plus étranger : « Comme la philosophie peut tirer parti de tout ce que livrent les gens de lettres et les beaux esprits chimériques, le philosophe accorde du prix à tout ce qui manifeste dans sa grandeur une certaine force d'âme. Il est en outre habitué à adopter des points de vue divers et se méfie spontanément de son jugement sur ce qui est le meilleur, parce qu'il ne perd jamais de vue le fait que le tout reste inconcevable. C'est pourquoi la philosophie rend humble, ou plutôt, elle fait qu'on se mesure à l'Idée, et non en se comparant à d'autres. »

Grâce à son sens de l'humain, Kant ne se laisse aller à aucun mouvement d'orgueil, bien que l'étendue et la clarté de sa pensée, ainsi que sa vigueur dans la précision, lui aient donné sur tous ses contemporains une dangereuse supériorité.

Schelling, qui avait en fait méconnu dès le début le vrai climat de la pensée kantienne, qui en 1799, dans sa correspondance avec Fichte, alla jusqu'à lui imputer des motifs vils, fut cependant le seul, en 1804, lorsque Kant mourut, à éprouver — grâce à une sensibilité lucide pour ce qui est de haut rang et à son sens de la grandeur humaine — le besoin de prononcer des paroles à la mesure de ce grand homme, et il lui adressa un hommage mémorable.

Schelling parle de « la loyauté » et de « la sincérité infinie », de la « claire simplicité » de l'esprit kantien, de « la pureté d'une âme vraiment indépendante ». Il voit « l'image de son esprit dans son unicité qui le met tout à fait à part ».

Un penseur comme celui-ci « méprisait les vaines fumées et les tours de passe-passe », « arrivait à ses résultats sans l'avoir fait exprès », réussissait à « éclairer l'horizon philosophique de la manière la plus pure ».

Schelling remarque « l'élan hardi de son esprit ». Et : « D'une façon générale, dit-il, son esprit n'était pas du type lourd, mélancolique, mais du genre léger et serein. » Kant était en quelque sorte « *philosophe malgré lui* » (1) et, « considéré seulement comme philosophe, il devait nécessairement être méconnu quant à sa vraie genialité ».

« Kant pourrait exercer une influence bienfaisante sur une époque spirituellement et moralement relâchée et dissolue ; la rigidité d'un esprit aussi magnifique dans sa cohésion pourrait l'aider à se redresser.

« Kant vivra éternellement comme l'un des rares individus intellectuellement et moralement grands, en qui l'esprit allemand s'est regardé vivant dans sa totalité. » (Si seulement il en avait été selon le vœu de Schelling!)

F) De l'interprétation de Kant.

Il n'est pas possible de prescrire telle ou telle manière de comprendre Kant. Quiconque désire philosopher à la fois originellement et dans le courant qui s'est développé à travers l'histoire, doit s'enfoncer librement à son tour dans cette œuvre, voir ce qu'elle lui révèle et fait naître en lui. On peut pourtant donner à cette étude des lignes directrices.

Il est nécessaire d'acquérir la maîtrise de la pensée kantienne en l'exposant soi-même. Mais on ne possède alors que les prémisses d'une compréhension, non la compréhension elle-même. L'expérience a montré que personne ne réussit à en reproduire correctement dans un exposé l'édifice entier. Aussi

(1) En français dans le texte.

est-ce le second pas qui est essentiel, celui où l'on s'assure de ce que Kant, par sa pensée, a réellement accompli, avec des méthodes dont il n'a peut-être pas eu lui-même pleinement conscience. On voudrait pénétrer son attitude philosophique foncière, celle qui s'exprime à travers les textes dans leur totalité.

Le travail de reproduction et d'interprétation historique est instructif même s'il n'atteint pas vraiment la philosophie de Kant. Martin y a retrouvé avec raison les anciennes catégories traditionnelles de l'ontologie. Mais philosophiquement, ce qui est décisif, c'est le parti que Kant en a tiré. Car elles prennent toutes, chez lui, un sens nouveau. Il a expressément répudié l'ontologie, la déclarant impossible. Mais il a utilisé si abondamment les concepts traditionnels pour exprimer ce qu'il avait à dire de neuf — et qui allait transformer leur sens — qu'il vaut la peine d'y voir clair jusque dans le détail. Seulement il ne faut pas prendre ces termes qui servent à donner une structure à sa pensée — et bien que par eux Kant se rattache aussi au mode traditionnel d'une pensée tournée vers le contenu — pour la philosophie kantienne elle-même et prendre enfin cette dernière pour la vieille ontologie. Un exemple : Kant recourt au concept d'analogie à propos de la validité des représentations de Dieu. Il le fait incidemment, plutôt dans son activité pédagogique que dans sa propre philosophie; il s'agit là d'un élément traditionnel, qui n'est nullement au centre de sa réflexion. Pourtant, même là où il s'en sert, il ne s'agit pas de l'analogie de l'être au sens qui vient d'Aristote, selon lequel tous les modes de l'être sont malgré tout l'être, non comme un genre dont ils seraient des cas particuliers, mais en tant qu'analogie de ce qui est, en même temps, originellement différent. Lorsque Kant dégage les conditions de toute connaissance et de toute forme de raison dans la scission sujet-objet, lorsqu'il déploie la grande ligne de pensée de ses œuvres critiques, il ne pense pas à cette analogie de l'être. L' « analogie », chez lui, se limite bien plutôt à la manière humaine de penser l'être de la divinité. Il l'admet sans y être originellement et essentiellement intéressé. Ce serait déplacer faussement les accents que d'attribuer aux développements qu'il a faits à ce sujet une place centrale dans sa pensée. Kant a complètement abandonné l'ontologie afin de s'assurer de la vérité et de la réalité au sein même de notre condition humaine.

Toute la critique de Kant présuppose une interprétation de sa pensée distinguant trois niveaux.

1. Au niveau des affirmations de faits, la critique est légitime quand elle relève chez Kant, dépendant comme n'importe quel penseur de l'état des sciences de son temps, celles qui se sont révélées fausses. Il en va ainsi en mainte matière concernant les sciences de la nature. Mais ces erreurs sont sans importance pour la signification de la pensée kantienne dans son ensemble et peuvent être corrigées.

2. Au niveau de la cohérence logique de raisonnements conceptuels, la découverte de contradictions est cogente. Mais il reste à découvrir les points où le non-cohérent (*das Unstimmige*) même possède, au niveau d'une logique de l'acte transcendant, une autre nécessité, et de ce fait, une cohérence (*Stimmigkeit*).

3. Au niveau où l'on adopte un point de vue d'ensemble, il faut d'abord voir clairement ce que peut être un « point de vue » en philosophie. Il apparaît bientôt que la subsomption d'une philosophie sous un concept total qui permette à la fois de la caractériser et de la rejeter au nom de la critique est un procédé inadéquat : un point de vue philosophique n'est pas définissable, c'est-à-dire qu'on ne peut le formuler directement de façon univoque. Si l'on pouvait le saisir sous cette forme, il y aurait nécessairement un autre point de vue, à partir duquel il serait possible de dominer ainsi le premier du regard, dans son univocité; or ce second point de vue ne saurait être lui-même précisé comme position rationnelle définissable par des énoncés, ni comme présupposé rationnel à la manière de ce qui existe dans les recherches des sciences exactes. En effet, les « points de vue » philosophiques — termes qui s'accordent si mal — sont d'une sorte telle que nous nous tenons en eux, mais sans pouvoir les regarder et les ordonner de l'extérieur. Ils sont, pour peu que nous voulions les comprendre, une tâche sans fin.

VIII

SITUATION HISTORIQUE DE KANT, SON INFLUENCE ET SA PORTÉE ACTUELLE

1. On appelle *Lumières* le processus spirituel par lequel, en Occident, la foi en la raison pousse à acquérir une connaissance naturelle du monde, de la morale, de l'État, de la religion, tournée vers le réel, dans l'enthousiasme du progrès et des perspectives futures. Ce processus est animé par une volonté de liberté en pensée et en politique. Par lui, l'homme assume le risque de son indépendance, et il devient, par l'idée d'humanité, sa propre fin.

Lorsqu'on fait de Kant le sommet et l'achèvement des Lumières, de cette époque particulière de l'histoire de l'esprit, on ne le saisit pas de façon adéquate. S'il l'est, c'est comme Platon l'a été pour les Lumières des sophistes, en tant qu'il les a dépassées et vaincues. Kant aussi a vaincu les Lumières en faveur d'un processus toujours inachevé au cours duquel, se retournant, l'homme vient véritablement à lui-même.

Les Lumières, en tant qu'elles sont devenues positivisme du savoir, métaphysique constructive sur la base rationnelle et dogmatique de Leibniz, libéralisme politique de Locke et de Montesquieu, affectivité cultivée des platoniciens et des romantiques, donnent encore aujourd'hui sa physionomie universelle à l'Occident. En face de tout cela, Kant ne signifie pas négation, mais limitation et rupture. Sa pensée n'a en aucune manière imprégné l'Occident, ni même la culture allemande. Certes, bien des mouvements philosophiques — en Allemagne presque tous — partent de lui ou s'orientent par rapport à lui comme à un adversaire. Certes on voit partout des problèmes empruntés à son œuvre. Malgré cela, les jugements qu'on a portés sur lui vont de la plus haute admiration au rejet total.

La substance des Lumières, sous ses formes les meilleures, n'est pas encore la pensée kantienne; elle en est le sol, mais ne la contient pas. États d'âme, opinions, sciences, tout était déjà là lorsque survint la nouvelle pensée kantienne, pour donner à ces prémisses qui étaient les siennes leur limitation, leur sens et leur justification, en ouvrant des horizons neufs.

2. Il est remarquable que Kant n'ait pris conscience qu'en passant et imparfaitement (par exemple dans la distinction frappante qu'il fait entre connaissance mathématique et connaissance philosophique) de sa méthode philosophique. La connaissance de celle-ci est essentielle pour quiconque veut le comprendre. La conscience qu'il avait de créer une métaphysique de la métaphysique le laissa pourtant dans une superbe inconscience de tout ce qui concernait les formes et les méthodes de sa réflexion.

C'est ce qui permet de comprendre qu'aussitôt après lui les jeunes gens enthousiastes et conquérants se soient trouvés par lui déchaînés. Ils ignoraient la maîtrise de soi résultant de la méthode kantienne elle-même. Ils transformèrent bien plutôt et pervertirent les claires opérations de la pensée transcendantale en construction spéculative, en intuition intellectuelle, en une manière de repenser les pensées de Dieu avant et dans la Création. Ils accomplirent la transformation funeste de la raison en esprit, et la confusion des deux. Les limites fixées par Kant furent transgressées. Kant devint l'occasion d'une pensée qui submergeait la raison kantienne. L'attitude philosophique essentielle qui avait été la sienne fut abandonnée dès le début. Il a été le point de départ de *l'idéalisme allemand*, des Fichte, Schelling, Hegel.

Fitche avait conscience de devoir à Kant la révolution de pensée qui lui avait ouvert la véritable philosophie. Le jeune Schelling, dans son ravissement, voyait en Kant une aurore, mais il ajoutait aussitôt : maintenant il faut que le soleil se lève. En 1804, il commentait le rôle joué par Kant en recourant à une comparaison devenue courante alors : la Révolution française et la philosophie kantienne s'étaient produites en même temps. « Elles furent toutes deux, aux yeux de leurs adhérents, des bouleversements également importants, la première en tant que révolution dans les faits, la seconde en tant que révolution dans les idées. » Toutes deux s'élevèrent au-dessus de toute dépendance à l'égard de l'expérience. Il semble maintenant qu'avec le reflux de la révolution, celui du système kantien ait également commencé. Ils avaient en commun leur caractère purement négatif et une manière insatisfaisante de résoudre le conflit de l'abstraction et de la réalité. Ce conflit est resté, dans la pratique, insurmontable pour la Révolution, comme il l'est resté pour Kant dans la spéculation. — *Hegel* construisit un développement objectif allant de Kant à Fichte, à travers Schelling, jusqu'à lui-même, dont la force de suggestion pèse encore aujourd'hui sur les historiens de la philosophie.

En fait, ces penseurs ont abandonné d'emblée l'attitude fondamentale kantienne. Ses thèses décisives furent tacitement délaissées ou expressément rejetées : les multiples dimensions de la raison furent remplacées par une dérivation à partir d'un principe unique; la conscience de l'entendement humain, fini, discursif, par la prétention à posséder l'intellect intuitif; l'éclairement de la raison comme lieu où se montre l'être, par la connaissance même de l'être; la modestie des limites par la prétention absolue de penser les pensées de Dieu.

Lorsque Kant mourut, en 1804, beaucoup l'avaient oublié. La nouvelle magie, soutenue par des hommes de génie, avait conquis les esprits. Elle s'engagea dans la voie de la fausseté en dépassant les limites, au mépris de la critique, et elle y resta. La collectivité se détournant de Kant permit alors que fussent réalisées, selon des voies s'excluant les unes les autres, des œuvres fascinantes : les constructions pénétrantes de Fichte, les visions gnostiques de Schelling, le système grandiose de tout l'être saisi à travers les interprétations dialectiques de Hegel.

3. Après ce qu'il est convenu d'appeler l'effondrement de l'idéalisme allemand, lorsque cette magie subit un échec presque soudain au milieu du XIXe siècle, on vit naître un second mouvement qui partait de Kant. La situation était différente.

Les sciences positives avaient triomphé, celles qui traitent de la nature comme celles qui traitent de l'histoire. La culture philosophique avait considérablement baissé. La magie dénuée de critique fut remplacée par un matérialisme tout aussi peu critique, mais en outre plat, spirituellement à l'abandon. Par un reste d'esprit philosophique, un appel fut lancé « Revenons à Kant ». Des savants crurent trouver chez lui la philosophie correspondant à leur empirisme (Helmholtz). La philosophie académique, soucieuse de se découvrir, à côté de l'enseignement de l'histoire de la philosophie, une tâche encore qu'elle pût sauver en cet âge de superstition scientifique, crut trouver chez Kant la philosophie des sciences, la théorie de la connaissance. Elle permit que la philosophie devînt cette fois la servante des sciences.

Par suite de la valeur exceptionnellement élevée qu'on attribuait à Kant, un grand travail de détail fut alors accompli dans le domaine de la philosophie kantienne : éditions, découverte de textes inédits, publications posthumes et commentaires objectifs, travail dont les résultats restent définitifs et méritent notre reconnaissance.

Au début du XXe siècle, une insatisfaction se fit jour à propos de ce « *néo-kantisme* », alors que l'état d'esprit qui régnait dans les universités sur la prétendue recherche philosophique n'était nullement transformé. Aussi cette insatisfaction n'eut-elle pas pour conséquence un effort en vue de pénétrer plus profondément dans la pensée kantienne, mais une sorte de répétition de la philosophie post-kantienne. On fit des essais avec Fries, Fichte, Schelling, Hegel. On put avoir un moment l'impression que Hegel, faisant figure d'achèvement, allait s'imposer à nouveau dans le « néo-hégélianisme ». Mais toutes ces tentatives sans exception restèrent privées de la source philosophique originelle; finalement, on eut des épigones d'épigones. L'abîme qui séparait Kant des idéalistes continua d'être ignoré (à la seule exception d'Elbinghaus, dont l'ouvrage, annoncé il y a des dizaines d'années et qui aurait dû apporter une interprétation nouvelle de Kant tout entier, n'a malheureusement jamais vu le jour).

4. Le néo-kantisme proclamait deux slogans : « Il faut revenir à Kant » (Liebmann) et « Comprendre Kant, c'est le dépasser » (Windelband). Tous deux étaient entendus dans un sens inadéquat. « Revenir », comme s'il y avait à découvrir chez Kant des vérités définitives qui, une fois dégagées d'énoncés erronés, devraient être remises en valeur. « Dépasser », comme si l'on allait plus loin que Kant, en obtenant une vision plus profonde. Les deux énoncés pourraient pourtant aujourd'hui être fondus en un, dont le sens serait meilleur : « revenir » ne désignerait pas un retour en arrière, mais un retour à l'origine; « dépasser » ne voudrait pas dire savoir mieux, mais rejoindre le mouvement kantien, faire en sorte que cette pensée créatrice retrouvât en nous une nouvelle efficacité.

Kant apparaît comme le nœud de la philosophie moderne. Son œuvre ouvre des possibilités infinies, comme la vie même. Elle est consciemment élaborée avec une précision rationnelle et pourtant riche de virtualités inconscientes, transcendée par les Idées, que Kant cependant a essayé de comprendre en faisant d'elles un rouage de sa théorie. Il reste impossible de prévoir les éveils qu'il est encore capable de provoquer.

A deux reprises, jusqu'ici, des courants philosophiques importants se sont réclamés de lui : l'idéalisme et le néo-kantisme. Tous deux nous paraissent aujourd'hui reposer à cet égard sur des malentendus et être au service d'une conception de la vie toute différente de la sienne. Lui-même reste inchangé, au-dessus de ces interprétations. Pour la troisième fois, en s'interrogeant sur lui, on met en question le destin même de la philosophie. Ce qu'il est, ce qu'il a pensé, on ne le sait nullement de façon univoque et objectivement définitive. Il s'est révélé comme le créateur qui reste plus que ce qu'il a créé. Il n'a été ni inséré dans quelque chose de plus vaste, ni dépassé, ni réduit à une possibilité parmi d'autres.

Le pas qu'il a fait est unique dans l'histoire de la philosophie mondiale. Depuis Platon, jamais aucune pensée en Occident ne devait entraîner dans son âpre climat des conséquences aussi radicales.

Au risque que le lecteur ne réussisse pas à me suivre du premier coup, je me suis proposé de faire comprendre ce dont il s'agit chez Kant. L'exposé de son œuvre est le plus difficile de ce livre. Lorsqu'on a assimilé Kant, du moins dans la mesure où c'est chose possible, c'est comme si l'on avait gravi une très haute montagne : on domine du regard tous les autres sommets et il devient facile de s'orienter et de connaître mieux ces derniers. Fournir une aide à celui qui entreprend cette ascension est une tâche considérable. On voudrait trouver les phrases les plus simples, limiter les développements essentiels à leurs articulations décisives, risquer des expressions qui, peut-être, par leur concision, feraient jaillir l'étincelle. Si souvent qu'on échoue, il faut bien qu'on finisse par réussir. Car les pensées philosophiques les plus profondes doivent être généralement transmissibles. Elles ne prennent de la consistance que si les peuples se les approprient.

Mais celui qui veut comprendre doit s'armer de patience. Il doit reconnaître la même chose sous une autre forme, par la répétition. Un jour, soudain, la lumière se fait. Il ne s'agit pas d'une pensée mathématique que l'on obtient à force d'opérations compliquées, mais d'un retournement spirituel qui doit s'accomplir par la pensée même. Il ne s'agit pas de comprendre quelque chose comme un objet, mais d'accomplir, dans ce qui est objet, quelque chose qui ne l'est pas. Certes, il est nécessaire pour cela d'apprendre un langage philosophique et de comprendre dans leur clarté certains rapports particuliers. Mais ceux-ci n'ont de sens que si, un jour, le choc se produit : le choc d'une vision en profondeur qui n'est ni mystique, ni morale, qui n'a pas le caractère d'une révélation, mais qui, dans la pensée raisonnable, transcende par la pensée même.

On a souvent essayé de faire comprendre Kant, depuis qu'est apparue cette philosophie. On peut dire sans doute que l'œuvre est compréhensible en elle-même, que la magnificence de la source surpasse toute interprétation. Cela reste vrai, même si l'on ajoute aussitôt qu'une telle philosophie ne devient le bien de tous qu'à travers les interprétations qui la traduisent. Or Kant lui-même comptait que « le sentier » frayé par lui serait transformé par ses successeurs en « une grande route ».

Il est déjà difficile d'atteindre le sentier. Il en a toujours été ainsi : on ne comprenait pas et on se fâchait; ou bien, on ne comprenait pas et l'on percevait quand même qu'il y avait là quelque chose de décisif à comprendre pour toute la quête philosophique qui nous est possible aujourd'hui; ou bien l'on croyait comprendre et l'on bouchait encore, par son interprétation, l'entrée du sentier. On dirait qu'à la suite d'arrangements compliqués, des signaux trompeurs ont été placés, qui détournent de l'accès à la pensée kantienne. Ou bien qu'un bloc de rocher a été roulé au-dessus de la force vive de Kant, et qu'il faut le soulever avant qu'elle puisse sourdre et répandre ses bienfaits. Je serais content si j'avais réussi à rendre sensible à mes contemporains le fait que le rocher est toujours là.

Nous nous mettons en route avec Kant, un penseur qui a construit au bord du chemin une maison pour s'y reposer, mais où ni lui, ni nous ne devons nous installer à demeure. La maison, le système, est en tant que forme de transmission, indispensable à la réflexion comme halte. Mais il y a dès lors deux sortes de kantiens : ceux qui y prennent leurs quartiers pour toujours, et ceux qui, après réflexion, poursuivent avec Kant leur voyage.

Kant est celui dont il est absolument impossible de se passer. Sans lui, on reste, en philosophie, privé de pensée critique. Mais il n'est en aucune façon toute la philosophie. Certes il ouvre, sans images et sans intuitions, les plus vastes domaines, mais il ne les remplit pas. Certes il possède, par les formes qu'il a créées, une force incomparable pour amener l'homme à se saisir lui-même; mais lui reste sans figure, car ce qu'il est et ce qu'il a su dire est au-delà de toute figure.

TABLE DES MATIÈRES

DEUXIÈME PARTIE (*suite*)

CEUX QUI FONDENT LA PHILOSOPHIE ET NE CESSENT DE L'ENGENDRER

KANT (Traduit par Jeanne Hersch).

IMPRIMÉ EN FRANCE PAR BRODARD ET TAUPIN
Usine de La Flèche (Sarthe), le 10-01-1989.
6113A-5 - Dépôt légal janvier 1989.

PRESSES POCKET - 8, rue Garancière - 75006 Paris
Tél. 46.34.12.80

OUVRAGES PARUS DANS LA COLLECTION AGORA :

1	Raymond ARON	Dimensions de la conscience historique
2	Claude LÉVI-STRAUSS	La pensée sauvage
3	Pierre PASCAL	Dostoïevski, l'homme et l'œuvre
4	Friedrich von HAYEK	Prix et production
5	Jules ISAAC	Genèse de l'antisémitisme
6	Max WEBER	L'éthique protestante et l'esprit du capitalisme
7	Claude LÉVI-STRAUSS	Anthropologie structurale
8	Milton FRIEDMAN	Inflation et systèmes monétaires
9	H. C. BALDRY	Le théâtre tragique des Grecs
10	Jacqueline de ROMILLY	Problèmes de la démocratie grecque
11	Friedrich von HAYEK	Scientisme et sciences sociales
12	Ernst CASSIRER	La philosophie des Lumières
13	Raymond ARON	L'opium des intellectuels
14	Ernst Robert CURTIUS	La littérature européenne Tomes 1 et 2
15	John ROBINSON	Hérésies économiques
16	Léo STRAUSS	La cité et l'homme
17	Albert CAMUS/Arthur KOESTLER	Réflexion sur la peine capitale
18	Kostas PAPAIOANNOU	Hegel
19	Alain BESANÇON	Les origines intellectuelles du léninisme
20	Raymond ARON	Les désillusions du progrès
21	Marthe ROBERT	D'Œdipe à Moïse
22	Karl POPPER	Misère de l'historicisme
23	Vassili LEONTIEFF	Essais d'économiques
24	Hannah ARENDT	Condition de l'homme moderne
25	Claude LÉVI-STRAUSS	La voie des masques
26	Albert EINSTEIN	Quatre conférences sur la Relativité
27	Vladimir JANKÉLÉVITCH	Fauré et l'inexprimable
29	Marthe ROBERT	Seul comme Franz Kafka
30	Léo STRAUSS	La persécution et l'art d'écrire (à paraître)
31	Bengt DANIELSSON	Gauguin à Tahiti et aux Iles Marquises